KB276171

경험론과 마음 철학

경험론과 마음 철학

월프리드 셀러스 지음

리처드 로티 서문 | 로버트 브랜덤 해제

정문열 옮김

도서출판 b

| 일러두기 |

1. 이 책은 Richard Sellars, *Empiricism and the Philosophy of Mind* (Cambridge, MA & London: Harvard University Press, 1997)를 완역한 것이다.
2. 책의 각주는 모두 원주이며, 옮긴이 주는 '옮긴이' 표시를 붙여 표기했다.
3. 본문의 고딕체는 원문의 이탤릭을 표시한 것이다.
4. 본문의 뜻을 명확히 하기 위해 옮긴이가 [ ] 안에 본문의 내용을 보충하는 부분이 있다.
5. 단행본과 학술지는 『 』로, 논문은 「 」로 묶었다.

| 차 례 |

서문

리처드 로티
Richard Rorty

우리가 오늘날 "분석적"이라고 부르는 철학은 경험론의 한 형태로 시작되었다. 그것은 버트런드 러셀, 루돌프 카르납, 그리고 다른 사람들의 작업 ─ A. J. 아이어의 『언어, 진리 그리고 논리』(1936)에 의해 요약되고 정전화되고 가르치기 쉬운 형태로 정리된 작업 ─ 으로부터 비롯되었다. 그 책에서 아이어는 오늘날 우리가 "논리 실증주의" 혹은 "논리 경험주의"라고 부르는 아이디어들을 제시했는데, 이 아이디어들은 영국 경험주의의 토대주의적 인식론을 심리학적 용어가 아니라 언어적 용어로 다시 기술한 것이었다. 이 아이디어들은 오늘날 "후기-실증주의적" 분석 철학 ─ 종종 경험론과 합리론 "넘어섰다"라고 여겨지는 철학의 브랜드 ─ 의 기반이 되는 아이디어들과는 매우 다르다.

초기 분석 철학에서 후기 분석 철학으로의 전환, 1950년경 시작되어 1970년경이면 거의 완성된 이 전환은 여러 복잡하게 상호 작용하는 힘들의 결과이며, 그 패턴을 추적하는 것은 어려운 일이다. 그럼에도 불구하고, 이 전환의 역사를 서술하려는 역사가는 세 편의 기념비적인 저작에 주목할 필요가 있다: 윌러드 반 오르만 콰인의 「경험주의의 두 가지 교리Two Dogmas of Empiricism」(1951), 루드비히 비트겐슈타인의 『철학적 탐구*Philosophical Investigations*』(1954), 그리고 윌프리드 셀러스의 「경험론과 마음 철학

Empiricism and the Philosophy of Mind」(1956)이다.

이 세 저작 가운데 셀러스의 길고 복잡하며 매우 풍부한 논문은 상대적으로 덜 알려져 있고 덜 논의되고 있다. 근현대 영미 철학의 역사가들은 콰인의 논문이 "분석적 진리"라는 개념, 그리고 철학은 "언어의 논리적 분석"이어야 한다는 카르납–러셀 계열의 개념에 의문을 제기하는 데 있어 중요한 기여를 했다는 것을 강조해 왔다. 이들은 또한 비트겐슈타인의 후기 사상 ― 특히 스트로슨이 "직접성에 대한 적대감"이라 부른 것, 즉 지식 습득에 관한 전통적 경험론의 설명에 대한 그의 불신 ― 의 중요성도 강조해 왔다. [그러나] 그들은 셀러스가 감각 자료 경험론을 무너뜨리는 데 기여한 역할에는 대체로 별로 중요성을 부여하지 않았다. 이는 유감스러운 일이다. 왜냐하면 셀러스의 '주어진 것의 신화'에 대한 비판은, 영국에서는 그렇지 않았지만, 미국에서는 아이어가 옹호한 류의 현상주의phenomenalism에 뭔가 근본적으로 잘못된 것이 있다는 것을 철학자들에게 설득하는 데 있어 매우 큰 영향력을 발휘했기 때문이다.[1]

윌프리드 셀러스는 1912년에 태어나 1989년에 사망했다. 그는 미네소타대학교, 예일대학교, 그리고 마지막으로 피츠버그대학교에서 철학을 가르쳤다. 그는 많은 논문들과 한 권의 단행본 『과학과 형이상학*Science and Metaphysics*』(1967년 옥스퍼드대학에서의 존 로크 강연)[2]을 출판했다. 그의

---

[1] 오스틴이 사후 출간된 저서 『감각과 감각 가능한 것들(*Sense and Sensibilia*)』에서 아이어를 비판한 것은, 셀러스의 논문이 미국에서 한 일을 영국에서 한 셈이었다. 미국 철학자들은 오스틴을 매우 존경하기는 했지만, 이 책이 출간될 무렵에는 이미 감각 자료(sense–data) 이론을 거의 포기한 상태였다.

[2] 『과학과 형이상학』(London: Routledge, 1967). 셀러스의 에세이 중 가장 중요한 두 모음집은 『과학, 지각, 그리고 실재(*Science, Perception and Reality*)』(London: Routledge, 1963) ― 이 책에는 「경험론과 마음 철학」이 수록되어 있다 ― 와 『철학 및 그 역사에 관한 에세이(*Essays in Philosophy and Its History*)』(Dordrecht: Reidel, 1974)이다. 셀러스의 작업에 대한 평론은 C. F. Delaney 외, 『종합적 시야: 윌프리드 셀러스의 철학에 대한 에세이(*The*

글은 종종 난해하다는 비판을 받았는데, 일부는 셀러스 특유의 문체에서 비롯된 것이지만, 일부는 독자의 눈에 그렇게 보이는 것뿐이다. 셀러스는 제2차 세계대전 이후 활동한 저명한 미국 철학자들 가운데 보기 드물게, 그리고 콰인이나 비트겐슈타인과는 상당히 다르게, 철학사에 대해 폭넓고 깊이 있는 지식을 가지고 있었다.[3] 이전 철학자들에 대한 이러한 지식은 그의 저술에 계속해서 침투해 들어왔으며(예컨대 『과학과 형이상학』 서두에 등장하는 칸트에 관한 수수께끼 같은 두 장처럼), 셀러스보다 철학사에 대해서 교육적 지향이 더 옅었던 분석 철학자들에게 그의 글들이 난해하게 느껴지게 하였다. 셀러스는 "철학사 없는 철학은, 눈먼 것까진 아니라 하더라도, 적어도 말 못 하는 것"이라고 믿었으나, 이 견해는 그의 대부분의 독자에게 단지 기이한 생각처럼 보였다.

셀러스의 모든 저작 중에서 「경험론과 마음 철학」은 가장 널리 읽히고 가장 접근하기 쉬운 글이다. 사실 이 글은 대부분의 분석 철학자들이 셀러스에 대해 아는 것의 전부이기도 하다. 그러나 그것만으로도 거의 충분할 정도로, 이 글은 하나의 완전한 철학 체계의 전형이다. 이 글은 셀러스가 분석 철학을 흄Hume적 단계에서 끌어내려 칸트Kant적 단계로 이끌고자 한 전반적 기획의 거의 모든 측면을 담고 있다.

Synoptic Vision: Essays on the Philosophy of Wilfrid Sellars)』(Notre Dame: Notre Dame University Press, 1977), 그리고 Hector–Neri Castañeda 편저, 『행위, 지식, 실재: 윌프리드 셀러스의 철학에 관한 연구(Action, Knowledge, and Reality: Studies in the Philosophy of Wilfrid Sellars)』 (Indianapolis: Bobbs–Merrill 1975)에서 찾아볼 수 있다.

3   콰인이 철학사에 대해 보인 무시하는 태도는 그의 자서전 『내 생애의 시간(The Time of My Life)』(Cambridge, Mass.: MIT Press, 1985), 194쪽 참조. 고대 및 근대 철학에 대한 비트겐슈타인의 불균형적인 독서 이력은 Garth Hallett, S.J., 『비트겐슈타인의 철학적 탐구 해설서(A Companion to Wittgenstein's Philosophical Investigations)』(Ithaca: Cornell University Press, 1977), 759~775쪽 참조.

이 논문을 관통하는 가장 근본적인 생각은 칸트의 것이다: "개념 없는 직관은 눈먼 것이다." 감각 인상sense impression을 갖는 것은, 그 자체로는, 지식의 예도 아니고 의식적 경험의 예도 아니다. 셀러스는 후기 비트겐슈타인과 마찬가지로, 그러나 칸트와는 다르게, 개념을 소유한다는 것을 단어 사용의 숙달로 간주했다. 따라서 그에게는 언어 숙달이 의식적 경험의 전제가 된다. 그는 29절에서 다음과 같이 말한다: "유형, 유사성, 사실 등에 대한 모든 자각―추상적 개체에 대한 모든 자각, 심지어 개별자들에 대한 자각조차도― 은 언어적 실천linguistic affair이다." 이 교리는― 그는 이를 "심리적 명목론psychological nominalism"라고 함― 로크, 버클리, 흄이 우리가 "단순히 감각과 이미지를 가짐으로써 (…) 어떤 특정한 종류를 자각"한다는 생각이 잘못이라는 것을 함축한다(28절).

셀러스의 심리적 명목론을 위한 논증은 『철학적 탐구』의 여러 격언들이 함축하고 있는 교훈을 구체적으로 풀어낸 주장에 근거하고 있다: "어떤 에피소드나 상태를 앎knowing으로 특징지을 때, 우리는 그 에피소드나 상태에 대한 경험적 기술을 하는 것이 아니라, 그것을 이유들의 논리적 공간에, 즉, 각자가 말하는 것을 정당화하고 정당화할 수 있는 공간에 위치시키는 것이다"(36절). 다시 말하면, 지식은 각자의 동료 인간들에게 자기의 주장을 정당화하는 사회적 실천과 분리될 수 없다. 지식은 이러한 실천의 전제가 아니라, 바로 그 실천과 더불어 비로소 존재하게 된다.

그러므로 우리는 일부 논리 실증주의자들이 성취하고자 했던 것을 할 수 없다: "가정법적 문장과 가정적 조건문을 아무리 풍부하게 끌어다 쓴다 해도, 인식적 사실들을 비인식적 사실들― 현상적이든 행동적이든, 공적이든 사적이든― 로 나머지 없이 분석"(5절)하는 것은 불가능하다.[4]

---

4   다양한 환원적 분석 시도에 대한 이 언급은, 이 글의 많은 다른 구절들과 마찬가지로, 1940년대와 1950년대 초반 분석 철학 문헌 ― 예컨대 아이어의 현상주의 방어, 라일의

특히, "직접적 대면direct acquaintance"의 대상들, 곧 "마음 앞에 직접적으로 존재하는" 대상들 안에서 경험적 지식의 "토대foundation"를 발견함으로써 그런 분석을 수행할 수는 없다. 예를 들어, 우리는 근처에 무언가 빨간 것이 있다는 보고를 "직접적으로 주어진 것에 대한 보고"로서 특별한 지위를 부여할 수 없다. 왜냐하면 그러한 보고들은, 근처에 소가 있다거나 전자電子가 있다는 보고들과 마찬가지르, 언어에 의해, 따라서 사회적 실천에 의해 매개되어 있기 때문이다. 우리가 심리적 명목론자가 되는 순간, 경험론과 합리론 양쪽 모두에 근본적이었던 지식의 "토대"라는 전체 아이디어가 사라진다.

콰인의 「경험주의의 두 가지 교리」가 분석 진리와 종합 진리의 구분을 공격함으로써 합리론적 토대주의를 무너뜨리는 데 기여했다면, 셀러스의 「경험론과 마음 철학」은 "마음에 주어진 것"과 "마음에 의해 더해진 것" 사이의 구분을 공격함으로써 경험주의적 토대주의를 붕괴시키는 데 기여했다. 셀러스가 '주어진 것의 신화'를 공격한 것은, 분석 철학을 논리 경험주의자들의 토대주의적 지향으로부터 벗어나게 하는 데 있어 결정적인 계기였다. 그 공격은 '인식론'이라는 개념 자체와 철학자들이 그 이름 아래에서 논의해 온 문제들이 실제로 존재하는지에 대해 의문을 제기했다.[5] 이 에세이

데카르트 비판 등—에 대한 어느 정도의 친숙함을 전제로 한다. 셀러스의 논문 중 일부 구절들—예컨대 제8~9절과 제21~23절—은 이런 문헌에 익숙하지 않은 독자에게는 쓸데없는 말처럼 보일 수 있다. 그러나 이 논문의 전체 논증 구조는 셀러스가 언급하는 특정 인물들에 대한 지식이 없어도 충분히 이해 가능하다.

5   이러한 셀러스의 작업은 미국 실용주의의 전통과 연결된다. 특히 퍼스가 「네 가지 무능의 결과(Consequences of Four Incapacities)」(1868)에서, 그리고 듀이가 「경험론에 대한 경험적 조사(An Empirical Survey of Empiricism)」(1935)에서 '주어진 것'의 개념을 비판한 것과 맥을 같이한다. 미국 실용주의의 전개에 대한 좋은 설명으로는—셀러스는 이 계보에서는 잘 언급되지 않지만, 잘 들어맞는 인물이다—John P. Murphy의 『실용주의: 퍼스에서 데이비슨까지(Pragmatism: From Peirce to Davidson)』(Boulder, Colo.: Westview Press, 1990)를 보라.

에서 가장 많이 인용되는 문장 가운데 하나는 38절에 나온다: "(…) 경험적 지식은, 그보다 정교하게 발전된 형태인 과학처럼, 토대를 갖고 있기 때문이 아니라, 비록 모든 주장을 동시에 문제 삼을 수는 없지만, 어느 주장이라도 의문에 부칠 수 있는 자기 교정적 탐구이기 때문에 합리적이다."[6] 이 문장은 합리성이란 (인식론자들이 규범으로 규정하고자 하는) 기준을 따르는 데 있는 것이 아니라, 서로 주고받는 방식으로 공동의 사회적 활동에 참여하는 데 있다는 것을 시사한다.

하지만 「경험론과 마음 철학」은 심리적 명목론의 전제들과 함의들에 대한 정교화와 방어만을 담고 있는 것은 아니다. 제48절부터 제63절은 셀러스의 "존스의 신화Myth of Jones"를 담고 있다. 이 신화는 우리가 어떻게 행동주의자가 되지 않고도 자연주의자가 될 수 있는지, 그리고 셀러스가 "자기 입증적self-authenticating 비언어적 에피소드"라고 부르는 것에 대한 비트겐슈타인의 의심을 받아들이면서도 생각이나 감각–인상과 같은 심적 개체들의 존재에 대한 라일의 의심을 공유하지 않을 수 있는지를 설명해 준다.

---

6   나는 콰인과 셀러스가 철학자들로 하여금 러셀과 카르납의 원자주의 및 토대주의를 포기하도록 설득하는 데 어떤 역할을 했는지에 대해 『철학과 자연의 거울(*Philosophy and the Mirror of Nature*)』(1979) 제4장 제2절에서 간단히 서술한 바 있다. 그 책에서 나는 또한 토대주의를 포기한다면 우리가 "지식 이론(theory of knowledge)"이라는 개념 자체를 포기하게 될 수도 있다고 주장했다. 마이클 윌리엄스는 최근 그의 저서 『부자연스러운 회의: 인식론적 실재론과 회의주의의 근거(*Unnatural Doubts: Epistemological Realism and the Basis of Scepticism*)』(Cambridge, Mass., and Oxford: Blackwell, 1991)에서 이 주제를 훨씬 더 정교하고 철저하게 전개했다. 그는 "인간 지식"이라는 자연종(natural kind)이 존재한다는 불행한 생각이 토대주의와 데카르트식 회의주의 둘 다를 낳았다고 주장한다. 윌리엄스의 초기 저서 『근거 없는 믿음(*Groundless Belief*)』(Blackwell, 1977)은 반토대주의 적인 저술로서 『부자연스러운 회의』의 기초를 이루었으며, 셀러스로부터 큰 영향을 받았다.

셀러스가 이 글을 집필하던 당시, 이 문제는 매우 논쟁적인 사안이었다. 왜냐하면 라일의 『마음의 개념*The Concept of Mind*』(1949)이 비트겐슈타인의 『철학적 탐구』(1954)보다 조금 먼저 출간되면서, "사적 언어"나 "오직 한 사람만이 알 수 있는 개체들"이라는 아이디어에 대한 비트겐슈타인의 비판이 라일의 "기계 속의 유령"에 대한 공세와 분리할 수 없는 것처럼 보이게 되었기 때문이다.[7] 셀러스는 내적 에피소드inner episodes가 관찰된 것이 아니라 처음에는 이론적으로 상정된postulated 것이라는 점을 설명하고, 화자가 그러한 에피소드에 대해 자기 성찰적 보고introspective reports를 어떻게 하게 되는지를 설명함으로써(59절), ["사적 언어"와 "오직 한 사람만이 알 수 있는 개체들"에 대해] 비트겐슈타인의 비판은 수용하면서, "기계 속의 유령"이라는 표현으로 대변되는 라일의 비판은 거부할 수 있다는 것을 분명히 보여주었다. 셀러스는, 비트겐슈타인과 함께, "심적 사건들"이 비물질적인 내면의 극장에서 마음의 눈에 의해 관찰된다는 식의 이미지를 지양하면서도, 이 사건들을 비환원적 방식으로 설명할 수 있는 길을 제시했다.

---

7   [옮긴이] 이 말은 비트겐슈타인의 "사적 언어"와 "오직 한 사람에게만 알려질 수 있는 개체"에 대한 비판이 라일의 "기계 속에 있는 유령"에 대한 비판과 같은 것으로 보이지만, 실제로는 그렇지 않다는 것을 암시한다.

    * 비트겐슈타인: 사적 언어는 개념적으로 불가능하다 → 언어는 공적 규칙과 관습적 사용에 기반할 수밖에 없다 → 개인의 내면에서만 작동하는 언어란 의미를 가질 수 없다. 따라서 심적 개념도 사회적 규칙에 따라 말해질 수 있는 것이어야 한다.

    * 라일: 데카르트식 심신이원론을 "기계 속의 유령"이라고 조롱하며 거부 → "마음"이라는 실체 자체를 없애버리려 함. 심적 개념들을 행동적 성향(dispositions)으로 환원. 예: "믿음" = "그에 따라 행동할 경향"

    * 셀러스: 이 두 입장을 혼동하면 안 된다고 봄. 그는 비트겐슈타인의 사회적·규범적 언어관은 받아들이면서도, 라일처럼 심적 개념 자체를 없애려는 접근은 거부한다. 특히 셀러스는 본서 59절에서 심적 개념은 처음부터 관찰된 것이 아니라, 이론적으로 가정된(postulated) 것이라고 주장한다. 즉, 그렇기에 사적이거나 직접 주어진 것이 아니라, 언어적·사회적 실천 안에서 후천적으로 구성되는 개념이라고 본다.

셸러스가 제시한 마음과 몸의 구분에 대한 설명은, 그 후 수십 년간 마음의 철학자들에 의해 이론적으로 계승되고 확장되었다. 그는 우리가 "마음"이라는 것을 언어에서 비롯된 추상 개념의 실체화hypostatization[8]의 일종이라고 보아야 한다고 주장한 최초의 철학자였을지도 모른다. 그는 문장의 지향성intentionality of sentences이 믿음의 지향성intentionality of beliefs을 반영한 것이 아니고, 그 반대라고 주장했다.[9] 이러한 관점의 전환 덕분에 우리는 언어를, 인간은 가지고 있고 동물을 가지고 있지 못한 내적이고 신비로운 무언가[마음]의 드러남이라고 보는 것이 아니라, 오히려 마음이 자연주의적으로 설명이 가능한 진화적 과정의 일부로서, 언어의 점진적인 발달을 통해, 우주 속으로 점차 들어온 것이라고 이해할 수 있게 된다. 셸러스의 관점에서는, 우리가 "언어 사용하기"라 부르는 사회적 실천이 어떻게 생겨났는지를 설명할 수 있다면, 마음과 세계 사이의 관계에 대해 설명해야 할 것은 이미 다 설명한 셈이다.[10]

---

8   [옮긴이] 실체화(hypostatization)는 원래는 추상 개념이나 관계를 실재하는 개별 실체로 간주한다는 뜻이다. "언어에서 비롯된 추상 개념의 실체화"로 "마음"을 본다는 말은 마음이란 것이 실제로는 언어 활동에서 생겨난 기능/관계적 구조에 불과한데, 사람들은 그것을 언어 바깥에 실제로 존재하는 실체처럼 취급한다는 뜻이다.

9   이러한 주장[믿음의 지향성이 언어의 지향성을 반영한다는 점]은 셸러스와 로더릭 치좀름(Roderick Chisholm)의 매우 유익한 논쟁에서 가장 명시적으로 드러난다. 이 논쟁은 「지향성과 정신(Intentionality and the Mental)」이라는 글로, 『미네소타 과학 철학 연구(*Minnesota Studies in the Philosophy of Science*)』 제2권(Minneapolis: University of Minnesota Press, 1958)에 실려 있다.

10   그러나 이 주장은 "어떤 것을 빨갛다고 보는 것이란 무엇과 같은가"라는 표현이 "무언가를 빨갛다고 말하고자 하는 성향을 가진 것"과는 다른 것을 가리키지 않는다고 가정할 때만 성립한다. 예를 들어, 다니엘 데닛(Daniel Dennett)은 이 가정에 동의하지만 토머스 네이글(Thomas Nagel)은 동의하지 않는다. 만약 셸러스가 심신 문제를 해결했다고 동의하려면, 질적 성질(qualia)의 존재를 부정해야 한다. 그러나, 셸러스가 이 문제에 대해 데닛의 입장에 서 있었는지는 분명하지 않다. 왜냐하면, 그는 자신이 "인간에 대한 과학적 이미지"라고 불렀던 것이 완성되려면 현상학적 현전들(phenomenological presentations)의 "궁극적인 균질성"을 설명할 수 있는 특별하고 새로운 미시구조적 속성이

로버트 브랜덤Robert Brandom의 최근 저서인 『명시적으로 만들기*Making It Explicit*』[11]는 셀러스의 사상을 계승하려는 최초의 체계적이고 포괄적인 시도라 할 수 있다.[12] 좀 더 구체적으로 달하자면, 이 책은 "추론inference을 기본 개념으로 삼는 의미 설명 전략"을 게시한다. 이는 "계몽주의 이래로 지배적이었던, 표상representation을 중심 개념으로 삼는" 또 다른 의미 설명 전략과는 구별된다.[13] 브랜덤의 작업은, 분석 철학을 칸트적 단계에서 헤겔적 단계로 이행시키려는 시도로 이해될 수 있으며, 이는 셀러스가 「경험론과 마음 철학」을 "헤겔적 사색Meditations Hegeliènnes[14]의 초기 형태"(20절)라고

발견되어야 한다는 생각의 유혹을 받았기 때문이다. 이 문제의 결론이 어떻게 나든 간에, 데닛은 셀러스에게 진 빚을 분명히 인정한다. 그의 저서 『의도적 관점(*The Intentional Stance*)』(Cambridge, Mass.: Bradford Books, 1986)을 보라. 책의 341쪽에서 그는 셀러스가 기능주의(functionalism)의 창시자라고 언급한다. 이 기능주의는 데닛 자신이 속한 현대 철학의 한 학파다. 데닛은 위에 언급된 쪽의 각주에서는 "셀러스의 영향력은 편재하지만 거의 무의식적으로 스며들어 있다"고 썼다. 349쪽에서는 "거의 아무도 셀러스를 인용하지 않지만, 그의 바퀴를 어김없이 반복해서 재발명한다"라고 말한다. 이 마지막 평은 나에게는 셀러스가 최근 분석 철학에서 차지한 위치를 정확하게 표현한 것처럼 보인다.

11 『명시적으로 만들기: 추론하기, 표상하기, 담론적 책무(*Making It Explicit: Reasoning, Representing, and Discursive Commitment*)』(Cambridge, Mass.: Harvard University Press, 1994).

12 그러나 브랜덤이 셀러스의 사상을 전부 수용한 것은 아니다. 예컨대 브랜덤은 비트겐슈타인이 『논리 철학 논고』에서 제안했다가 나중에 폐기한 언어와 세계 사이의 "그림화(picturing)" 관계를 셀러스가 되살리려 한 시도나, 지각의 현상학을 설명할 수 있을 만큼 정밀한 미시물리학적 개념을 과학이 개발해야 한다는 셀러스의 사변적 고찰을 무시한다. 이런 점에서 브랜덤이 셀러스의 「경험론과 마음 철학」에 대해 취한 입장은 데이비슨(그는 콰인이 "비본질적인 철학적 청교도주의"라고 부르는 것을 무시한다)이 콰인의 「경험주의의 두 교리」에 대해 취한 입장을 떠올리게 한다. 두 사람 모두 각자의 스승이 지닌 핵심 통찰에서 불필요하게 덧붙은 요소들을 걷어내며 그것을 발전시킨다.

13 브랜덤, 『명시적으로 만들기』, xvi쪽.

14 셀러스는 후설의 파리 강연을 언급한 것으로 보인다. 이 강연은 『데카르트의 사색(*Meditations Cartesiennes*)』이라는 제목으로 출간되었다.

익살스럽게 묘사한 표현과, 헤겔을 "'직접성immediacy'의 위대한 적"(1절)이라고 언급한 대목에서 예고된 바 있다.

헤겔의 관점에서 볼 때, 개념 없는 직관은 눈멀었다는 칸트의 주장을 받아들이는 것은, 영국 경험론자들이 데카르트로부터 물려받은 나쁜 철학적 습관을 버리는 첫걸음이다. 그 습관은 마음이 세계와 매개되지 않은 직접적 접촉을 이루는 데 성공할 수 있는지를 묻고, 그러한 접촉이 존재한다는 것이 입증되기 전까지는 지식에 대한 주장들의 지위에 대해 회의적인 태도를 취하는 것이었다. 이러한 습관은, 브랜덤의 용어로 말하면, "추론주의자inferentialist"(라이프니츠, 칸트, 프레게, 후기 비트겐슈타인, 셀러스)라기보다는 "표상주의자representationalist"(대표적으로 데카르트와 로크)인 철학자들의 특징이다. 표상주의자들은 개념을, 칸트가 그랬던 것처럼, 어떤 것을 수행하는 방식을 규정하는 규칙이라고 이해하기보다, 실재의 표상(또는 표상인 것으로 간주되는 것)으로 이해한다. 브랜덤에 따르면, 칸트의 근본적인 통찰은 "판단과 행위는 처음부터 우리가 그것들에 대해 **책임을 지는**responsible for 특수한 방식에 의해 이해되어야 한다"라는 것이다.[15]

칸트 사상의 측면 중에는 사물 자체에 대한 인식은 불가능하다는 회의론적 결론을 암시하는 측면이 아니라, 위에 언급한 칸트의 통찰을 따르는 것은 칸트를 그의 선행자들과 연결 짓는 구절들보다는, 헤겔, 맑스, 듀이,

---

15   브랜덤, 『명시적으로 만들기』, 8쪽.
    [옮긴이] 판단과 행위에 대해 책임지는 "특수한 방식"은 판단과 행위의 결과에 대해 특수한 종류의 책임을 지게 된다는 것을 말한다. 예를 들어, 화자가 "밖에 비가 온다"라고 말하면, 단순히 정보전달을 하는 것이 아니라, 이 말을 통해 다음과 같은 책임을 지게 된다.
        – 진리 책임: "비가 온다"라고 말하면, 진짜 비가 와야 함.
        – 추론적 귀결 수락: "비가 오니까 우산을 써야 한다"라는 함의적 귀결을 수용해야 함.
        – 발화의 정당성: "비가 온다"라는 발화를 할 수 있는 자격이 있어야 함.

하버마스를 예견하는 구절들을 강조하는 것을 의미한다. 이 측면은 『순수이성비판』에서 라이프니츠나 흄과 연결되는 측면보다 칸트의 「세계시민적 의도에서 본 보편사 기획Project for a Universal History with Cosmopolitan Intent」과 연결되는 측면이다.

나는 한 번 셀러스에게 이런 질문을 감히 던진 적이 있다. "만일 어떤 사람이 헤겔의 정신을 카르납의 족쇄에 묶는다면, 그가 어떻게 독자를 얻을 수 있겠습니까?"[16] 내 이 질문은 「경험론과 마음 철학」의 마지막 절에서 비롯된 것이었다. 그 절은 셀러스가 자신을 마음껏 드러낸 몇 안 되는 대목 중 하나였다. 그곳에서 그는 세계 역사에 대한 간결하지만 통합적인synoptic 비전을 제시한다:

나는 [존스의] 신화, 즉 주어진 것의 신화를 죽이기 위해 신화를 사용하였다. 그러나 내 신화가 정말 신화일까? 독자는 존스를 동굴에서 나오는 불평과 신음에서부터 시작하여 거실, 실혼실, 서재의 미묘하고 다차원적인 담론, 다시 말하면, 헨리와 윌리엄 제임스, 아인슈타인, 그리고 담론에서 탈피하여 담론을 넘어서는 아르케arche/궁극적 근원에 도달하려고 노력하는 가운데 모든 차원 중에서 가장 흥미로운 차원을 제공한 철학자들의 언어에 이르는 여정의 중간에 있는 인간 자신으로 인식하지 않을까? (63절)

이 질문은, 존스의 신화를 『정신현상학Phenomenology』에서 감각-지각sense-perception에서 의식consciousness, 그리고 자의식self-consciousness으로의 이행, 더 일반적으로는 자연Nature에서 정신Spirit으로의 이행에 대한 헤겔의

---

16   나는 스피노자에 대해 W. G. 포그슨 스미스가 던진 질문을 살짝 비틀어 패러디해 본 것이었다: "만일 어떤 사람이 그리스도의 정신을 유클리드의 족쇄 속에 가둔다면, 그가 어떻게 독자를 얻을 수 있겠는가?" 셀러스는 이 농담에 별로 유쾌해하지 않았다.

설명 — 그리고 이 설명에 대한 다윈의 수정 — 과 연결시키는 역할을 한다. 셀러스가 아인슈타인뿐 아니라 헨리 제임스Henry James[17]를 함께 언급한 것은, 분석 철학 초기 단계에 만연했던 과학 숭배에 대해 그가 가졌던 정당한 의심을 상기시켜 준다. 마지막 문장은, 플라톤에서부터 아이어에 이르기까지, "담론을 넘어서기"[18]를 희망했던 모든 철학자에 대한 꾸짖음이며, 이 에세이 전체의 교훈이 비록 그런 아르케는 존재하지 않지만, 그렇다고 해서 우리가 손해를 보거나 열등해지는 것은 아님을 상기시킨다.

말하자면, 브랜덤은 셀러스의 에세이가 끝나는 지점에서 시작한다. 그의 책은 셀러스가 "약속어음"이라 부른 많은 주장들을 실제로 이행해 보이며, 다음과 같은 균형 상태에 대한 묘사로 끝맺는다: "서로에게 명시적인 담론적 태도를 취하는 공동체 구성원들이 구현하는 완전하고 명시적인 해석적 균형 상태" — 브랜덤이 "사회적 자기의식social self-consciousness"[19]이라 부르는 균형 상태. 브랜덤은 모든 언어 사용자가 "하나의 거대한 공동체"를 형성하는 비전을 제시한다. "그 공동체는 각기 다른 개별 공동체들의 구성원들로 이루어져 있으며, 비록 서로를 인식하지 못하더라도, 그들은 누군가와 함께, 누군가를 향해 '우리'라고 말하는 사람들로 이루어진 공동체이다."[20]

이와 같은, 언어와 마음의 철학과 세계사적 비전 간의 자유롭고 유연한 이행은 미드Mead와 듀이Dewey뿐 아니라, 가다머Gadamer 와 하버마스Habermas를 떠올리게 한다. 이러한 이행들과 셀러스와 브랜덤의 원原 헤겔주의pro-

---

17   [옮긴이] 헨리 제임스는 인간의 의식과 지각에 대한 주제들을 탐구한 소설가로서 과학자인 아인슈타인과 대조를 이룬다.

18   그리고 이것은 아마도, 진리 탐구와 역사라는 여정의 마지막에서 우리는 마침내 담론의 바깥으로 나갈 수 있다는 헤겔의 간헐적 암시들에 대한 반박이기도 하다.

19   브랜덤, 『명시적으로 만들기』, 643쪽.

20   브랜덤, 『명시적으로 만들기』, 4쪽.

to–Hegelianism는 분석 철학의 전통적인 주제들에 대한 셀러스–브랜덤의 "사회적 실천social practice" 접근이 이 철학적 전통을 이른바 "대륙" 전통과 다시 연결하는 데 도움이 될 수 있음을 시사한다.

비영어권 나라들의 철학자들은 일반적으로 헤겔에 대해 깊이 사유하는 경향이 있는 반면, 얕은 철학사 교육을 받은 대부분의 분석 철학자는 종종 칸트에서 곧바로 프레게로 건너뛰려는 유혹에 빠지기 쉽다. 따라서 다음과 같은 미래를 상상해 보는 것은 유쾌한 일이다: 그 미래에 지루하고 소모적인 "분석 철학–대륙 철학 분열"이, 불행하고 일시적인 의사소통의 단절로 회고될 것이며, 셀러스와 하버마스, 데이비슨과 가다머, 퍼트남과 데리다, 롤스와 푸코가 동일한 여행에서의 동료–여행자이자, 마이클 오크쇼트Michael Oakeshott가 나그네들의 공동체civitas peregrina라고 말한 공동체의 동료 시민들로 여겨지게 될 것이다.

경험론과 마음 철학[*]

월프리드 셀러스
Wilfrid Sellars

I. 감각 자료 이론 내 개념적 모호성[1]

나는 주어진 것givenness의 철학적 아이디어, 또는 헤겔의 용어를 빌리면, 직접성을 공격한 철학자들이 어떤 것이 사실이라는 것을 추론하는 것inferring과, 예를 들어 그것이 사실이라는 것을 보는 것seeing/지각하는 것[2] 사이에 차이가 있다는 것을 부인하려는 의도는 없었다고 추정한다. 만약 "주어진

---

* 이 논문은 1956년, 3월 1, 8, 15일에 "주어진 것의 신화: 경험론과 마음 철학에 관한 세 개의 강의"라는 제목하에 1955~56년 런던대학 철학 강연으로 맨 처음 발표되었다.

1 [옮긴이] 1장은 전통적 감각 자료 이론 자체에 내재한 개념적 모호성과 자기모순을 드러내는 데 초점을 둔다. 셀러스에 따르면 감각 자료 이론가들이 한편에서는 감각 자료를 학습과 개념 형성을 전제하지 않는 비인지적 내적 에피소드(감각, 인상)로 보면서, 다른 한편에서는 바로 그 에피소드를 "비추론적 지식"으로 규정해 버려, 감각함(sensing)이 개별자이면서 동시에 사실이라는 혼종 개념이 되었다. 이는 다시 '감각 내용을 감각하는 능력은 선천적이지만, 'x가 붉다'와 같은 분류적 앎은 후천적이다'라는 경험론적 신념들과 결합하면서, 상충하는 삼 명제(inconsistent triad)를 낳는다. 1장은 이렇게 감각 자료 이론이 "감각적 에피소드"와 "비추론적 지식"이라는 서로 다른 두 요구를 한 개념 안에 무리하게 묶어 놓은 결과, "빨간 삼각형의 감각"을 경험적 지식의 전형(paradigm)으로 삼게 되는 잘못된 구도를 형성한다는 것을 보여주며, 이후 전개될 '주어진 것의 신화' 비판을 위한 출발점을 마련한다.

2 [옮긴이] 'To see that p, seeing that p'에서 see는 단순히 시각적 감각을 의미하지 않고 사실 p를 지각하는 행위를 포함한다. 본 번역에서는 'p라는 것을 보다'가 다소 어색하기는 하지만, 이 표현이 원문의 명제적 구조(seeing that p)를 가장 잘 보존한다고 판단하여 채택했다. 따라서 이때의 "보다"는 '지각하다'의 의미로 이해되어야 한다.

것the given"이라는 용어가 단순히 관찰된 것을 관찰된 것으로 지칭하거나, 우리가 관찰을 통해 결정한다고 말해지는 것들의 진부분집합을 지칭한다면, "자료"의 존재는 철학적 난제의 존재만큼 논란의 여지가 없을 것이다. 그러나 물론, 실제로는 그렇지 않다. "주어진 것"이라는 구절은 전문적인 — 인식론적인 — 업계 용어로서 상당한 이론적 입장을 수반하며, 이 의미에서 "자료"가 있다는 것, 또는 무언가가 이런 의미에서 "주어졌다"라는 것을 이성에 반하지 않고도 부인할 수 있다.

많은 것들이 "주어진 것"이라고 불려 왔다: 감각 내용, 물질적 물체, 보편자, 명제, 실제적 연결,[3] 제1 원리, 심지어 주어짐 자체까지. 그리고 실제로 철학자들이 이 용어들을 이용하여 분석해 온 상황들을 이해하는 특정 방식이 있는데, 이를 주어짐의 틀framework of givenness이라고 부를 수 있다. 이 개념틀은, 칸트의 표현을 빌리자면 "독단적 합리론dogmatic rationalism"과 "회의적 경험론skeptical empiricism"을 비롯해, 대부분의 주요 철학 체계에 공통적으로 나타나는 특징이었다. 사실 이 개념틀은 워낙 광범위하게 퍼져 있어서, 그 영향에서 완전히 벗어난 철학자는 거의 — 있다고 해도 — 없다. 분명 칸트도 그렇지 못했다. 나는 "직접성immediacy"의 위대한 적으로 알려진 헤겔조차 예외가 아니라고 주장하고 싶다. 흔히 그["주어진 것"이라는] 이름 아래 공격받는 것은 사실상 "주어진 것"의 특정 변이에 불과하다. 직관된 제1 원리intuited first principles와 종합적 필연적 연결synthetic necessary connections이 가장 먼저 공격당했다. 오늘날 "주어짐의 전체 아이디어"를 공격한다고 하는 많은 이들 — 그 수는 갈수록 늘어나고 있다 —

---

3   [옮긴이] '실제적 연결(real connections)'은 지각된 현상들 간의 통일성 또는 상호 연결성을 설명하기 위해 설정된, 실제로 존재하는 공간적, 시간적, 또는 인과적 관계들을 지칭한다. 데이비드 흄은 그의 인과관계에 대한 비판에서 우리가 원인과 결과 간의 "실제적 연결"에 접근할 수 있다는 것을 부인하고 "원인"과 "결과"의 규칙적인 동시 발생(conjunction) 만을 지각할 뿐이라고 한다.

도 사실상 감각 자료sense data[4]만을 공격한다고 볼 수 있다. 그들은 "주어진 것"의 특성을 물리적 물체나, 드러남의 관계relations of appearing같은 다른 항목들로 이전하기 때문이다.[5] 그러나 내가 감각 자료 이론을 공격하는 것으로 논의를 시작한다면, 그것은 오직 주어진 것의 전체 개념틀에 대한 일반적 비판을 전개하기 위한 첫걸음으로 하는 것이다.

2. 감각 자료 이론sense-datum theories은 전형적으로, 자각 작용act of awareness과 예컨대 그것의 대상인 색 패치를 구분한다. 이 자각 작용은 보통 감각함sensing이라고 불린다. 이 이론의 고전적 주창자들은 이러한 작용을 종종 "현상학적으로 단순하다"라거나 "더 이상 분석 불가능하다"라고 묘사해 왔다. 하지만 똑같이 "고전적 주창자"라고 불릴 만한 다른 감각 자료 이론가들은 감각함이 분석 가능하다고 보았다. 그리고 어떤 철학자들이, 감각함이 분석 가능하다면 그것은 작용act일 수 없다[6]고 생각한 것으로 보인다면,

---

4 [옮긴이] 감각 자료 이론이 너무 잘 알려져 있어, 셀러스는 이에 대해 어떤 설명도 없이 바로 소개하고 있다. 이 개념은 1900년대 초기, 무어(G. E. Moore)의 『철학의 일부 주요 문제들(*Some Main Problems of Philosophy*)』(1953년에 출판된 1910~11년의 강연), 「감각 자료의 지위(The Status of Sense-Data)」(1913) 등에서 주창되었다. 그리고 이 이론은 버트런드 러셀에 의해서 『철학의 문제들(*The Problems of Philosophy*)』(1912), 『외부 세계에 대한 우리의 지식(*Our Knowledge of the External World*)』(1914)을 통해 많이 유포되었다. 러셀은 다음과 같이 말한다. "감각함(sensation)에서 직접적으로 알려지는 것들 — 예를 들어 색깔, 소리, 냄새, 단단함, 거칢 등과 같은 것들 — 에게 '감각 자료'라는 이름을 붙이자."(『철학의 문제들』, p. 17)
5 [옮긴이] 그들은 "주어짐의 전체 아이디어"를 공격한다고 하면서 사실상, '주어진 것'의 특성(즉, 비추론성·직접성·인식의 근거성)을 감각 자료에서 다른 항목들로 이전했기 때문에, 사실상 감각 자료만 공격한 것이다. 즉, 그들의 비판은 '주어짐의 틀' 자체에 대한 비판은 아니다.
6 [옮긴이] 이 문맥에서 '감각함이 작용'이라는 달은 배경을 모르면 이해하기 쉽지 않다. 셀러스에게 작용(act; 라틴어 actus)과 행위(action)의 구분은 매우 중요하다. 작용은 잠재성(potential)의 실현(actuality)을 의미하며, 의도적이거나 자발적일 필요가 없다. 예를 들어, 사과가 빨갛다는 판단이 내가 이미 훈련되고 희로화된(wired-up) 방식에 따라 사과라는

그것은 결코 일반적 견해였던 것은 아니다. 실은, 감각함(그런 것이 존재한다면)이 작용이라는 데 의문을 제기하는 것은 더 깊은 뿌리가 있다. 그 뿌리는 고전적 감각 자료 이론 안에 서로 얽혀 있는 두 가지 생각의 경로 가운데 하나로 거슬러 올라갈 수 있다.[7] 그러나 지금 당장은, *x*가 감각된다는

자극에 의해 강제로 이끌려 나오는 경우 그 판단은 [의도적] 행위가 아니고 작용이다. 셀러스에 따르면, 감각함은 이러한 의미에서의 작용이다. 반면, 이를 행위로 간주하는 것은 먼저 무언가가 빨강으로 보인다는 것을 인지하고, 그다음 의도적으로 무언가가 빨강이라는 결론을 도출하는 것으로 이해하는 것이다. 하지만 감각함은 이러한 의도적 행위가 아니라, 이미 학습된 인지적 구조가 환경 자극에 따라 자동적으로 실현되는 작용이다. 셀러스는 본서의 33절, 문단 (2)에서 "보고(report)"가 행위는 아니라고 강조하는데, 작용과 행위의 구분을 이해하지 못하면 그 말의 의미를 파악하기 어렵다. 셀러스는 『자연주의와 존재론(*Naturalism and Ontology*)』(1974)에서 작용과 행위의 구분에 대해서 더 상세하게 설명한다. 이 구분은 주어진 것의 신화의 주된 원인을 이해하는 데 중요하다. 그는 다음과 같이 말한다. "어떤 생각 에피소드 ─ 예를 들어, p라는 것을 알아차림(noticing that p) ─ 는 본질적으로 행위가 아니다. 그것이 일어나기를 바라는 의도에 의해서 직접 일어난다면, 그것은 p임을 알아차림이 아니다"(『자연주의와 존재론』(1974), 24절). 그는 또 이렇게 말한다. "데카르트 또는 아리스토텔레스적인 의미에서 심적 작용은 행위가 아니고 오히려 실현(actualities)이다. 따라서 고전적인 심적 작용을 더 정교한 설명적 틀의 요소로 해석하는 데 있어 내가 모형으로 제시하는 소리 내어 생각하기(thinking-out-loud)는 언어적 행위로 간주되어서는 안 된다"(『자연주의 와 존재론』, 14절). 그는 다음과 같이 덧붙인다. "기본적으로 유념해야 할 점은, 패턴에 의해 지배되는 행동(pattern-governed behavior)은 그 자체로는 행위가 아니라는 것(비록 행위가 패턴 지배 행동들의 연속으로 구성될 수는 있지만)이다. 이것이 올바르거나 틀리는 방식은 행위가 올바르거나 틀리는 방식이 아니라, 사건들(events)이 올바르거나 틀리는 방식이다"(『자연주의와 존재론』, 29절). 또한 그는 말한다. "'이것은 빨갛다'라는 말이 빨간색 물체에 대한 패턴에 의해 지배되는 반응(pattern-governed response)인 경우, 그것은 행위가 아니다. 그러나 이 반응은 그 발생을 설명하는 데 관련된 규칙(rule)의 적용을 받는다. 다만 이를 직접적으로 규율하는 규칙은 '이어야 한다(ought-to-be)'의 규칙이다"(『자연주의와 존재론』, 30절).

요약하면, 감각함은 의도적으로 수행되는 행위가 아니다. 나는 '지금 사과가 빨갛게 보이게 해야지' 하고 감각하지 않는다. 감각함은 잠재된 지각적 능력이 현실화되는 사건이다. 즉 내가 세계 속에서 훈련된 지각적 시스템(wired-up system)으로 작동할 때, 세계의 자극이 나의 인지적 구조 안에서 패턴 지배적 반응을 끌어내는 순간이 감각함이다. 본서에서는 action은 '행위'로, act는 '작용'으로 번역했다.

사실은, 아무리 복잡하든 또는 단순하든 간에, 그것이 작용의 대상이 되는 그런 형식―그 형식이 무엇이든 간에―을 가진다고 가정한다.

감각 자료 혹은 감각된 것sensum이라는 것은 감각되는 부류에 속하는 항목이 가지는 관계적 속성[8]이다. 감각되는 부류에 속하는 항목을, 그것이 감각된 상태에 있다it is sensed는 것을 전제하지 않고 지칭하려면 다른 용어가 필요하다. 예컨대 감각 가능한 것sensible이라는 용어는 감각되는 항목sensed items이 감각되지 않은 채로도 존재할 수 있다는 함의를 지니고 있는데, 이것은 감각 자료 이론가들 사이에서 논란이 되는 문제다.[9] 반면 감각 내용sense content[10]은, 아마도 이 가운데 가장 중립적인 용어일 것이다.

---

7   [옮긴이] 셀러스는 7절에서 고전적 감각 자료 이론 안에 서로 얽혀 있는 두 가지 생각 방식은 '감각' 또는 '인상'이라고 부를 수 있는 너적 에피소드가 있다는 생각(과학적/자연주의적 생각)과 '비추론적 지식(knowing that p)'이라고 부를 수 있는 내적 에피소드가 있다는 생각(인식론적 생각)을 지칭한다. '감각함은 작용이 아니다'라는 의심은 감각 자료 이론 안에 뒤얽힌 두 생각 방식 중 한쪽(인식론적 생각)에서 유래했다.

8   [옮긴이] 관계적 속성(relational property). 'x의 관계적 속성'이란 x가 다른 것과 가지는 관계에 의해서 정의되는 속성을 가리킨다. 이것은 'x 자체의 내재적(intrinsic) 성질'과 대비된다. x가 '시각적으로 감각되는' 성질을 가지고 있다고 할 때, 이것이 x의 본래적 성질이 아니라 감각 작용에 의존한다면, 이 성질은 관계적 속성이다.

9   [옮긴이] '감각 가능한 것'이라는 용어는 G. E. Moore의 논문 "The Status of Sense–Data," *Proceedings of the Aristotelian Society*, Volume 14, Issue 1(1 June 1914): 355~406[https://doi.org/10.1093/aristotelian/14.1.355]에서 제안된 바 있다.

10   [옮긴이] 감각 내용은 감각 자료(sense data)와 감각 가능한 것(sensible)을 모두 지칭할 수 있는 중립적인 용어로 도입된다. 자료(datum)는 항상 현실화된(actual) 것이다. 그러나 감각 자료 이론은 현실화된 자료만 가지고는 멀리 가지 못한다. 필연적으로 비실현된 '자료'에 대해서 말할 필요가 있다: 즉, 어떤 조건이 만족될 때, 무엇이 사람에게 보여질 것인가도 말할 필요가 있다. 셀러스는 비실현된 '자료'까지 포괄하는 중립적인 용어로서 '감각 내용(sense content)'을 사용한다. 감각 내용은 실제로 감각될 때, 자료(데이타)가 될 수 있는 종류의 항목이다. 'red', 'sweet', 'C#'는 감각 내용인 데 비해, '실체(substance)'나 '2의 제곱근' 등은 아니다. 셀러스가 중립적인 '감각 내용'을 사용하고자 하는 것은 그가 이것의 존재론적 지위에 대해서 어떤 입장을 가지지 않고 감각 자료 이론을 분석하고자 하기 때문이다.

어떤 사람들에 의해 시각적 감각visual sensing, 촉각적 감각tactual sensing 등으로, 다른 사람들에 의해 직접 봄directly seeing, 직접 들음directly hearing 등으로 지칭되는 다양한 감각함이 있는 것으로 보인다. 그러나 이것들이 진정한 의미에서 감각함의 다양한 종種인지, 아니면 "x가 시각적으로 감각된다"라는 말이 사실상 "x는 감각되는 색깔 패치이다"에 지나지 않으며, "x가 직접 들린다"라는 말 역시 "x는 감각되는 소리이다"에 불과한 것인지 분명치 않다. 만약 후자라면, 시각적 감각이나 직접 들음이라는 것은 감각 작용의 관계적 속성일 것이다. 감각 자료가 감각 내용의 관계적 속성[11]인 것과 마찬가지로.

3. 이제 주어진 것이라는 인식론적 범주의 요점이 아마도 경험적 지식이 사실에 대한 비추론적 지식의 '토대' 위에 놓여 있다는 아이디어를 규명하려는 것임을 염두에 둔다면, 우리는 감각 자료 이론가들에 따르면 감각되는 것이 개별자particulars라는 것에 놀라움을 느낄 수 있다. 왜냐하면 비추론적 지식에서도 알려진 것은 개별자가 아니라, 사실, 즉 어떤 것이 이렇다거나 어떤 것이 다른 것과 특정 관계에 있다와 같은 형태의 항목이기 때문이다. 따라서 감각 내용의 감각함은 그게 추론적이든 비추론적이든, 지식을 구성할 수 없는 것처럼 보인다. 그렇다면 우리는 감각 자료의 개념이 '경험적 지식의 토대'에 어떤 빛을 비추는지 물을 수 있다. 감각 자료 이론가는 다음 중 하나를 선택해야 할 것으로 보인다:

a. 감각되는 것은 개별자이다. 감각함은 앎이 아니다. 감각 자료의 존재는 논리적으로 지식의 존재를 함의하지 않는다.

11 　[옮긴이] 이 말은, 앞서 말한 "감각 자료는 감각되는 항목의 관계적 속성이다"라는 말과 같은 뜻이다. "감각되는 항목"의 이름으로 "감각 내용"을 쓰기로 했기 때문이다.

혹은

  b. 감각함은 앎의 한 형식이다. 감각되는 것은 개별자가 아니라 사실이다.

  대안 a에서는 감각 내용이 감각되었다는 사실은 그 감각 내용에 대한 비인식적 사실[12]이 될 것이다. 그러나 이 대안이 감각 내용의 감각과 비추론적 지식의 소유 사이에 어떠한 논리적 연결도 배제한다고 결론짓는 것은 성급할 것이다. 왜냐하면, 설령 감각 내용의 감각이 비추론적 지식의 존재를 논리적으로 암시하지 않더라도, 그 반대는 충분히 참일 수 있기 때문이다. 즉 특정 사실에 대한 비추론적 지식은 감각 자료의 존재를 논리적으로 암시할 수 있다(예를 들어, 어떤 물리적 물체가 빨강이라는 것을 보는 것은 빨간 감각 내용을 감각하는 것을 논리적으로 암시할 수 있다). 비록 빨간 감각 내용을 감각하는 것이 그 자체로 인지적 사실이 아니며 비추론적 지식의 소유를 암시하지는 않더라도.

  두 번째 대안 b에서는, 감각 내용의 감각함이 비추론적 지식의 존재를 논리적으로 암시하게 될 것이다. 왜냐하면, 감각 내용의 감각함이 그 자체로 이 지식이기 때문이다. 그러나 다시 말하자면, 이 경우 감각되는 것은 개별자가 아니라 사실일 것이다.

  4. 이제 이러한 선택에 직면했을 때, 감각 자료 이론가는 케이크를 가지면서도 먹으려고도 하는 것처럼 보인다. 왜냐하면 그는 전형적으로

---

12 [옮긴이] 비인식적 사실(non-epistemic fact)이란, 예컨대 한 사람이 빨간 공 옆에 서 있다는 것과 같은, 그 사실을 지각자가 알고 있느냐 하는 (인식론적) 문제와는 무관하게 성립하는 사실을 말한다.

감각함이 앎이라는 것과 감각되는 것이 개별자라는 것을 둘 다 주장하기 때문이다.[13] 그러나 그의 입장은 이와 같은 묘사가 시사하는 것만큼 절망적이지는 않다. 왜냐하면 '가지고 있는 것'과 '먹는 것'은 '알다'라는 단어와, 이에 상응하는 '주어진 것'이라는 단어를 두 가지 의미로 사용할 경우, 논리적 모순 없이 결합될 수 있기 때문이다. 그는 다음과 같이 말해야 한다:

> 우리의 세계에 대한 그림이 의존하는 비추론적 앎은 어떤 대상들, 예를 들어 빨간 감각 내용이 어떤 성격, 예를 들어 빨강, 이라는 것을 아는 것이다. 감각 내용에 대한 이러한 사실이 비추론적으로 알려졌을 때, 나는 그 감각 내용이 예를 들어 빨강으로as being red 감각되었다고 말할 것이다. 나는 이어서 감각 내용이 어떤 성격, 예를 들어 빨강, 에 속하는 것으로 감각되면, 감각되었다(마침표)라고 말할 것이다. 마지막으로, 나는 감각 내용에 대해, 이것이 감각되었다면(마침표), 감각함이 인지적 또는 인식적 사실임을 강조하기 위해 이것이 알려졌다고 말할 것이다.

이러한 규정들stipulations이 주어지면, 다음은 논리적으로 필연적이다: 감각 내용이 감각되면, 이것은 특정한 성격에 속하는 것으로 감각되어야 한다. 이것이 특정한 성격에 속하는 것으로 감각된다면, 그것이 특정한 성격을 가지고 있다는 사실이 비추론적으로 알려져야 된다. 또한, 감각 내용의 감각됨은 오직 알다의 규정된 의미에서만 지식이 될 것이라는 점을 주목하라. 감각 내용, 예를 들어, 색깔 패치에 대해 그것이 '알려졌다'라고 말하는 것은, 그것에 관한 어떤 사실, 예를 들어 그것이 빨강이라는 것이 비추론적으로

---

13   [옮긴이] 셀러스는 감각 자료 이론의 이 특성을 7절 서두에서 "감각 자료 개념이 두 가지 아이디어가 이종 교배되어 생긴 혼종"이라는 말로 묘사한다.

알려졌다고 말하는 것이다. 그러나 알다에 대한 이러한 **규정된** 사용법은 일상적인 용법에서 다음의 예에서 보는 것과 같이, 알다 다음에 개별자를 가리키는 명사나 구가 따라오는 알다의 의미가 있다는 사실에서 도움과 위안을 얻을 것이다:

> 존을 알고 있니?
> 대통령을 알고 있니?

이 질문들이 "존과 아는 사이이니?"와 "대통령과 아는 사이이니?"와 동등하기 때문에, "대면에 의한 지식knowledge by acquaintance"이라는 표현은 알다의 규정된 의미에 대한 유용한 은유로 자연스럽게 제안되며, 다른 유용한 은유들처럼 기술 용어로 굳어졌다.

5. 우리는 감각 내용이 **자료**datum라는 사실이(실제로 그러한 사실이 있다면) 어떤 사람이 비추론적인 지식을 가지고 있다는 것을 논리적으로 함의한다는 것은 오직 감각 내용이 주어졌다고 말하는 것을 이 감각 내용에 관한 어떤 사실을 비추론적으로 안다는 것으로 문맥적으로 정의할 때만 성립한다는 것을 보았다. 만약 이것을 명확하게 인식하지 않거나 염두에 두지 않는다면, 감각 자료 이론가는 감각 내용의 주어짐을 감각 자료 체계의 기본 또는 원초적 개념으로 간주하게 되어, 감각 자료와 비추론적 지식 간의 논리적 연결을 단절시키게 된다.[14] 이러한 연결은 감각 자료

---

14   [옮긴이] 이 문장에서 셀러스는 고전적인 감각 자료 이론가들이 가정하는 다음의 논리적 연결에 대해 논의하고 있다: 감각 자료를 감각함 → 비추론적 지식을 가짐. 감각 자료 이론가들은 감각 자료를 감각함(감각 내용의 주어짐)의 의미를 비추론적 지식을 가진다는 것을 함의하는 의미로 정의한다. 그런데, 그들에겐 동시에 "감각 내용의 주어짐"을 기본적인 개념으로 간주하려는 경향도 있었다. 이것은 감각 내용의 주어짐과 비추론적 지식

이론의 고전적 형태가 전제하는 것이다. 이것은 우리로 하여금 앞서 언급한 고려 사항에도 불구하고 많은 감각 자료 이론가들이 (대다수는 아니더라도) 감각 내용의 주어짐을 감각 자료 체계의 기본 개념으로 간주해왔다는 사실과 마주하게 한다. 그렇다면, 감각 내용을 감각하는 것→비추론적으로 지식을 가지는 것이라는 논리적 연결은 어떻게 되는가? 이 연결이 감각함을 고유하고 분석 불가능한 작용으로 생각하는 사람들에게는 단절된다는 것은 명백하다. 반면, 감각함을 분석 가능한 사실로 간주하는 사람들은, 감각 내용의 감각함을 감각 자료 체계의 기본 개념으로 삼음으로써 표면적으로는 이 연결을 단절하지만, 어떤 의미에서는 이 연결을 유지했다. 즉, 그들은 *x가 빨간 감각 자료이다*를 분석함으로써 얻은 결과가 *x가 비추론적으로 빨강이라고 알려졌다*를 분석함으로써 얻은 결과와 동일하면 이 연결을 유지했다. 앞문으로 내쫓은 논리적 함의가 뒷문으로 몰래 들어온 셈이다.

감각 자료 이론의 고전적 시기, 이를테면 무어G. E. Moore의 「관념론 반박Refutation of Idealism」(1903)에서부터 1938년경까지, 감각함을 분석하거나 분석을 개략적으로 제시한 사람들이 이를 비인식적 용어non-epistemic terms로 수행했다는 점은 흥미로운 사실이다. 전형적으로, 하나의 감각 내용이 감각된다는 것for a sense content to be sensed은 감각 내용들로 구성된 특정 종류의 관계적 배열 속에 하나의 요소가 되는 것으로 간주되었다. 이러한 배열을 구성하는 관계는 시공간적 병치(또는 중첩), 항상적 결합constant conjunction, 연상적 인과성mnemic causation, 심지어 실제적 연결real connection 및 자기에 속함belonging to a self과 같은 관계들이었다. 그러나 한 가지 부류의 용어는 눈에 띄게 빠져 있었는데, 그것은 바로 인지적cognitive 용어들이다. 이 용어들은 분석 대상인 '감각함sensing'과 같이, 더 높은 수준의 복잡성에

간의 논리적 연결을 단절하는 것이 되어 자기모순에 빠지게 된다.

속하는 것으로 간주되었기 때문이다.[15] 그런데, 가정법적 문장subjunctives과 가정적 조건문hypotheticals을 아무리 풍부하게 끌어다 쓴다 해도, 인식적 사실들을 비인식적 사실들— 현상적이든 행동적이든, 공적이든 사적이든 — 로 나머지 없이 분석할 수 있다는 생각[16]은 내가 보기에는 근본적인 오류이며, 이는 윤리학에서 소위 "자연주의적 오류naturalistic fallacy"와 같은 부류의 실수이다. 그러나 나는 지금 이 문제를 깊이 파고들지는 않을 것이다. 비록 이것이 나의 논증에서 나중에 중심적인 주제가 되겠지만, 당장은 이 점을 강조하지 않겠다. 지금 내가 강조하고 싶은 것은, 고전적

---

15   [옮긴이] 위 문단에서 "하나의 감각 내용이 감각된다는 것"(비인식적 용어, 수동태)과 "감각함"(감각함의 작동=인식적 용어, 능동태)을 구분하고 있다는 것에 주목하라. 감각 자료 이론의 고전적 시기의 학자들은 비인식적 용어들을 이용한 수동태적 분석이 결국 '감각함'이라는 인식적 작동을 설명할 수 있다는 전제를 가지고 있었다.

16   [옮긴이] 셀러스는 여기서 전 문단에서 고전적 감각 자료 이론가들이 인지적/인식적 용어인 감각함(sensing)을 비인식적 용어로 분석했다고 해 놓고, 본 문단에서 "가정법 문장과 가정적 조건문을 아무리 풍부하게 끌어다 쓴다 해도"라고 갑자기 가정법 문장과 가정적 조건문을 언급해서 무슨 말을 하려는 것인지 알기가 어렵다. 문맥상 "감각함"을 비인식적 용어로 분석할 때 가정법 문장('만약 ~했다면 …했을 것이다')과 가정적 조건문('~라면 …이다/할 것이다')을 활용해서 했다는 것을 암시한다. 그런데 '이것이 초록으로 보인다'라는 지각 문장은 가정법 문장과 가정적 조건문과 관계가 없어 보인다. 이 문제를 이해하려면 행동주의적 경험주의자들이 사용하는 성향 분석(dispositional analysis)이라는 개념을 이해할 필요가 있다. 예를 들어 우리가 이렇게 말한다고 하자. '비가 올 것처럼 보여(It looks as if it's going to rain)'. 겉으로는 그저 '상태를 묘사하는 말' 같지만, 이 안에는 대략 이런 '규칙'이 숨어 있다. '하늘이 이렇게 어둡고, 구름이 이렇게 껴 있을 때는, 앞으로 비가 올 거라고 판단하고 대비하는 것이 적절하다.' 즉, 이 말은 단지 '하늘이 회색이다'라는 사실 서술만이 아니라, '만약 하늘이 이런 모습이면, 우산을 챙기거나, 밖에 나가는 계획을 조정하는 것이 좋다'라는 식의 가정적 규범을 현재 상황에 적용하고 있는 셈이라는 것이다. 즉, 지각적 관찰 문장이 형식적으로는 단언문이지만, 의미상으로는 가정문이므로 이를 준가정문이라고 볼 수도 있고, 혼종적 단언문이라고 볼 수 있다(라일의 『마음의 개념』(1949), 135, 139, 211, 223쪽). 그리고 이런 문장은 사실상 가정법적 문장이나 가정적 조건문의 역할을 한다고 볼 수 있다. 이렇게 보면, 셀러스가 하는 말을 이해할 수 있다. 셀러스는 이런 성향 분석이 앎이 가지는 규범적이고 인식적인 성격을 설명할 수 없다고 비판했다.

감각 자료 철학자들이 감각 내용의 주어짐을 비인식적 용어로 분석 가능한 것으로 보든, 어떤 식으로든 환원 불가능하면서 동시에 하나의 앎이기도 한 작용으로 구성된 것으로 보든, 그들은 예외 없이 감각 내용의 주어짐을 또 다른 의미에서 근본적인 것으로 간주했다는 점이다.

6. 왜냐하면 그들은 주어짐을 어떤 학습도, 연관 관계의 형성도, 자극-반응 연결의 수립도 전제하지 않는 사실로 받아들였기 때문이다. 요컨대, 그들은 **감각 내용을 감각함**을 **의식이 있는 것**being conscious과 동일시하는 경향이 있었다. 의식이 있다는 것의 의미는 머리를 맞은 사람은 의식이 없고, 갓 태어나서 살아 움직이는 신생아는 의식이 있다고 할 때의 의미이다. 물론 그들은, 사람이, 즉 바로 자신이, 지금 어느 시점에 통증을 느끼고 있다는 것을 아는 능력은 후천적으로 획득되며, 개념 형성이라는 (복잡한) 과정을 전제한다고 인정할 것이다. 그러나, 그들은 통증을 느끼거나 색을 보는, 즉 감각 내용을 감각하는 간단한 능력이 획득되는 것이며 개념 형성 과정을 수반한다고 가정하는 것은 매우 이상하다고 주장할 것이다.

그러나 감각 자료 철학자가 감각 내용을 감각하는 능력이 후천적으로 획득되는 것이 아니라고 본다면, 그가 *x*가 감각 내용을 감각한다*x* senses a sense content를 분석할 때, 후천적으로 획득된 능력을 전제하는 분석을 할 수 없게 된다는 것은 분명하다. 따라서 그가 *x*가 빨간 감각 내용 *s*를 감각한다*x* senses red sense content *s*를 *x*가 *s*가 빨강임을 비추론적으로 안다*x* non-in-ferentially knows that *s* is red로 분석할 수 있으려면, 빨간 감각 내용이 빨강임을 비추론적으로 아는 능력 자체가 후천적으로 획득되는 것이 아님을 인정해야 한다. 이것은 우리로 하여금 경험론적 성향이 강한 대부분의 철학자가 모든 분류적 의식classificatory consciousness, 즉 무언가가 그러하다는 모든 지식, 또는 논리학자들의 전문 용어를 쓰자면, 개별자를 보편자 아래로 귀속하는 것은 학습, 개념 형성, 심지어 기호의 사용을 수반한다고 강하게 믿는다는 사실과 마주하게 만든다. 따라서 위의 분석에서 분명하게 알 수 있는 것은, 고전적classical 감각 자료 이론이 — 나는 '고전적'이라는 형용사를 강조하는데, 이는 다른 '비정통적heterodox' 감각 자료 이론도 설명해야 하기 때문이다 — 다음의 세 명제로 구성된 상충하는 삼 명제inconsistent triad에 직면한다는 점이다:

A. x가 빨간 감각 내용 s를 감각한다는 것은 x는 s가 빨강임을 비추론적으로 안다를 함의한다.

B. 감각 내용을 감각하는 능력은 습득되는 것이 아니다.

C. x가 Φ이다라는 형식의 사실을 아는 능력은 습득되는 것이다.

A와 B는 C의 부정을 함의하고, B와 C는 A의 부정을 함의하며, A와 C는 B의 부정을 함의한다.

고전적 감각 자료 이론가가 A, B, C가 상충하는 삼 명제를 형성한다는 사실에 직면했을 때, 그는 이들 중 어떤 명제를 포기할 것인가?

(1) 그는 A를 포기할 수 있다. 이 경우 감각 내용을 감각하는 것은 비인지적non-cognitive 사실이 된다. 물론, 이 비인지적 사실은 비추론적 지식의 필요조건, 심지어 논리적으로 필수적인 조건일 수도 있다. 그러나 여전히 그것은 이 지식을 구성할 수 없는 사실로 남는다.

(2) 그는 B를 포기할 수 있다. 이 경우 그는 감각 자료의 개념을 우리가 일상적으로 사용하는 감각, 느낌, 잔상, 간지러움, 가려움 등과 연관이 없는 것으로 간주해야 한다. 이러한 것들은 감각 자료 이론가들이 흔히 감각 자료의 상식적 대응물로 간주하는 것들이다.

(3) 그러나 C를 포기하는 것은 경험론적 전통에서 중요한 명목론적nominalistic 성향에 반하는 것이 된다.

7. 고전적 감각 자료 개념이 다음 두 가지 아이디어가 이종 교배되어

생긴 혼종처럼 보이기 시작하는 것은 분명해 보인다:

(1) 인간(및 짐승)에게 학습이나 개념 형성의 과정 없이 발생할 수 있는 어떤 내적 에피소드(예: 빨간색에 대한 감각이나 C#음에 대한 감각)가 존재하고 그러한 에피소드 없이는 물리적 물체의 정면이 빨강이고 삼각형이라는 것을 보는 것, 또는 어떤 물리적 소리가 C#이라는 것을 듣는 것이 어떤 의미에서는 불가능하다는 아이디어.

(2) 어떤 대상이 빨강이거나 C#이라는 것을 비추론적으로 아는 것인 어떤 내적 에피소드가 존재하고 이 에피소드가 모든 다른 경험적 명제에 증거를 제공하는 경험적 지식의 필요조건이라는 아이디어.

우리가 이 두 아이디어에 주의를 기울여 살펴보면, 전통적인 인식론에서 이 두 아이디어가 어떻게 결합되었는지 쉽게 알 수 있다고 생각한다. 첫째 아이디어는 분명히 감각 지각의 사실을 과학적인 방식으로 설명하려는 시도에서 비롯된다. 물체가 전혀 존재하지 않거나, 존재하더라도 빨갛지도 삼각형도 아닌 경우에 사람들이 "마치 빨갛고 삼각형인 물체를 보고 있는 것 같다"라고 말하는 경험을 하게 되는 것은 어떻게 일어나는가? 이에 대한 설명은 대략적으로, 사람이 이러한 종류의 경험을 할 때, 그것이 참인지 여부와 상관없이, 그는 '빨간 삼각형'의 '감각' 또는 '인상'을 가지게 된다는 것이다. 핵심 아이디어는, 이러한 감각의 직접적인 원인은, 단지 대부분의 경우에만, 지각자의 주변에 빨갛고 삼각형인 물체에 의해 야기된다는 것이다. 그리고 핵심 아이디어는 또한 예를 들어 아기는 물체의 정면이 빨갛고 삼각형임을 보지 않거나, 또는 보는 것 같지 않은 상황에서도, '빨간 삼각형의 감각'을 가질 수 있는 데 비해, 성인은 '빨간 삼각형의 감각'을 가지게 되면 대체로 빨갛고 삼각형인 면을 가진 물체가 있는 것처럼 보이며, 그러한 감각이 없이는 이러한 경험을 할 수 없다는 것이다.[17]

나는 앞으로 내 논증 과정에서 이러한 종류의 지각적 상황에 대한 '설명'에 대해 더 많이 이야기할 것이다. 그러나 지금 강조하고 싶은 것은, 위에서 제시한 방식에 따르면, 빨간 삼각형의 감각을 갖는 것이 인지적 또는 인식적 사실이라고 가정할 이유가 없다는 점이다. 물론 "빨간 삼각형의 감각을 갖는다"라는 것을 "천상의 도시를 생각한다"라는 것과 동일시하여, 후자가 가지는 인식적 성격, 즉 '지향성intentionality'을 전자에게도 부여하고자 하는 유혹이 있다. 그러나 이 유혹은 극복할 수 있으며, 빨간 삼각형의 감각을 갖는다는 것은 고유한 논리적 문법을 지닌, 인식적이지도 물리적이지도 않은 그 자체로 고유한 종류sui generis라고 주장할 수도 있다. 그러나, 불행하게도, 빨간 삼각형의 감각이라는 것이 존재한다는 생각은—몇 가지 난제가 없는 것은 아니지만, 그것 자체로는 꽤 정당한 생각이라는 것을 앞으로 보게 될 것임—다른 덜 바람직한 생각의 방식과 너무나 잘 들어맞는 바람에, 이 후자의 생각 방식을 강화하는 데 쓰이면서 거의 예외 없이 왜곡되었다.[18] 전자의 생각 방식이 후자의 생각 방식을 강화하지 않았다면,

---

17   [옮긴이] 이 문장에서 아기와 어른을 비교하는 것은 우리의 일상적인 경험에 근거를 두고 있다. 아기는 어른에 비해서 실제 세계에 대한 경험이 일천하기 때문에 감각 자체만 경험하고, 그 배후에 있는 물체를 지각하지 못하는 경향이 있는 데 비해, 어른은 감각을 그 배후에 있는 물체의 지각과 연결시킨 경험을 가지고 있다.

18   [옮긴이] 이 문장 이후는 첫째 아이디어와 둘째 아이디어가 이종 교배되어 고전적 감각 자료 개념이라는 혼종을 생산하는 과정을 설명한다. 그런데 그 설명이 많은 것을 암묵적으로 가정하고 있어 해독하기가 쉽지 않다. 첫째 아이디어는 학습이나 개념 형성과 무관한 감각이라는 내적 에피소드가 있다는 것이다. 둘째 아이디어는 비추론적 앎이라고 간주되는 내적 에피소드가 있고, 이것이 모든 다른 경험적 명제에 증거를 제공한다는 것이다. 따로따로 생각하면 두 아이디어는 모두 타당하다. 셀러스는 혼종이 생겨난 과정을 다음과 같이 추적한다. 우선 첫째 아이디어가 덜 바람직한 생각 방식과 얽히면서 왜곡되었다. 이 덜 바람직한 생각은 둘째 아이디어에서 말하는 비추론적 지식인 내적 에피소드를 표면적 보기로 간주하여 이 지식의 불확실성을 강조한다. 그리고 이 불확실성을 해결하는 방법으로 표면적 보기보다 확실한, 참이 아닌 경우가 없는, 감각함(첫째 아이디어)에 주목한다. 즉 빨간 삼각형의 감각은 빨간 삼각형 정면에 대한 표면적 보기가 결여하고

후자의 생각 방식은 오래전에 무너졌을 것이다. 불행하지만 익숙한 이
[후자의] 생각의 방식은 다음과 같이 전개된다:

> 물체의 정면이 빨갛고 삼각형이라는 것을 보는 것은, 일부 항목들은
> 참이 아닌 경험들의 부류— 이런 경험들을 '표면적 보기ostensible seeings'라
> 고 부르자— 내의 참인veridical 항목이다. 그리고 어느 한 경험이 이 참인지
> 여부를 보장하는 관찰 가능한 명확한 표식은 존재하지 않는다. 우리의
> 세계에 대한 그림이 의존하는 비추론적non-inferential 지식이, 그중 일부가
> 우연히 참인 표면적 보기, 표면적 듣기 등으로 구성되어 있다고 가정하는
> 것은, 경험적 지식을 너무 불안정한 기반 위에 놓는 것이다. 사실상 이는
> "경험적 지식"이라는 구절에서 지식이라는 단어를 조롱거리로 만들며
> 회의주의의 문을 여는 일이다.
>
> 물론, 표면적 보기, 표면적 듣기 등 중에서 그것들이 발생하는 상황과
> 지각자의 주의 깊음 정도를 특정함으로써 점점 덜 불안정하고, 즉 더
> 신뢰할 수 있는 하위 부류를 구분하는 것은 가능하다. 그러나 어떤 특정한
> 표면적 보기, 표면적 듣기 등이 참이 아닐 가능성은 결코 완전히 제거될
> 수 없다. 따라서 경험적 지식의 토대를 그 안에 속하는 모든 항목을 참이라고
> 말할 수 없으며, 참이 아닌 항목들을 '조사'를 통해서 제거할 수 없는
> 그런 부류에 속하는 참 항목들로 구성하는 것이 불완전하므로, 이 토대는
> 물리적 물체의 면이 빨갛고 삼각형이라는 것을 보는 것과 같은 항목들로 구성될
> 수 없다.

있는 장점을 가지고 있다. 이 덜 바람직한 생각 방식은 '빨간 삼각형의 감각'과 '천상의
도시에 대한 생각' 간의 문법적 유사성에 주목하여 감각이 생각과 같은 범주에 속하며,
따라서 감각이 인지적 사실이라는 결론을 내린다. 즉, 첫째 내적 에피소드인 감각을
둘째 내적 에피소드인 비추론적인 앎으로 간주한다. 그리하여 감각의 역할과 비추론적
앎의 역할을 동시에 하는 잡종인 고전적 감각 자료 개념이 탄생했다.

이렇게 직설적으로 표현하면, 이 결론을 받아들일 사람은 거의 없을 것이다. 대신, 그들은 이 논증의 대우contrapositive를 받아들이고, 경험적 지식의 토대가 이러한 사실들에 대한 비추론적 지식이므로, 그 토대가 참이 아닌 멤버들을 포함하는 부류에 속하는 참인 항목들로 구성된다고 추론할 것이다. 그러나 이렇게 직설적으로 표현되기 전에, 이 논증은 첫 번째 생각 방식과 얽히게 된다. 즉 빨간 삼각형의 감각은 빨간 물리적 면에 대한 표면적 보기가 결여하고 있는 장점을 정확히 가지고 있다는 아이디어가 떠오른다. 우선, '빨간 삼각형의 감각'과 "천상의 도시에 대한 생각" 간의 문법적 유사성을 감각이 생각과 같은 일반 범주에 속한다는 것을, 짧게 말하면, 감각이 인지적 사실이라는 것을 의미한다고, 더 정확하게는 그런 전제를 발생시킨다고 해석한다. 그다음으로, 감각이, 가정에 의해, 외부의 물리적 물체보다 심적 과정과 훨씬 더 길접하게 관련되어 있다는 점을 주목한다. 빨간 삼각형에 대한 감각에 "접근하는 것"이, 빨갛고 삼각형인 물리적 표면에 "접근하는 것"보다 더 쉽다고 여겨진다. 하지만 무엇보다도, 참이 아닌 감각을 말하는 것이 말이 안 된다는 사실이 이러한 철학자들에게 강한 인상을 주었다. 그러나 그들은 어떤 경험을 참이라고 말하는 것이 의미를 가지려면, 그 경험을 참이 아니라고 말하는 것도 마찬가지로 의미를 가져야 한다는 사실을 간과해야 했다. 모든 감각 자료 이론가들, 심지어 고전적 유형의 이론가들조차, 이 모든 혼동에 빠진 것은 아니라는 점을 강조하고자 한다. 또한, 이것들이 감각 자료 이론가들이 저지른 혼동의 전부가 아니다. 나는 이후에 이 주제에 대해 더 자세히 논할 것이다. 그러나 내가 언급한 혼동들은 이 전통의 핵심을 이루며, 본 글의 현재의 목적에 부합할 것이다. 왜냐하면, 이 모든 요소들이 혼합된 결과가 바로 빨간 삼각형의 감각이 경험적 지식의 전형paradigm이라는 아이디어이기 때문이다. 그리고 나는 이 아이디어가 감각 자료 이론의 정통 유형으로 곧장이어진다는 것과 우리가 그 이론을 깊이 생각해 보려고 할 때 발생하는 혼란들perplexities을 설명한다는 것을 분명히 알 수 있다고 생각한다.

Ⅱ. 다른 언어?[1]

8. 이제 나는, 예를 들어 아이어Ayer(1)(2)가[2] 제안한 비정통적 견해를 간단히 살펴보려고 한다. 이 견해에 따르면, 감각 자료 화법discourse[3]은,

---

1   [옮긴이] Ⅱ장은 먼저 아이어식 '다른 언어' 감각 자료 이론을 소개한다. 이 견해에 따르면 감각 자료 화법은 '감각 내용'이라는 새로운 개별자를 도입하는 이론이 'X가 S에게 Φ로 보인다'라는 일상적 보인다(looks) 문장을 기술하기 위해 인식론자가 고안한 코드에 불과하다. 'X는 S에게 Φ 감각 자료를 제시한다'라는 문장은 'X가 S에게 Φ로 보인다'의 인위적인 대응 기호이고, 감각 자료 문장들 사이의 논리적 관계도 독립적이지 않으며, 그들이 대표하는 일상 지각 문장들 사이의 관계에 전적으로 기생한다.

    Ⅱ장 후반에서 셀러스가 겨냥하는 것은, '다른 언어' 감각 자료 이론가들이 '사람과 사물은 모두 보임·드러남 문장들로부터의 논리적 구성물이다'라고 말하고 싶어 하는 경향이다. 즉, 일상 지각 화법에 대한 감각 자료 코드를 하나 만들어 놓으면, 원리적으로는 '저기 빨갛고 삼각형 표면을 가진 물체가 있는 것처럼 보인다'와 같은 보이다―문장들만으로도 물체와 지각자에 대한 담론 전체를 논리적으로 재구성할 수 있다고 주장하고 싶은 것이다. 셀러스는 이런 구성주의적 주장이 '보이다/드러나다' 화법이 실제로 수행하는 역할을 따져 보면 곧 극복할 수 없는 난점에 부딪힌다고 보고, 그 문제를 더 분명히 드러내기 위해 '보인다'라는 말 자체의 논리를 분석하는 작업으로 나아가며 Ⅲ장 "보인다'의 논리'로 논의를 넘긴다.

2   [옮긴이] 본문 마지막 절과 '스터디 가이드' 사이에 있는 22개의 참고 문헌 중 1과 2를 지칭한다. 이하 본문의 다른 곳에서도 역시 동일하다.

3   [옮긴이] 셀러스는 본서에서 'scientific discourse', 'semantic discourse', 'theoretical discourse', 'observational discourse' 등 'discourse'라는 표현을 많이 사용한다. 여기서 'discourse'는 특정 주제에 관한 논의를 가리키며, 일상적 대화부터 철학적 논증까지 포괄한다. 본서에서

말하자면, 일반인이 "지금 이 책이 나에게 초록색으로 보인다" 또는 "저기에 빨갛고 삼각형인 물체가 있는 것 같다"라는 표현이 묘사하는 상황을 지칭하기 위해 인식론자가 고안한 또 다른 언어이다. 이 제안의 핵심은, 감각 자료의 어휘가 공간과 시간 속의 물체들에 대한 일반인의 언어, 그리고 이들이 가지고 있거나 가지고 있는 것처럼 보이는 성질들을 넘어서는 묘사적 내용의 증대를 가져오지 않는다는 아이디어이다. 왜냐하면 이 견해는

X는 S에게 ϕ 감각 자료를 제시한다.

라는 형식의 문장이 단순히 다음 형식의 문장과 동일한 의미를 가지도록 규정된다고 보기 때문이다:

X는 S에게 ϕ로 보인다.

따라서 "토마토가 S에게 볼록하고 빨간 감각 자료를 제시한다"라는 문장은 "토마토가 S에게 빨갛고 볼록하게 보인다"라는 문장에 대한 인위적인 대응 문장이 되고, 그렇게 되도록 규정되었기 때문에, 후자의 문장과 정확히 같은 의미를 가진다.

이 제안을 설명하는 데 도움이 되게 하기 위해, 나는 특정한 도식을 사용하려고 한다. 나는 우선 '코드code'라는 개념에서 출발해서, 내가 말하는

코드가 더 이상 단순 코드가 아니게 될 때까지 이 관념을 점차 풍부하게 만들어갈 것이다. 우리가 이 "풍부해진 코드enriched code"를 '코드'라고 부르고 싶어할 지에 대해서 나는 판단하지 않을 것이다.

이제 내가 말하려는 의미에서의 '코드'란 기호들의 체계a system of symbols 인데, 그 체계에 속하는 기호들은 각각 하나의 완전한 문장을 대표한다. 따라서 코드에 대한 우리의 최초의 규정에 따르면, 코드에는 두 가지 특징이 있다. (1) 각 코드 기호는 단일 단위이며, 그 코드 기호의 부분들은 자체로 코드 기호가 아니다. (2) 코드 기호들 사이에 성립하는 논리적 관계는 전적으로 기생적이다. 즉, 그것들은 기호들이 대표하는 문장들 사이의 논리적 관계로부터 전적으로 유도된다. 사실, 코드 기호들 사이의 논리적 관계에 대해 말한다는 것은, 그 코드 기호들이 대표하는 문장들 사이의 논리적 관계에 대해서 말하는 하나의 방식이다. 예를 들어 "○"가 "탑승객 전원이 아프다"라는 문장을, 그리고 "△"가 "탑승객 중 어떤 사람이 아프다"라는 문장을 의미한다고 하자. 그렇다면 "△"는 "○"로부터 따라온다고 말할 수 있는데, 이는 "△"가 대표하는 문장이 "○"가 대표하는 문장으로부터 논리적으로 따라온다는 의미에서이다.

이제 나는 코드에 대한 이 빈약한 구상을 수정해 보겠다. 코드 기호가 그 체계 안에서 어떤 역할을 수행하는 하위 요소들—비록 그 자체로 완전한 기호가 되지는 않더라도—을 가질 수 없는 이유는 전혀 없다. 구체적으로 말하면, 그 하위 요소들은 그들이 속한 기호가 대표하는 문장들의 특징을 우리에게 떠올리게 하는 연상 장치mnemonic devices의 역할을 할 수 있다. 예컨대 "탑승객 중 어떤 사람이 아프다"라는 문장을 나타내는 코드 기호는, "아프다sick"라는 단어를 생각나게 하기 위해 문자 S를 포함할 수 있다. 또한 논리학 배경이 있는 이들에게 "어떤 사람someone"을 상기시키기 위해 뒤집힌 문자 E를 포함시킬 수도 있다. 이렇게 해서 "탑승객 중 어떤 사람이 아프다"를 가리키는 깃발[4]은 'Ǝs'가 될 수 있다. 내가 분명하게 추구하고 있는 제안은 이른바 감각 자료 문장sense-datum sentences을 코드 기호 또는 "깃발"로 도입하고, 이것이 포함하는 음성 표현vocable 또는 인쇄 표현printable[5]을 도입하여 [코드 기호의 하위 요소로] 해당 깃발이 전체적으로 대표하는 일상적 지각 화법 문장의 어떤 특징들을 우리에게 상기시키는 역할을 하도록 하는 것이다. 특히 "감각 자료"라는 음성 표현 또는 인쇄 표현의 역할은 기호화된 문장이 "~로 보인다looks"라는 문맥을 포함한다는 것을 상기시키고, "빨강"이라는 음성 표현 또는 인쇄 표현은 관련 문장이 "… 빨강으로 보인다looks red …"라는 문맥을 포함한다는 것을 상기시킨다. 그 외 다른 예들도 많이 있다.

9. 이제 감각 자료 '문장들'이라는 개념을 진지하게 받아들인다는 것은, 물론, 감각 자료 '문장들' 사이에는 독립적인 논리적 관계[6]가 없다는 생각을 진지하게 수용하는 것이다. 하지만 이 '문장들'은 표면적으로는 이들 사이 에 독립적인 논리적 관계가 있는 듯 보인다. 왜냐하면, 이 '문장들'이 문장들 처럼 보이고, 또한 일상 언어에서 논리적 단어들로 기능하는[7] 음성 표현들

---

4   [옮긴이] 셀러스는 문장을 대표하는 기호를 깃발이라고 비유적으로 표현한다. 깃발은 뭔가를 상징하고 대표하는 기능이 있으므로, 유사한 역할을 하는 기호를 비유적으로 깃발이라고 한 것이다. 셀러스는 곧바로 '코드 기호를 사용한다'라는 것을 'fly a flag(깃발을 날리다)'로 비유적으로 표현하기도 한다.

5   [옮긴이] 셀러스가 여기서 발음 가능한 것(vocable) 또는 프린트 가능한 것(printable)이라고 하는 것은 이것이 가지는 의미를 제거한 순수한 소리 패턴 또는 프린트 패턴을 말한다. 그는 나중 저술에서 '기호 디자인(sign design)'이라는 표현을 써서 동일한 것을 지칭한다. 본서에서는 이를 "음성 표현"과 "인쇄 표현"으로 번역한다.

6   [옮긴이] 감각 자료 '문장들' 사이의 독립적인 논리적 관계라는 것은 감각 자료 문장이 대표하는 일상적인 문장들 사이에 존재하는 논리적 관계(예를 들면 함의 관계, 모순 관계 등)에 종속적인 논리적인 관계가 아니라, 이와 독립적인 감각 자료 문장들 자체의 논리적 관계를 말한다. 감각 자료 문장들 사이에는 이런 독립적인 논리적 관계가 없다. 감각 자료 문장들은 하나의 언어 체계를 구성하지 못하기 때문이다. 하나의 언어 체계라면 그 안의 문장들 사이에는 논리적 관계가 있을 것이다.

또는 인쇄 표현들을 하위 요소로 가지고 있기 때문이다. 분명한 것은, 만약 감각 자료 화법sense-datum talk이 하나의 코드라면, 그것은 쉽게 진짜 언어로 혼동될 수 있는 코드라는 점이다. 이 점을 예로 들어 설명하겠다. 얼핏 보면, 분명히,

(A) 토마토가 S에게 빨간 감각 자료를 제시한다.

가 다음 두 문장을 함의하는 것처럼 보인다:

(B) 빨간 감각 자료가 있다.

그리고

(C) 토마토가 S에게 어떤 빨간 음영을 지닌 감각 자료를 제시한다.

그러나 지금 내가 고려하고 있는 관점에 따르면, 이것은 잘못이다. (B)가 (A)로부터 따라온다고 말할 수 있는 것은 (심지어 코드 기호에 적절한, '따라온다'의 거꾸로 된 콤마가 암시하는 의미에서조차도) 오직 감각 자료 문장 (B)가 "어떤 것이 어떤 사람에게 빨강으로 보인다"라는 일상적인 문장 (β)의 깃발이고, 일상적인 문장 (β)는 "토마토가 존스에게 빨강으로 보인다"라는 일상적인 문장 (α)로부터 **실제로** 따라오기 때문이다. 그리고 (C)가 (A)로부터 '따라온다'고 말할 수 있는 것도, 겉보기와 달리, (C)가

---

7   [옮긴이] 일상 언어에서 논리적 단어들로 기능하는 음성 표현은 앞으로 셀러스가 예시하겠지만, 'quality', 'is', 'red', 'color', 'crimson', 'determinable', 'determinate', 'all', 'some', 'exist' 등과 같은 표현을 가리킨다. 그런데 이런 표현들을 "논리적 단어들(logical words)"로 간주하는 것이 현대 논리학에 익숙한 사람들에게는 생소하게 들릴 것이다. 'all', 'some', 'exist', 'is' 등은 문장 내에서 형식적인 역할을 하는 논리적 단어라고 보는데 이의가 없을 것이다. 그러나, 정통 논리학에서는 'red', 'color', 'crimson', 'determinable', 'determinate'와 같은 단어를 "논리적 단어들"로 간주하지 않는다. 그러나, 셀러스는 형식적 추론(formal inference) 뿐 아니라 실제적 추론(material inference)을 언어의 중요한 특성으로 간주한다. 예를 들어, 'x is red'는 'x is colored'를 암시한다. 'red'라는 음성 표현과 'colored'라는 음성 표현이 등장하는 두 문장이 실제적 추론 관계를 가지고 있으므로, 이 단어들을 논리적 단어로 간주할 수 있다. 그러나, 이것은 일상 언어에서 그러하고 셀러스가 말하고 있는 코드 체계에서는 성립하지 않는다는 게 셀러스가 본 절에서 말하고자 하는 바이다.

(α)에서 따라오는 문장을 대표하는 깃발일 경우에 한해서만 그렇다.

이 예시에 대해 잠시 후 더 자세히 말할 것이다. 지금 강조할 점은 이러한 코드 관점을 일관되게 유지하려면 "성질quality", "이다", "빨강", "색깔", "진홍", "특정 가능한determinable", "특정한determinate", "모든", "일부", "존재한다" 등의 음성 표현과 인쇄 표현들이 감각 자료 화법에서 사용될 때, 그들의 대응물이 일상 언어에서 가지는 완전한 지위를 그들에게 부여하지 말아야 한다는 것이다. 대신 이 음성 표현과 인쇄 표현들은 어떤 감각 자료 '깃발'을 어떤 다른 감각 자료 '깃발'과 함께 날리는 것이 적절한지 상기시켜 주는 단서의 역할을 한다. 따라서 다음 두 '깃발'

(D) 모든 감각 자료는 빨간색이다

그리고

(E) 어떤 감각 자료는 빨간색이 아니다

를 구성하는 음성 표현들["모든", "감각 자료", "빨간색", "이다", "어떤", "아니다" 등]은 예를 들어,

(F) 모든 코끼리는 회색이다

라는 일상적인 문장과

(G) 어떤 코끼리는 회색이 아니다

라는 일상적인 문장 사이에 존재하는 진정한 논리적 비양립성을 상기시키며, 따라서 이 두 '깃발' (D)와 (E)를 함께 날리는 것이 부적절함을 알려주는 단서 역할을 한다. 왜냐하면 이들이 대표하는 일상적인 문장들은 아마도 다음과 같을 것이기 때문이다:

(δ) 모든 것이 모든 사람에게 빨강으로 보인다

그리고

(ε) 어떤 것이 어떤 사람에게 빨강이 아닌 다른 색을 가지고 있는 것으로 보인다.

이 두 문장은 양립할 수 없다.

하지만 이러한 단서들을 사용할 때는 주의해야 한다. 예를 들어,

(H) 어떤 코끼리는 특정한 음영의 분홍색을 가지고 있다

라는 일상적인 문장을

(I) 어떤 코끼리는 분홍색이다

라는 일상적인 문장에서 추론하는 것은 적절하지만,

(K) 어떤 감각 자료는 분홍색이다

라는 깃발을 날릴 권리가 있다고 해서

(L) 어떤 감각 자료는 특정한 음영의 분홍색을 가지고 있다

라는 깃발을 날릴 권리가 있다고 추론하는 것은 분명히 실수[8]일 것이다.

9b.[9] 하지만 만약 감각 자료 문장이 실제로 감각 자료 '문장' — 즉,

---

8 [옮긴이] 이 실수가 무엇을 지칭하는지를 파악하기가 쉽지 않은데, 17절 마지막에서 언급하는 '보이다' 화법의 성질을 참고하면 이해하는 데 도움이 된다. 17절에서 셀러스는 다음과 같이 말한다: '우리는 X가 S에게 특정 **빨강** 색조로 보이는 것 없이, **빨강**으로 보일 수 있다는 사실을 믿을 수 있다.' 이것은 '보이다' 화법이 인식적 사실을 말하며, 자연적 사실을 말하는 것이 아니기 때문이다. '보이다' 화법에서는 우리는 어떤 것이 특정 분홍색으로 보이는지에 대한 입장을 취하지 않고도 어떤 것이 분홍색으로 보인다고 말할 수 있다. 따라서 '어떤 것이 분홍색으로 보인다'로부터 '어떤 것이 하나의 특정된 분홍색으로 보인다'를 도출할 수 없다. 감각 자료 문장은 이런 보이다 화법에 대한 코드이기 때문에 대응되는 일상적 문장에서처럼, '어떤 감각 자료가 분홍색이다'라는 감각 자료 문장이 '어떤 감각 자료가 하나의 특정된 분홍색이다'라는 문장을 함의하지 못한다. 그러나, 감각 자료 문장의 코드성을 망각하고 이를 실제 문장인 것처럼 생각하면, '어떤 코끼리는 분홍색이다'가 '어떤 코끼리는 특정한 음영의 분홍색을 가지고 있다'를 함의할 수 있듯이, 감각 자료 문장 '어떤 감각 자료는 분홍색이다'가 '어떤 감각 자료는 특정한 음영의 분홍색을 가지고 있다'를 함의할 수 있다고 생각하게 되는데, 이것은 잘못이다.

9 [편집자] 원서에는 이 절이 '9절'로 표기됨으로써 앞의 '9절'과 중복되어 있다. 고치지 않은 것은 셀러스의 원본 상태를 유지하기 위함으로 보인다. 한국어판은 원서의 중복을 표시하기 위해 '9b'로 표기한다. '스터디 가이드'에서 브랜덤은 이를 환기하기 위해 이 중복된 절을 "9 bis"(제9절의 추가절)로 표기하고 있다.

코드 깃발—이라면, 당연히 감각 자료 화법은 x가 S에게 Φ로 보인다 또는 x는 Φ이다 형태의 사실을 해명하거나 설명하지도 않는다는 결론이 따라 나온다. 그러나, 그것이 그런 설명을 하는 것처럼 보이는 이유는 코드에 등장하는 음성 표현과 인쇄 표현들(이제 우리의 이전 목록에 "직접 알려진"이라는 음성 표현을 추가하자)이 단어들이라고 여기지 않는 것이 거의 초인적인 노력을 요구하기 때문일 것이다. 이 단어들이 일상 언어 속의 단어들과 동음이의어라면 일상 단어의 일상적 의미를 가지는 단어들이 되고, 새로 만들어진 것이라면 다른 새로운 것들과의 관계에 의해 설정되는 의미를 가지는 단어들이 될 것이다. 즉, 감각 자료 깃발을 마치 이론 속의 문장인 것처럼, 그리고 감각 자료 화법을 감각 자료 문장들을 일상적인 지각 화법의 문장들과 대응시킴으로써 그 용도를 얻는 언어인 것처럼 (분자 화법이 분자 집단에 대한 문장들을 용기 벽에 대한 기체 압력에 대한 화법과 대응시킴으로써 그 용도를 얻는 것처럼) 취급하고 싶은 유혹을 계속 받을 것이다. 결국, 등가 관계

$$X\text{는 }S\text{에게 빨강으로 보인다} \cdot \equiv \cdot X\text{에 속하고 }S\text{에 의해 감각되는 빨간색}$$
$$\text{감각 자료들의 부류가 있다}$$

는 적어도 표면적으로는 등가 관계

$$g\text{는 }w\text{에 압력을 가한다} \cdot \equiv \cdot g\text{를 구성하고 }w\text{에 부딪쳐 튀어나오는}$$
$$\text{분자들의 부류가 있다}$$

와 유사성을 가지고 있다. 전자의 등가 관계가 x가 S에게 빨강으로 보인다는 문장을 감각 자료를 이용하여 분석한 것이 아니라는 것을 고려하면, 두 등가 관계의 유사성은 더욱 인상적이다.[10]

따라서 코드와 이론이 각각 그들과 대응 관계에 있는 언어의 통제를 받는 인위적으로 고안된 체계라는 사실이 감각 자료 화법이 지각에 대한 일상적 화법을 위한 "다른 언어"[11]라는 아이디어에 힘을 실어주었다고 믿을 만한 이유가 있다. 그러나 이론적 언어의 문장들 간의 논리적 관계가 중요한 의미에서 관찰 언어의 문장들 간의 논리적 관계의 통제하에 있지만, 이 통제의 틀 내에서 이론적 언어는 **자율성**을 가진다. 이 자율성은 코드라는 아이디어와는 양립할 수 없다. 이론과 코드 사이의 이 본질적인 차이를 간과하면, 우리는 케이크를 먹기도 하고 가지기도 하려는 유혹에 빠질 수 있다. 한편, 감각 자료 화법을 단순히 다른 언어로 생각함으로써, 우리는 코드가 잉여 가치surplus value를 갖지 않는다는 사실에 주목한다. 그러나, 다른 한편, 감각 자료 화법은 "드러남의 언어language of appearing"를 밝혀준다[i]-

---

10　[옮긴이] 이 문장을 이해하기 위해서는 "전자의 등가 관계가 x가 S에게 **빨강**으로 보인다는 문장을 감각 자료를 이용하여 분석한 것이 아니다(the former is not an *analysis* of x *looks red to S* in terms of sense–data)"에서 "분석한 것이 아니다"라는 말의 의미를 잘 파악해야 한다. 고전적 감각 자료 이론에서는 'x looks red to S'를 감각 자료 개념을 이용하여 의미론적/개념적으로 분석하려고 했다. 그런데 아이어식 다른 언어 모델에서는 감각 자료 문장을 일상 지각 화법의 분석으로 보지 않고, 한발 물러서서 일상 지각 경험을 기술하는 또 다른 언어/코드로 보았다. 이는 물론 공기 현상에 대한 일상 화법을 공기 분자 화법으로 설명하는 물리 이론과 그대로 동일시할 수는 없다. 그럼에도 X(감각 자료 문장)가 Y(일상 지각 화법)에 대한 분석이 아니라 Y와 일정한 대응 관계를 맺는 또 다른 언어라는 말과, X(공기 분자 화법)가 Y(공기 현상)를 설명하기 위해 도입된 이론적 언어라는 말 사이에는 구조적으로 유사한 측면이 있다. 따라서 본문에서 말하는 두 등가 관계는 성립 방식과 역할 면에서 태생이 다름에도 그 유사성이 매우 인상적이며, 감각 자료 화법을 공기 분자 화법과 같이 일상 지각 화법에 대한 '또 다른 언어'로 취급하고 싶은 유혹을 강화하는 요인이 된다.

11　[옮긴이] 여기서 인용 부호를 사용하여 "다른 언어"라고 쓴 것은 맨 처음 아이어가 다른 언어로서의 감각 자료 화법을 도입할 때 의미했던 '다른 언어'와 다른 의미로 쓰고 있다는 것을 말한다. 이 다른 의미는 통계물리학에서 공기 분자 화법을 일상적인 공기 행동 화법에 대한 [이론적인] 다른 언어라고 할 때의 의미이다. 즉, "또 다른 언어"는 감각 자료 화법을 하나의 이론적 코드/이론어로 보는 입장을 가리킨다.

luminate고 생각함으로써, 이론적 언어들이 인위적으로 고안된 것이며 관찰 언어와의 대응 관계에 의존하여 의미를 가지지만, 동시에 설명적 기능을 가진다는 사실에 주목한다. 불행히도 이 두 특성은 양립할 수 없다. 왜냐하면 이론들이 설명을 제공할 수 있는 것은 바로 그들이 "잉여 가치"를 가지고 있기 때문이다.

물론 감각 자료의 존재가 "직접 지식"의 존재를 함의한다고 생각하는 사람—예를 들어 아이어와 같은—은 누구도 감각 자료가 이론적 개체theo-retical entities라고 말하고 싶어 하지 않을 것이다. 내가 특정 감각 내용이 빨간색이라는 것을 직접 알고 있다는 것이 이론적 사실일 수는 거의 없을 것이다. 반면에, 감각 내용이 이론적 개체라는 생각이 불합리하다는 것이 그렇게 분명히 불합리한 것은 아니다. 즉, "다른 언어" 접근법의 그럴듯함에 대한 위의 해석을 배제할 만큼 그렇게 불합리하지는 않다. 왜냐하면, "감각 내용"[12]이라는 표현을 "…가 …임을 직접 알고 있다"라는 문맥을 통해 도입하는 사람들조차도 이 표현을 사용할 때 — 예를 들어, 물체와 인격 모두가 감각 내용의 패턴이라는 아이디어를 발전시킬 때 — 이 사실[13]을 간과할 수 있기 때문이다. 이러한 특정 문맥에서는 이렇게 도입된 감각 내용은 본질적으로 감각 자료이며 감각적 성질들sense qualities[예: 빨강성]을 지닌 항목들[개별자들]에 불과한 것이 아니라는[14] 사실을 간과할 수 있다.

---

12   [옮긴이] 셀러스가 "감각 내용"이라고 따옴표를 쓴 것은 "감각 내용"이라는 단어를 지칭하기 위한 것이다.

13   [옮긴이] 이 사실, 즉 "감각 내용"이 "…가 …임을 직접 알고 있다"라는 문맥 속에서 도입되었다는 것은 이 감각 내용이 인식적 지위를 가지고 있다는 말이다.

14   [옮긴이] '감각 내용이 본질적으로 감각 자료'라는 말은 "감각 내용"은 원래 '직접 주어진 비추론적 지식'으로 주어졌다는 뜻이다. 그런데 감각 자료 이론가들이 이 개념을 응용하는 과정에서, 예를 들어, '물체와 인격 모두가 감각 내용의 패턴'이라는 말을 할 때, "감각 내용"의 인식적 지위를 망각하고 단지 "감각적 성질들을 지닌 항목들에 불과한 것"으로 간주하는 "우"[이탈]를 범했다. 그렇게 되면, 감각적 성질을 지닌 항목은 이론적 개체의

더 나아가, 감각 내용을 감각함, 즉 감각 자료의 주어짐을 비인식적 사실로 생각하는 데로 이탈할 수도 있다.[15]

나는 감각 자료에 대한 "다른 언어" 해석을 제시하는 사람들이 그것이 제공하는 통찰을 이 개념틀 내에서 보면 물체가 감각 내용의 패턴이 되어, 인식하는 마음과 물리적 세계 사이에 "철의 장막"이 존재하지 않는다는 사실에서 찾는다고 말하는 것이 타당하다고 생각한다. 그들의 철학적 독창성의 대부분은 "감각 내용 s가 직접적으로 빨강으로 알려져 있다"와 같은 문장의 의미를 설명하는 것이 아니라, 물체에 대한 진술을 감각 내용에 대한 그럴듯한 (비록 개략적이기는 해도) 진술로 번역하는 데 집중되어 있다.

그러나 이것이 어떻든 간에, 한 가지는 확신을 가지고 말할 수 있다. 만약 감각 자료 언어가 단순히 코드, 즉 기호 장치라면, 그것이 제공할 수 있는 철학적 규명의 실질적인 가치는 일상 화법 내에서 물체와 그에 대한 우리의 지각 간의 논리적 관계를 밝히는 능력에 있을 것이다. 따라서 만약 일상적인 지각 화법을 위해, "마음"의 구성 요소들("감각 자료")과

성격을 가지게 된다. 이렇게 다른 언어 감각 자료 이론가들이 사실상 감각 내용을 이론적 개체인 것처럼 생각하는 우를 쉽게 범한다는 것은 감각 내용을 이론적 개체로 생각하는 것이 말이 안 되는 것은 아니라는 반증이다.

15   [옮긴이] 셀러스가 "감각 내용을 감각함, 즉 감각 자료의 주어짐을 비인식적 사실로 생각"하는 것이 개념적 이탈에 빠진 것이라고 말할 때, 이것은 감각 자료 이론가들의 기본 입장에서 볼 때 그렇다는 말이다. 감각 자료 이론가는 감각함을 인식적 사실로 믿고 싶어 한다. 그래야 그것이 다른 지식의 토대가 될 수 있기 때문이다. 그들이 그런 의도를 가지고 있음에도 불구하고, 이론 내부에 있는 혼돈과 모순 때문에 이 이론을 발전시키는 과정에서 감각함을 비인식적 사실로 간주하는 개념적 이탈을 범하기 쉽다는 것이다. 이것은 감각 내용을 감각적 성질을 지닌 항목에 불과한 것으로 간주하는 이탈보다 더 심각한 개념적 이탈이다. 그 이탈은 적어도 '감각함' 자체는 인식적 사실로 간주하기 때문이다. 흥미로운 점은 감각 자료 이론의 관점에서 보면 '이탈'로 보이는 것이 셀러스 자신이 본서에서 발전시키는 이론적 개체로서의 감각 내용 또는 인상 이론과 구체적인 내용은 다르지만, 전체적인 지향점에서 유사하다는 것이다.

"사물"의 구성 요소들 간의 "동일성의 관계"를 말하는 코드를 구축할 수 있다는 사실은 (그것이 사실이라면), 물체와 지각자에 대한 일상 화법이 (원칙적으로) "저기 빨간 삼각형 표면을 가진 물체가 있는 것처럼 보인다"(코드의 기본 표현에 대한 일상 언어의 대응물)라는 형태의 문장으로부터 구성될 수 있다는 통찰을 그 실질적인 가치로 가질 것이다. 더 전통적인 용어로 말하자면, 그 규명은 사람과 사물이 다 같이 보임lookings 또는 드러남ap-pearings[16](현상appearances이 아님!)으로부터 구축한 논리적 구성물이라는 사실을 분명히 드러내는 데 있다.[17] 그러나 이러한 주장은 "보인다looks" 또는 "드러나다appears"의 역할이 이해되면 곧 극복할 수 없는 어려움에 직면하게 된다. 이제 나는 이러한 역할에 대한 검토로 넘어가겠다.

16　[옮긴이] (L)ooking과 appearing은 "looks red"와 "appears red"와 같은 문장에서 거의 같은 뜻을 가진다. 그러나 다른 단어이므로 전자는 "보임", 후자는 "드러남"으로 번역했다.

17　[옮긴이] "논리적 구성물"이라는 표현은 예를 들어 러셀의 저서 『외부 세계에 대한 우리의 지식』(1914)에 나오는 다음과 같은 표현들을 상기시킨다: "사물(thing)의 모든 양상(aspects)은 실재하지만, 그 사물 자체는 단지 논리적 구성물(logical construction)에 불과하다"(p. 96). 알려진 것들로부터 알려지지 않은 존재들을 추론할 수 있게 하는 완전히 선험적인 어떤 원리가 존재하지 않는다면, 가능한 유일한 정당화는 물질(matter)을 감각 자료로부터의 논리적 구성물로 보여주는 것일 것이다.

III. "보인다"의 논리[1]

10. 나는 감각 자료 언어를 소위 "드러남의 언어the language of appearing"가 묘사하는 상황에 대한 "다른 언어"로 볼 수 있다는 제안을 살펴보기 전에, 고전적 감각 자료 이론을 면밀히 파고들어 보면 다음 두 가지 아이디어가 잘못 결합된 결과라는 것을 스스로 드러낸다고 결론지었다. (1) 예컨대, 빨간 삼각형을 감각하는 것이나 C#음을 감각하는 것과 같은 특정한 "내적 에피소드"들이 존재한다는 아이디어. 이러한 에피소드들은 인간과 동물에게 학습이나 개념 형성 과정 없이 발생하며, 그것이 없이는, 예를 들어 어떤 물체의 정면이 빨갛고 삼각형이라는 것을 볼 수도, 특정한 물리적 소리가 C#임을 들을 수도 없다. (2) 예를 들어 어떤 항목이 빨갛고 삼각형이라는 에피소드, 혹은 소리인 경우, C#이라는 비추론적인 앎인 "내적 에피소

---

1   [옮긴이] 셀러스는 I~II장(1~9b절)에서 감각 자료 이론과 비정통적인 감각 자료 이론인 "다른 언어" 버전에 대해서 분석하고 비판했다. III장(10~20절)에서는 감각 자료 이론의 출발점으로 이용된 "보임 문장" 화법의 해석을 비판하면서 "보임 문장" 화법에 대한 새로운 논리를 제시한다. 새로운 논리의 중심 내용은 개념들의 상호 의존성이다. 예를 들어, 초록의 개념을 습득하는 과정이 다양한 조건에서 다양한 물체에 대한 반응 습관을 조금씩 습득하는 오랜 역사를 포함하지만, 각자가 물체의 공간과 시간 속에 있는 관찰 가능한 속성들에 관한 모든 개념, 그리고 그 외에도 훨씬 더 많은 개념을 가지지 않으면, 이 속성들에 관한 어떤 개념도 가질 수 없다는 것이다.

드”들이 존재한다는 아이디어. 이 에피소드들은 경험적 지식의 필수 조건이며, 다른 모든 경험적 명제에 대한 증거를 제공한다. 만약 이 진단이 옳다면, 합리적인 다음 단계는 이 두 아이디어를 검토하여 각각의 비판을 거친 후에 살아남는 요소들을 서로 어떻게 올바르게 결합해야 하는지를 결정하는 일일 것이다. 분명한 것은, 두 아이디어 모두에 공통으로 등장하는 내적 에피소드의 개념을 제대로 파악해야 한다는 것이다.

주어진 것the given의 아이디어를 공격하는 많은 이들이, 이 아이디어에 내재된 핵심 오류가 정확하게, 생각이든 이른바 “직접 경험immediate experience”이든 간에, 각자에게 특권적 접근이 허용되는 내적 에피소드들이 존재한다는 아이디어라고 보아온 듯하다. 그러나 나는 결코 그렇지 않다는 것을 보이고, 최근 경험론의 더 교조적인 형태에서 볼 수 있는 정교하지 않은 검증주의verificationalism나 조작주의operationalism를 사용하지 않고서도 주어진 것의 신화를 극복할 수 있다는 것을 보이고자 한다. 그다음 내적 에피소드의 존재를 부정하지 않지만, 이 에피소드에 대한 지식이, 경험적 지식의 전제를 구성하며, 마치 건물의 토대처럼 작용한다고 생각하면 그것이 주어진 것의 신화라고 보는 이들도 있다. 이는 분명 이 신화의 가장 널리 퍼진 형태이지만, 그렇다고 해서 이것이 이 신화의 본질을 구성하는 것은 아니다.[2] 모든 것은 이 철학자들이 그것을 왜 거부하는가에 달려 있다.[3] 예를 들어, 그 이유가 언어 학습이 공적인 물체의 영역에서 공적인

---

2   [옮긴이] 여기서 셀러스가 “이 신화의 가장 널리 퍼진 형태”라고 부르는 것은 전통적 감각 자료 이론을 가리킨다. 즉, 특정한 감각 내용(sense—contents)을 ‘내적 에피소드’로 보고, 그러한 에피소드에 대한 비추론적·특권적 인식이 모든 경험적 지식의 토대를 이룬다고 간주하는 입장이다.

3   [옮긴이] 여기서 “그것”은 내적 에피소드 자체를 가리키는 것이 아니라, 이 내적 에피소드가 경험적 지식의 토대를 제공한다는 아이디어를 의미한다. 그런데 셀러스에 따르면, 이 아이디어를 어떤 이유로 거부하느냐에 따라 그 거부가 신화의 핵심을 정확히 겨냥하는지 여부가 결정된다. 만약 그 에피소드가 사적인 성질을 가지고 있기 때문에 경험적 지식의

승인에 따라 이루어지는 공적인 과정이고, 그 결과, 사적인 에피소드는 —그 존재를 신비롭게 여기는 것을 제외하면[4]— 필연적으로 합리적 담론의 그물망에서 벗어날 수밖에 없기 때문이라고 한다면, 이 철학자들은 감각 자료 이론들에서 꽃피운 신화의 형쾌에는 면역이 되겠지만, 이들은 여전히 물체 X가 시점 t에 시각적으로 S에게 빨강으로 보인다거나 시점 t에서 S에게 저기 빨간 물리적 물체가 있는 것처럼 보인다와 같은 사실들이 주어졌다는 형태의 신화에 대해서는 무방비이다.[5] 좀 더 일반적인 쟁점을 다루기 전에, 당분간은 이 방향에서 주어진 것의 신화[감각 자료 이론과는 다른 새로운 형태의 주어진 것의 신화]를 추적해 보는 것이 유용할 것이다.

11. 철학자들은 "토마토가 존스에게 빨강으로 보인다"라는 문장이, 물체, 사람, 그리고 성질 사이에 보임looking 또는 드러남appearing이라는 삼항적 관계를 서술한다고 가정하는 것이 자연스럽다는 것을 발견했다.[6] 즉, "A가 S에게 Φ로 보인다"를 "x가 z에게 y를 주다"와 유사하다고 간주한다. 혹은

전제를 구성할 수 없다고 생각하면, 이것은 감각 자료 이론들에서 꽃피운 신화의 형태에서는 벗어날 수 있지만, 다른 형태의 신화, 즉 물체 X가 시점 t에 시각적으로 S에게 빨강으로 보인다거나 시점 t에서 S에게 저기 빨간 물리적 물체가 있는 것처럼 보인다와 같은 사실들이 주어졌다는 형태의 신화에서는 벗어날 수 없다.

4   [옮긴이] 이 표현은 "with the exception of a mysterious nod in their direction"을 번역한 것이다. 언어의 공적인 성질을 강조하는 이들은, 사적 에피소드의 존재를 전면적으로 부인하지는 않지만, 그것이 무엇인지, 어떻게 알 수 있는지 등에 대해서 의미 있게 말하기 어렵고 그것을 신비한 것으로 간주한다. 셀러스는 본서에서 사적 에피소드들이 그렇게 신비스러운 것이 아니라고 주장한다.

5   [옮긴이] 이 이론은 '기초 관찰 문장 중심 경험론'이라고 부를 수도 있다. 이 이론에 대한 비판은 본서의 '주어진 것'의 비판에서 감각 자료 이론에 대한 비판보다 더 근본적이라고 볼 수 있다. 이 주어짐의 신화는 감각 자료 이론을 주어짐의 신화라고 비판하는 자들도 빠질 수 있는 위험성을 가지고 있기 때문이다. 이 비판은 제 VIII장 '경험적 지식은 토대를 가지고 있는가?'에서 보다 본격적으로 논한다.

6   이 유형의 관점에 대한 유용한 논의는 참고 문헌 9와 13에서 찾을 수 있다.

더 적절하게는, 주는 것giving은 엄밀히 말해 관계relation라기보다는 행위action이므로, "A가 S에게 Φ로 보인다"는 "x는 y와 z 사이에 있다"와 유사하다고 간주하여, 이를 "$R(x, y, z)$"라는 일반적인 형식의 한 사례로 받아들인다. 그리고 이렇게 가정해 놓고는, 곧장 "이 관계는 분석 가능한가?"라는 문제로 넘어간다. 감각 자료 이론가들은 대체로 이 질문에 대해 "그렇다"고 답하며, X는 S에게 빨강으로 보인다와 같은 형식의 사실들이 감각 자료를 통해 분석될 수 있다고 주장해 왔다. 그중 일부는, 이러한 주장(사실들이 감각 자료를 통해 분석될 수 있다는)을 반드시 거부하지는 않으면서도, 최소한 이런 종류의 사실은 감각 자료를 통해 설명되어야 한다고 역설해 왔다. 예컨대 브로드Broad(4)가 "내 마음 앞에, 사실상, 아무런 타원 모양이 없다면, 왜 동전이 다른 어떤 형태가 아니라 타원 같은지를 이해하기 매우 어렵다"(p. 240)라고 쓸 때, 그는 바로 이러한 형태의 사실을 설명하는 수단으로 감각 자료에 호소하고 있다.[7] 물론 분석과 설명 사이에는 차이가 있다. 만약 X가 S에게 Φ로 보인다가 감각 자료를 통해 올바르게 분석될 수 있다면, 누구도 S가 감각 자료를 가지고 있다는 것을 믿지 않고는 X가 S에게 Φ로 보인다고 믿을 수 없다. 그러나 X가 S에게 Φ로 보인다가 감각 자료를 통해 설명된다고 할 경우, 최소한 어떤 유형의 설명에 있어서는, 이 설명을 믿지 않으면서도 해당 사실을 믿을 수 있다.

한편, 감각 자료 이론을 거부하고 이른바 드러남[8] 이론을 지지하는

---

7   [1963년 판에 추가된 각주, 옮긴이] 존이 보인다 화법을 마스터했을 때, 그는 '넥타이가 초록으로 보인다'뿐 아니라, '넥타이가 파란색인 것으로 보인다(the tie looks to be blue)'라고도 말할 수 있을 것이다. 여기서 후자는 '넥타이가 이런 조건하에서 보이는 것과 같이 보인다(…looks as blue ties look in these circumstances)'라는 의미를 가진다. '보인다(looks)'와 '인 것으로 보인다(looks to be)' 간의 구분은 치졸름(Chisholm)의 비–비교적(non–comparative) '드러나다' 문장과 비교적(comparative) '드러나다' 문장 간의 구분에 대응된다.

8   [옮긴이] 드러남 이론(theory of appearing)은 경험적 지식을 기초 관찰 문장에 근거 짓는 견해의 한 특별한 버전으로서, 그 기초 문장들이 흔히 쓰이는 'x는 F이다(x is F)' 형식이

철학자들은, X가 S에게 ϕ로 보인다라는 형식의 사실들이 궁극적이고 환원 불가능하며, 이러한 사실의 분석이나 설명을 위해 감각 자료가 필요 없다고 전형적으로 말해 왔다. "'X가 S에게 빨강으로 보인다'라는 진술은, 그 의미의 일부로 S가 빨강인 무엇인가와 관계를 맺고 있다는 아이디어를 포함하고 있지 않은가"라고 물으면, 그들은 그렇지 않다고 한다. 나는 그 답이 옳다고 생각한다.

12. 나는 이제 다음과 같은 간단하지만 근본적인 요점을 이용하여 "X가 시점 t에서 S에게 빨강으로 보인다"라는 문장을 분석하려고 한다. 그 요점은 사물이 빨강으로 보인다고 할 때의 "빨강"의 의미와 사물이 "빨강이다"라고 할 때의 "빨강"의 의미가 표면적으로 동일하다는 것이다. 예를 들어, 우리가 어떤 물체를 힐끗 보고 이것이 빨강으로 보인다(지금, 나에게, 여기서)고 판단한 뒤, 정말로 그것이 빨강인지 궁금해할 때, 우리는 분명히 그 물체가 가지고 있는 것처럼 보이는 색깔—빨강—이 실제로 그 물체가 가지고 있는 색깔인지를 묻고 있는 것이다. 이러한 요점은 "~로 보인다"와 "빨강"이라는 단어를 하이픈으로 묶어 "빨강–으로 보인다looks–red"라는 표현을 만들고, 해당 관계가 단지 "로 보인다"가 아니라 분리할 수 없는 단위인 "빨강–으로 보인다"라고 주장하는 식의 말장난으로 모호해질 수 있다. 만약 이런 회피책이 어떤 통찰에 기반해 있다면, 그것은 ~로 보인다가 사람·사물·성질 사이에 성립하는 관계가 아니라는 사실에 대한 통찰이다. 불행히도, 우리가 보게 되겠지만, 이 사실에 대한 이유는 그 관계가 ~로

아니라, 'x는 F처럼 보인다(x looks F)/x는 F처럼 드러난다(x appears F)'라는 형식이라고 보는 입장이다. '빨강으로 보임(looks red)'이 주체와 객체 간의 기본적인 관계이며, '빨강임(is red)'은 '빨강으로 보임'을 이용하여 정의되어야 한다고 주장한다. 셀러스는 이후에 계속해서 'x looks F/x appears F'를 기초 인식 관계로 세우는 이론(드러남 이론), 특히 치졸름의 이론을 논박한다.

보인다가 아니라 빨강으로-보인다라는 아이디어에 전혀 위로가 되지 못하는 이유이다.

위의 논의에서 나는 빨강임being red이 빨강으로 보임looking red보다 논리적으로 선행하고 더 단순한 개념이라는 점을 주장해 왔다. 다시 말해, "x가 빨간색이다"라는 함수[9]가 "x가 y에게 빨간색으로 보인다"라는 함수보다 논리적으로 우선하며, 논리적으로 더 단순하다. 짧게 말해, x가 빨강이다는 x가 y에게 빨강으로 보인다는 측면에서 분석될 수 있다고 말할 수 없다. 그렇다면, 다음의 필연적 진리 명제 — 물론 이것은 필연적 진리이다 — 를 어떻게 이해해야 할까?

$$x는\ 빨간색이다\ \cdot \equiv \cdot\ x는\ 표준\ 조건에서\ 표준\ 관찰자에게\ 빨간색으로$$
$$보인다$$

이것이 물리적 빨강physical redness을 빨강으로 보임looking red으로 정의하려는 도식이라는 것은 어느 정도 타당해 보인다. 여기서 빨강-으로 보임looking-red이 분해 불가능한 하나의 단위라는 주장이 그럴듯해 보이기 시작한다.[10] 왜냐하면 만약, 이것이 분해 가능하고, (정의의 오른쪽에 있는) "빨강"에 독립적인 지위로 인정하는 순간, 그것은 [정의의 왼쪽에 있는] 물체에 대한 술어 "빨강"과 같게 되고, 그렇게 되면 이 정의의 왼쪽과 오른쪽에 동일한 "빨강"이 등장하므로 명백히 순환정의가 되기 때문이다.

---

9   [옮긴이] 여기서 "x가 빨간색이다"가 함수라는 말은 명제함수(propositional function)라는 말이다. 변량 "x"를 가진 "x가 빨간색이다"라는 명제가 아니고 "x"가 특정 값을 가질 때 명제가 되는 명제함수이다.

10   [옮긴이] 물리적 빨강을 빨강으로 보임으로 정의하지 않고, 빨강-으로 보임으로 정의하면 왼쪽에 "빨강이다"가 등장하고 오른쪽에 "빨강-으로 보인다"가 등장하므로, 순환정의에서 벗어날 수 있다는 말이다.

13. 이 난처한 상황[11]에서 벗어나는 길은 두 단계로 구성된다. 두 번째 단계부터 말하면, 그것은 위 진리 명제를 "X가 빨강이다"를 "X가 빨강으로 보인다"를 이용하여 정의하는 도식으로 보지 않고, "X가 빨강이다"가 "X가 표준적 상황에서 표준적 관찰자에게 빨강으로 보일 것이다"와 필연적으로 등가가 될 수 있다는 것을 보이는 것이다. 그러나, 이를 보이기 위해 논리적으로 선행하는 첫째 단계는, "X가 S에게 빨강으로 보인다"라는 문장이 X, 빨간색, S 사이의 분석–불가능한 삼항적 관계 또는 X와 S 사이의 분석–불가능한 이항적 관계를 말하지 않는다는 것을 보이는 것이다. 이것을 보일 수 있는 것은, 그러나, 이 문장이 분석 가능한 관계를 선언하기 때문이 아니라, ~로 보인다가 근본적으로 관계가 아니기 때문이다. 좀 더 익숙한 방식으로 말하면 다음과 같이 논증할 수 있다. 우리가 원한다면 ~로 보인다를 관계라고 부를 수도 있다. 왜냐하면 이 단어가 등장하는 문장들이, 우리가 관계 단어라고 망설임 없이 분류할 만한 단어들로 이루어진 문장들과 문법적으로 어느 정도 유사성을 보여주기 때문이다. 그러나 이러한 문장들이 보통의 관계 문장과는 현저히 다른 어떤 특징들을 가진다는 것을 알게 되면, "~로 보인다가 과연 관계인가?"라는 질문에 답을 찾는 것이 우리가 할 일이라고 보는 경향이 줄어들 것이다.

14. "~로 보인다"라는 단어 사용법의 본질적 특징을 드러내기 위해, 나는 간단한 역사적 픽션을 하나 도입하고자 한다. 이름이 존John인 한 젊은이가 있다. 그는 넥타이 가게에서 일한다. 그는 색깔 단어를 통상적인 방식으로 배웠지만, 표준 조건이 아닌 환경에서 사물을 본 적이 한 번도

---

11   [옮긴이] 여기서 "난처한 상황"이란 'x가 빨강이다'를 'x가 y에게 빨강으로 보인다'를 이용하여 정의하려고 하면 순환정의에 빠진다는 것을 말한다.

없다고 가정할 것이다. 매일 저녁 가게 문을 닫기 전에 재고를 살펴볼 때, 그는 "이건 빨간색이네", "이건 녹색이네", "이건 보라색이네" 등의 말을 하며, 우연히 그와 함께 있던 언어적 동료들은 고개를 끄덕이며 동의해 준다.

이제 이 지점에서, 전기 조명이 발명되었다고 가정해 보자. 그의 친구들과 이웃들은 빠르게 이 새로운 조명 방식을 받아들이고, 그로 인해 생기는 문제들과 씨름하기 시작한다. 하지만 존은 이 변화에 마지막에 굴복한 사람이다. 전등이 그의 가게에 설치된 직후, 이웃인 짐Jim이 넥타이를 사러 가게로 들어온다고 하자.

"여기 멋진 초록 넥타이가 있네요." 존이 말한다.

"하지만 초록이 아니야." 짐이 대답하고, 존을 바깥으로 데리고 나간다.

"음, 아까 거기 안에서는 초록이었는데, 지금은 파랑이네." 존이 말한다.

"아니." 짐이 말한다. "넥타이는 단순히 장소를 옮겼다고 해서 색이 바뀌는 게 아니잖아."

"하지만 전기가 색을 바꿔 놓고, 다시 햇빛 아래로 가면 원래대로 돌아오는 걸지도 모르잖아?"

"그런 변화라면 꽤 이상하지 않겠어?" 짐이 말한다.

"그렇긴 하네." 어리둥절한 존이 대답한다. "하지만 어쨌든 우리는 저 안에서 그것이 초록임을 봤잖아."

"아니, 우리는 저 안에서 그것이 초록이라는 것을 보지 않았어. 왜냐하면, 그것은 초록이 아니고, 우리는 그렇지 않은 것을 볼 수 없으니까."

"글쎄, 이거 참 난처한걸." 존이 말한다. "난 무슨 말을 해야 할지 모르겠네."

다음번에 존이 가게에서 이 넥타이를 집어 들었을 때, 누군가 그 색이 무엇이냐고 물으면, 그의 첫 충동은 "초록입니다"라고 말하는 것이다. 하지만 그는 이 충동을 억누르고, 이전에 무슨 일이 있었는지를 떠올리며 "파랑입니다"라고 말한다. 그는 그것이 파랑이라는 것을 보지 않는다He does not see that it is blue. 또한 그는 그것을 파랑으로 본다that he sees it to be blue고도 말하지도 않을 것이다.[12] 그렇다면 그가 대체 무엇을 보는 것일까? 한번 그에게 물어보자.

"나는 뭐라고 말해야 할지 모르겠어요. 만약 이 넥타이가 파랑이라는 것을 내가 모른다면 — 넥타이가 파랑임을 안다는 것을 인정하지 않는 것은 매우 이상한 일일 것인데 — 나는 분명히 초록색 넥타이를 보고 있었고, 그것이 초록이라는 것that it is green을 보고 있었다그 맹세했을 겁니다. 아무튼 나는 마치 이 넥타이를 초록으로 보고 있었던 것 같아요."

"이것은 초록이다"와 같은 문장들이 사실–진술fact–stating 용도와 보고reporting 용도를 모두 가지고 있다는 점을 염두에 두면, 내가 방금 말한 것은 이렇게 표현할 수 있다: 존이 가게 안에서 이 넥타이를 볼 때 "이 넥타이는 초록이다"라는 보고를 억누르게 된 순간, 그가 아는 한, 넥타이와 색깔에 대해 할 수 있는 다른 보고는 존재하지 않는다. 물론 이제는 "이 넥타이는 파랑이다"라고 말하게 되었지만, 그는 이 문장을 보고 용도로 사용하는 것이 아니다. 그는 이 말을 추론inference의 결론으로써 사용하고 있다.

15. 시간이 지나 다시 가게로 가 보면, 존이 "이 넥타이 색이 무엇이죠?"라는 질문을 받았을 때 우리는 존이 "이건 초록으로 보이네요. 하지만 밖에 가지고 나가서 확인해 보세요"라는 식으로 갈한다는 것을 발견한다. 아마도 그가 가게 안에서는 "이 넥타이는 초록으로 보인다"라고 말하도록 배워 가는 과정에서 새로운 종류의 보고를 하는 법을 배웠다고 짐작하게 된다. 자세히 말하면, 그의 언어적 동료들이 존에게 사로운 유형의 객관적 사실, 즉 비록 지각자와 관련된 관계적 사실이긴 해도, 넥타이가 파랑이라는

---

12 [옮긴이] [S]ee that it is blue: 그것이 파랑이라는 것을 본다. [H]e sees it to be blue.: 그것을 파랑으로 본다.

사실만큼이나 그 지각자의 믿음, 즉 지각자의 개념틀과 논리적으로 독립적인 사실을 인식하도록 도운 것처럼 보인다. 이 사실은 최소한의 사실, 즉 실수할 가능성이 더 적기에 보고하기가 더 안전한 그런 사실이다. 그러한 최소한의 사실은 넥타이가 특정 시점에 존에게 초록으로 보인다는 사실일 것이며, 이것은 "이 넥타이는 초록으로 보인다"라는 문장으로 적절하게 보고될 것이다. 이것은 물론 이미 내가 거부한 유형의 설명 방식이다.[13]

그렇다면 대안은 무엇인가? 즉, 감각 자료 분석을 채택하지 않을 경우에 말이다. 우선, "이것은 지금 내게 초록으로 보인다"라는 문장이 보고 역할을 갖는다는 생각에는 분명 일리가 있다는 것에 주목하면서 시작하겠다. 실제로 이 문장은 본질적으로 하나의 보고처럼 보인다. 그러나, 만약 그렇다면, 그것은 무엇을 보고하는가? 그것이 "최소한의 객관적 사실"도 아니고, 그것이 보고하는 것이 감각 자료를 통해 분석되는 것도 아니라면 말이다.

16. 다음으로 주목하고 싶은 점은, 특정 시점에 무언가가 우리에게 초록으로 보이는 경험은, 그것이 경험인 한에서, 무언가를 초록으로 보는 것seeing something to be green과 매우 흡사하다는 사실이다. 후자 역시 경험인 한에서. 하지만 후자의 경우는 물론 단순히 '경험'만은 아니다. 바로 여기에 문제의 핵심이 있다. 왜냐하면, 어떤 경험이 "무언가가 그러하다는 것을 보는 것seeing that somethng is the case"은 그 경험을 묘사하는 것 이상을 의미하기 때문이다.[14] 그것은 그 경험을 하나의 선언 또는 주장으로 특징짓는 것이며,

---

13   [옮긴이] 셀러스는 "~로 보인다" 문장이 객관적인 최소한의 사실을 보고한다는 해석을 주어진 것의 신화에 속한다는 이유로 거부한다. 보고할 최소한의 객관적인 상황이 주어졌다는 것을 미리 인식한다는 것 자체가 주어진 것의 신화이기 때문이다.

14   [옮긴이] 본 절에서 셀러스는 "무언가를 초록으로 보는 것(seeing something to be green)"과 "무언가가 그러하다는 것을 보는 것(seeing that" somethng is the case)"이 같은 것을 말한다고 간주한다. 그런데 14절, 존의 우화에서 'He doesn't see that it is blue, nor would

— 이것이 내가 강조하고 싶은 요지인데 — 그 주장을 **지지**endorse하는 것이다.[15] 곧 보게 되겠지만, 사실상 "존스는 그 나무가 초록이라는 것을 본다see the tree is green"라는 진술이 존스의 경험에 하나의 명제적 주장propositional claim을 귀속시키고 또 그것을 지지한다는 것을 깨닫는 것이, 그 진술이 존스의 경험을 어떻게 묘사하는지 구체적으로 밝히는 것보다 훨씬 더 쉽다.

나는 경험이 명제적 주장을 포함한다고 말함으로써, 마치 불가능한 일을 시도하는 것처럼 보일 수 있다는 것을 알고 있다. 하지만 이렇게 말하는 방식을 정당화하는 것이 내 주요 목표 중 하나이므로, 독자에게 참고 견뎌줄 것을 부탁한다. 지금 이 말 화폐를 발행하는 것이 허용된다면, 이 논증을 마무리하기 전에 금본위제에 따라 그 가치를 금으로 보장하고 싶다.[16]

16b.[17] 무언가가 초록임을 본다는 경험은, 단지 "이것은 초록이다"라는

---

he say that he sees it to be blue.'라고 할 때, 이 두 표현 "see that it is blue"와 "sees it to be blue"를 구분하여 사용하므로 주의해야 한다.

15   [옮긴이] 셀러스가 말하는 'endorse'는 '주체가 자기 발화의 명제적 내용을 지지하며 그에 대해 인식적 책임을 지는 것'을 말한다. 이것은 '주장의 진리성에 스스로를 묶는(구속시키는) 행위'이다. '[E]ndorsement'는 인준, 승인, 인정, 수용 등으로 번역할 수 있다. 이들 번역어는 거의 타인이 하는 행위를 지칭한다. 그러나 셀러스의 문맥에서는 화자가 자기 자신의 주장을 'endorse'하는 것이다. '나는 내 주장을 지지한다'라는 말은 아주 어색하지 않으므로, 'endorse'를 "지지"로 번역한다.

16   [옮긴이] 여기서 "언어적 화폐"는 셀러스의 주장에 대한 논증을 비유적으로 지칭하고 있다. 이 논증을 마무리하기 전에 금본위제에 따라 그 가치를 금으로 보장하고 싶다는 말은 논증의 품질과 신뢰성을 화폐의 가치를 보증하는 금의 가치에 비유하여 표현한 것이다. 금본위제에서 화폐의 가치가 금으로 보장되듯이, 저자는 자신의 논증이 확고한 근거와 논리로 뒷받침될 것임을 약속한다. 셀러스는 본서 마지막 장의 60절에 가서 그의 언어적 화폐를 '금으로 바꾸겠다'라는 약속을 실천한다.

17   [편집자] 앞의 9절과 마찬가지로 16절 역시 셀러스의 원본에서 중복되었다. 원본에서는

명제적 주장만으로 구성되지 않는다는 것은 분명하다 — 비록 그 명제가, 지각된 물체에 의해, 말하자면, 불러일으켜지거나 끌어내어진 것이라고 말한다고 해도(당연히 그렇게 말해야 하므로). 여기서 칸트Kant의 비유(그가 다른 문맥에서 사용한)를 거꾸로 적용하자면, 자연이 우리를 심문하고 있다Nature puts us to the question.[18] 단지 명제적 주장 그 이상something more이 바로 철학자들이 "시각적 인상visual impressions" 혹은 "직접적 시각 경험immediate visual experiences"을 말할 때 염두에 둔 것이다. 이 "인상"이나 "직접적 경험"의 논리적 지위가 정확히 무엇인가는, 앞으로 남은 논의 내내 우리가 직면하게 될 문제다.[19] 현재 우리의 관심은 그 명제적 주장이다.

앞서 내가 지적했듯이, "S는 그 나무가 초록이라는 것을 본다"라고 말할 때 우리는 그 경험에 하나의 주장을 귀속시킬 뿐 아니라 그것을 지지한다. 라일Ryle이 어떤 것이 이러이러하다는 것을 본다seeing that something is thus and so를 성취achievement라고 하고, "본다sees"를 성취 단어achievement word라고 부를 때 염두에 둔 것이 바로 이 지지이다. 나는 이를 "그렇다so it is" 혹은 "바로 그렇다just so" 단어라고 부르길 선호한다. 왜냐하면, 그 근본 아이디어는 진리truth라는 아이디어이기 때문이다. S의 경험을 봄seeing 으로 특징짓는 것은, 내가 앞으로 더 자세히 설명하고자 하는 넓은 의미에서, 그 경험에 진리라는 의미론적 개념을 적용하는 것이다.

아무런 표기가 없지만, 한국어판에서는 '16b'로 표기하여 구분한다.

18   [옮긴이] 칸트는 『순수이성비판』의 한 대목에서 우리가 자연이 어떻게 작동하는지 아는 유일한 방법은 자연에게 질문을 하는 것, 즉 관찰이나 실험을 하는 것이라는 뜻의 말을 했다. 여기서 셀러스는 이것에 거꾸로 접근하여 감각 인상의 성질을 이해하는 과정은 자연이 우리를 심문하는(nature puts us to the question) 과정으로 이해한다. 이것이 셀러스가 본서의 마지막 XVI장에서 집중적으로 다루는 문제이다. "put to the question"의 사전적 의미는 다음 링크를 참고하라. https://www.thesaurus.com/browse/put-to-the-question

19.   [옮긴이] "남은 논의"란 본서 전체 논의를 가리킨다. 셀러스는 마지막 XVI장에 가서야 인상에 대한 논리적 지위에 대해 본인의 주장을 구체적으로 전개한다.

이제 내가 하고 싶은 제안은, 가장 단순하게 말해, "X가 존스에게 초록으로 보인다"라는 진술이 "존스가 X가 초록이라는 것을 본다"라는 진술과 다른 점은, 후자는 존스의 경험에 명제적 주장을 귀속시킴과 동시에 그것을 지지하지만, 전자는 그 주장을 귀속시키기만 하고 그것을 지지하지 않는다는 것이다. 이것이 둘 사이의 핵심적 차이이다. 왜냐하면 두 경험이 경험으로서는 동일하다고 할지라도, 하나는 어떤 것이 초록이라는 것을 보는 것seeing that이라고 정당하게 말할 수 있고, 다른 하나는 단지 어떤 것이 초록으로 보이는looking 것에 불과하기 때문이다. 물론 내가 "X가 S에게 단지 초록으로 보인다"라고 말한다면, 나는 그 주장을 지지하지 않을 뿐 아니라, 오히려 거부한다.

따라서 내가 "X가 지금 나에게 초록으로 보인다"라고 말할 때, 나는 나의 경험이, 말하자면 내재적으로[그 자체로서], 즉 경험으로서, X가 실제로 초록이라는 것을 보는 참된 경험과 구별되지 않는다는 사실을 보고한다. 이 보고에는 내 경험에 'X는 초록이다'라는 주장을 귀속시키는 것이 내포되어 있다. 내가 "X가 초록이다"라는 단순 보고 대신 이 보고를 택했다는 것은, 이를테면 더 높은 차원에서 '이 주장을 지지할지 말지'라는 문제가 제기되었음을 보여준다. 즉, 나는 X가 결국 초록이 아닐 수도 있다고 생각할 만한 이유를 가지고 있을 수 있다.

만약 내가 어느 시점에 "X는 초록으로 보인다"라고 보고했다면 — 그것은 보고이지만, 지지를 보류한 것임 — 그 뒤, 원래 지지를 보류하게 했던 근거가 논박되었음을 알게 되면, "나는 그게 초록이라는 것을 보았어. 그 당시에는 단지 초록색로 보인다고 확신했지만"이라고 말함으로써 원래의 주장을 지지할 수 있다. 주목할 점은, "나는 X가 초록임을 본다"라는 말은 ("X가 초록이다"와 달리) 오직 "그 주장을 지지할지 말지"라는 문제가 떠오른 경우에만 쓰게 된다는 사실이다. 즉, "내가 X가 초록임을 본다"라는 표현은, "X가 초록으로 보인다," "X는 단지 초록으로 보일 뿐이다"와 같은 표현들과 같은 수준에 속한다고 볼 수 있다.

17. "보인다 화법looks talk"의 변증적 논의dialectics에는 상세하게 논의할 지면의 여유가 없는 재미있고 미묘한 질문들이 많이 있다. 다행히도 앞서 제시한 구분들만으로도 현재의 목적을 달성하기에 충분하다. 이제 "X가 시점 t에 S에게 초록으로 보인다"라고 말한다는 것은, 사실상, 그 경험이 내포하는 명제적 주장을 지지할 의향이 있는 한, 그 사람이 시점 t에 X가 초록임을 보는 것seeing x to be green at t으로 특징지을 수 있는 종류의 경험을 하고 있다고 말하는 것과 같다고 가정해 보자. 그렇다면, 우리 친구 존이 "이 넥타이는 나에게 초록색으로 보인다"라는 문장을 사용하는 법을 배울 때, 내가 그에게 사용하도록 허용한 범주들에 관한 한, 그는 다음과 같이 말함으로써 특징지을 수 있는 그런 종류의 경험을 보고하는 방법을 배운 것이다: (1) 그 경험은 무언가를 초록으로 보는 것seeing something to be green과 경험으로서는 구분되지 않는다; (2) "이 넥타이는 초록이다"라는 명제에 대한 증거는 그 자체로ipso facto 해당 경험이 그 넥타이가 초록임을 보는 것이라는 명제에 대한 증거가 된다.

이 설명의 주요 장점 중 하나는, 소위 '질적qualitative'이고 '존재적existential' 인듯함 또는 보임seeming or looking을 평행하게 다룰 수 있게 해준다는 점이다. 예를 들어, 내가 "그 나무는 굽어 보인다"라고 말할 때, 나는 그 경험에 포함된 주장 중 "그 나무가 존재한다"라는 부분은 지지하지만, 그 나머지 부분에 대한 지지는 보류하고 있다. 반면 "저기에 굽은 나무가 있는 것처럼 보인다"라고 말할 때는, '여기'에 대비하여 '저기'가 있다는 가장 일반적인 측면 외에는 어떤 것도 지지하지 않는다. 이 설명의 또 다른 장점은 예를 들어, 넥타이가 S에게 t 시점에 주홍이나 진홍 또는 다른 특정한 빨강 색조로 보이지 않으면서 빨강으로 보일 수 있다는 것을 설명할 수 있다는 것이다. 간단히 말해, 이는 사물이 단순히 일반적인 보임merely generic look을 가질 수 있다는 것을 설명한다. 이것은 만약 **빨강**으로 보임looking red이 물체에 대한 인식적 사실이 아니라 **자연적** 사실이라면, 이해하기 어려울 것이다. 물론 이 설명의 핵심은 그러한 경험에 포함된 명제적 주장이 '이것은 빨강이다'라는 더 특정 가능한more determinable 주장이거나 '이것은 진홍이다'라는 더 특정한more determinate 주장일 수 있다는 것이다. 완전한 설명은 더 복잡하며, 이러한 경험에서 그 논리적 지위가 결정되어야 할 '인상' 또는 '직접 경험'의 역할에 대한 설명이 필요하다. 하지만 이러한 추가적인 세부 사항이 없더라도, 우리는 X가 S에게 특정 빨강 색조로 보이는 것 없이, 빨강으로 보일 수 있다는 사실과, S가 클레오파트라의 바늘[20]이 특정 피트 수의 높이라고 믿는 것 없이 높다고 믿을 수 있다는 사실 간의 유사성에 주목할 수 있다.

18. 지금 내가 특히 강조하고 싶은 점은, **초록으로 보임**이라는 개념, 즉 어떤 것이 **초록으로 보인다**는 것을 인식하는 능력이 **초록이다**라는 개념을 전제한다는 것이며, 후자의 개념은 물체를 봄으로써 그 물체가 어떤 색깔을 가졌는지를 말할 수 있는 능력을 포함한다는 것이다. 이 능력은 더 나아가 물체를 보고 그 색깔을 알기 위해 그 물체를 어떤 조건에 두어야 하는지를 아는 것을 포함한다. 이 후자의 요점을 좀 더 자세히 풀어보겠다. 우리 친구 존이 자신의 시각적 경험과 다른 사람들의 시각적 경험에 대해 점점 더 정교해지면서, 그는 넥타이가 실제로는 어떤 색이지만, 어떤 조건하에서 이것을 다른 색인 것처럼 보는지를 배우게 된다. 어떤 사람이 그에게

---

20   [옮긴이] 클레오파트라의 바늘(Cleopatra's Needle)은 고대 이집트의 오벨리스크이다. 이 오벨리스크는 원래 고대 이집트에서 제작된 기념비로, 현재 세 곳, 즉 런던, 파리, 뉴욕에 위치해 있다. 오벨리스크는 네모난 기둥 모양의 석조 기념비로, 보통 네 개의 각이 있는 기둥과 상단의 피라미드형 꼭대기로 구성된다. 이들은 주로 태양신 라(Ra)를 기리는 용도로 세워졌으며, 무덤이나 신전의 장식물로 사용되었다.

"왜 이 넥타이는 나에게 초록으로 보이나요?"라고 묻는다고 가정해 보자. 존은 "왜냐하면 이 넥타이는 파랑이고, 파란색 물체는 이런 종류의 빛 아래에서 초록으로 보이기 때문이야"라고 대답할 것이다. 그리고 만약 누군가가 밝은 자연광 아래에서 그 넥타이를 보고 있을 때 이 질문을 하는 경우, 존은 "왜냐하면 그 넥타이는 초록이기 때문이야"라고 대답할 수 있을 것이다. 그리고 여기에 덧붙여 그는 "우리는 지금 밝은 자연광 아래에 있고, 자연광 아래에서는 사물이 본래의 색깔대로 보인다"라고 말할 수 있다. 우리는 따라서 다음의 명제

$$X \text{가 빨강이다} \cdot \equiv \cdot X \text{가 표준 조건하에서 표준 관찰자에게 빨강으로 보인다}$$

가 필연적 진리라는 것을 알 수 있다. 이것은 오른쪽 항이 왼쪽 항 "X는 빨강이다"의 정의이기 때문이 아니라, "표준 조건"이 사물이 본래의 색깔로 보이는 조건을 의미하기 때문이다. 물론, 주어진 지각 방식에 대해 어떤 조건이 표준인지는, 일상적 화법의 특징인 모호함과 개방성을 지닌 조건들에 의해, 상식적 수준에서 정해진다.[21]

19. 나는 적어도 표면적으로는 논리적 원자주의logical atomism의 기본적인 전제들과 부합되지 않는 단계에 도달했다. 한편,[22] 초록이다가 초록으로

---

21   [1963년 판에 추가된 각주, 옮긴이] 표준 조건이란, 정말 사물이 본래 있는 그대로 보이는 조건이다. 하지만 위의 공식이 함축하는 깊은 의미는 "표준 조건"을 특정한 유형의 조건(예: 자연광)으로 대체하고, 자연광이 지각의 표준 조건, 즉 색깔 단어들이 본래의 지각적 용도를 가지는 조건임을 추가할 때 드러난다.

22   [옮긴이] 셀러스는 무언가가 '초록으로 보인다'라는 것을 인식하기 위해서는 초록색의 개념과 언제, 어떻게 색깔을 체크해야 하는지에 대한 개념적인 지식이 필요하다고 주장했

보인다로 환원될 수 있는 개념이라고 간주되는 한, 관찰 가능한 사실과 관련된 기본 개념들이 경험주의 전통의 특징인 상호 논리적 독립성을 가진다는 것이 상당한 설득력을 가지고 주장될 수 있다. 정말이지, 우리가 도달한 논의의 국면은 매우 난감하게 보인다. 왜냐하면, 초록으로 보인다는 것을 인식하는 능력이 초록이다라는 개념을 전제한다면, 그리고 이것이 다시 색깔을 판별하기 위해 물체를 어떤 조건에서 볼 것인지를 아는 것을 포함한다면, 특정 물체들이 특정 지각적 특징 — 색깔을 포함하여 — 을 가진다는 사실을 알아차리지 않고는 그 조건이 무엇인지 알 수 없기 때문에, 이미 이를 가지고 있지 않으면, 초록이다라는 개념을 형성할 수 없을 것 같기 때문이다. 이것은 다른 색들도 마찬가지이다.

이제, 초록이라는 개념을 가지기 위하, 즉 어떤 것이 초록색임을 알기 위해, 사람이, 실제 상황에서in point of fact, 표준 조건에 있을 때, 초록색 물체들에 대해 "이것은 초록이다"라는 음성 표현으로 반응하는 것으로 충분하다고 말하는 것은 설득력이 없다. 이 조건은 물체의 색깔을 보는 데 적합한 종류여야 할 뿐만 아니라, 주체가 이러한 종류의 조건들이 적합하다는 것을 알아야 한다. 그리고 이는 각자가 그 조건들을 알기 전에 개념들을 먼저 가져야 한다는 것을 의미하지는 않지만, 초록의 개념이

다. 논리적 원자주의는 초기 러셀과 초기 비트겐슈타인에 의해 주창된 인식론 이론으로 관찰 가능한 사실 관련 개념은 서로 독립적인 원자들로 이해될 수 있다는 이론이다. 이 이론의 핵심은, 예를 들어, '초록으로 보임'의 기초 개념은 다른 개념들의 그물망 속에 위치시키지 않고도 그 자체로서 파악되며, 이로부터 '초록임'의 개념이 유도된다는 것이다. 셀러스는 직전 문장에서 자기의 주장이 논리적 원자주의와 배치된다고 말하고 있다. 본 문장을 시작하는 접속 부사 "한편(thus)"에 이끌려 나오는 문장은 셀러스 자신의 입장이 아니라, 그와 대치되는 논리적 원자주의의 관점을 요약·소개하는 역할을 한다. Thus는 문맥에 따라 "그러므로"라는 결론적 의미를 가질 수도 있지만, 여기서는 독자의 시선을 셀러스의 상대 입장으로 전환시키는 국면 전환용 표지로 사용된다. 이러한 용법을 고려해 본문에서는 "그러므로"가 아니라 "한편"으로 번역하였다.

하나의 요소인 다양한 개념들의 집합을 가짐으로써 초록의 개념을 알수 있다는 것을 의미한다. 이는 초록의 개념을 습득하는 과정이 — 실제로 그렇듯이 — 다양한 조건에서 다양한 물체에 대한 반응 습관을 조금씩 습득하는 오랜 역사를 포함하지만, 시공간 안의 물체들이 가진 관찰 가능한 속성들에 관한 모든 개념, 그리고 우리가 보게 되겠지만, 그 외에도 훨씬 더 많은 개념[23]을 가지지 않으면, 이 속성들에 관한 어떤 개념도, 중요한 의미에서, 가질 수 없다는 것을 암시한다.[24]

20. 이제, 논리적 원자주의자가 위의 논증에 조금이라도 일리가 있다고 본다고 하더라도, 그가 어떻게 반박할지는 분명하다. 그는 내가 공간과 시간 안에 있는 물체들의 논리적 공간이 감각 내용sense contents의 논리적 공간에 의존하고 있다는 사실을 간과하고 있다고 말할 것이다. 그리고 그는 전통적 경험주의의 특징인 상호 간 논리적 독립성을 가지고 있는 것은 바로 감각 내용에 관련된 개념들이라고 주장할 것이다. 그는 말할 것이다. "결론적으로, 이론적 개체들 — 예를 들어 분자들 — 에 관련된 개념들은 물리적 사실과 관련된 개념들에 아마도 정당하게 귀속시킬 수

---

23 [옮긴이] 물체가 시공간에서 어떤 성질을 가지고 있다는 것을 알기 위해서, 즉 개념적 반응을 하기 위해서, 각자는 개념들의 체계, 즉 관련된 많은 개념들의 집합을 소유해야 한다. 그러나, 이것만으로도 부족하다. 본서의 후반부에서 분명해지겠지만, "훨씬 더 많은 개념들"을 알아야 하는데, 이것은 각자의 진술을 평가하고 정당화하는 데 필요한 개념, "이유의 공간"에서 이동하는 것을 가능하게 하는 개념들을 지칭한다. 따라서, 물체와 마주할 때 각자가 생성하는 반응은 물리적 성질(위치, 색깔, 소리 등)을 이용하여 물체를 서술할 뿐 아니라, 각자가 이들을 이유의 논리적 공간 안에 배치하거나 배치할 수 있을 때, 개념적 반응이 된다고 볼 수 있다.

24 [1963년 판에 추가된 각주, 옮긴이] 이 논증은 원칙적으로 보인다 화법의 논리적 공간을 학습함 없이 학습될 수 있는 '초록'이라는 초보적인(rudimentary) 개념과 '초록이다'라는 표현이 '단지 초록처럼 보일 뿐이다'라는 표현에 의해 도전받을 수 있는 보다 풍부한 개념 간의 구분을 인정할 수 있다. 중요한 점은 보다 더 초보적인 개념을 가지기 위해서라도 다른 여러 개념들을 전제해야 한다는 것이다.

있는 상호 의존성을 가지고 있다. 그러나, 이론적 개념들은 더 근본적인 논리적 공간에 의존함으로써 — 대응됨으로써 — 경험적 내용을 가진다. 따라서 당신이 공간과 시간 속의 물체들보다 더 근본적인 논리적 공간이 존재한다는 생각을 폐기하거나, 그것도 정합성coherence을 가지고 있다는 것을 증명할 때까지, 당신의 초기 헤겔적 사색Meditations Hegeliennes은 시기상조이다.”[25]

그리고 우리는 이제 감각 자료 이론가가 다음과 같이 반박하는 장면을 떠올려 볼 수 있다: “당신은 마치 물리적 **빨강성**을 **빨강으로 보임**으로 분석할 수 없다는 것뿐 아니라 — 이점은 내가 인정하겠다 — 물리적 빨강성을 아예 분석할 수 없다는 것을, 특히 빨간 감각 내용의 빨강성으로도 분석할 수 없다는 것을 이미 입증한 것처럼 글을 쓰고 있다. 또, 당신은 x가 빨강으로 보인다는 것을 관찰하는 것이 x가 빨강이라는 것을 관찰하는 것보다 근본적이지 않다는 것뿐 아니라, x가 빨강이라는 것을 보는 것보다 더 근본적인 형태의 시각적 지각, 예를 들어 빨간 감각 내용을 감각하는 것 같은 것이 없다는 것을 보여준 것처럼 글을 쓰고 있다.” 그는 계속해서 말하길, “나는 감각 자료 이론가들이 일반적으로 물체의 **빨강성**redness을 **빨강으로 보임**으로 분석하고, 그런 다음 빨강으로 보임 자체를 빨간 감각 내용으로 분석하려는 경향이 있었다는 점은 인정한다. 당신은 이런 연쇄적 분석을 무너뜨렸을 수는 있다. 그러나, 물체의 속성들을 감각 내용들이 지닌 성질들과 그들 사이의 현상적 관계들로 **직접** 분석할 수 없다고 할 근거가 어디 있는가?”

---

25 [옮긴이] 이 말은 “당신이 말하는 개념들의 상호 의존성은 물리적 대상의 층위에서만 타당하고, 더 근본적인 감각 내용의 층위에서는 그렇지 않다”라는 것을 암시한다. 즉, 논리적 원자주의자는 셀러스의 주장, 즉 시공간 안의 물체들이 가진 관찰 가능한 속성들에 관련된 개념을 가지려면, 이 모든 개념들 외에도 훨씬 더 많은 개념들을 가지고 있어야 한다는 것을 인정한다 하더라도, 그것은 물리적 속성에 관한 개념들에 해당되는 것이지 감각 내용에 관한 개념들에게는 해당되지 않는다고 주장할 것이라는 뜻이다.

좋은 반론이다. 그러나 다시 물어보아야 한다. 감각 자료 이론가는 감각 내용이라는 개념틀을 어떻게 생각하게 되었을까? 그리고 그는 그러한 것이 실제로 존재한다는 것을 어떻게 설득하려고 할까? 비록 빨강으로 보임이 물리적 빨강성의 분석에 포함되지 않는다고 하더라도, 그가 감각 내용이라는 개념틀을 설득력 있게 만들려고 할 때 어떤 것이 빨강으로 보이는 경험을 곰곰이 생각해 보라고 할 것이다. 따라서 지금까지 논증한 바에 따르면 X가 시점 t에 S에게 빨강으로 보인다에 대한 나의 분석이 그러한 감각 내용이라는 항목을 드러내지 않았다는 점에 주목하는 것은 의미가 있다. 그리고 우리가 물리적 빨강성을 빨강으로 보임으로 분석하는 성향적 dispositional 분석을 할 수 없다는 것을 알게 되면, 물리적 빨강에 어떤 종류의 성향적 분석을 부여하려는 아이디어도 상당 부분 그 설득력을 잃게 될 것이다.[26] 어쨌든, 다음 단계는 위에서 논의한 질적 및 존재적 보임에 대한 설명을 더 깊이 다루는 것이다.

---

26   [옮긴이] 여기서 말하는 "물리적 빨강성을 빨강으로 보임으로 분석하는 성향적 분석"은, 색채를 '정상 관찰자에게 표준 조건에서 그렇게 보일 성향'으로 정의하려 했던 넓은 의미의 성향주의(dispositionalism)를 겨냥한다. 그러나 이러한 색채 성향 분석은 심적 술어 전반을 성향과 준–가정문으로 처리하려 했던 길버트 라일(Gilbert Ryle)의 『마음의 개념』(1949) 접근과 계보를 같이 한다. 본서에서 셀러스는 관찰 문장을 분석할 때 성향과 대조되는 에피소드를 강조하면서, 이러한 성향적 분석이 '앎(knowing)'이 본래 지니는 규범적·인식적 성격을 설명하지 못한다고 여러 차례 비판한다. 성향 분석에 대한 이해는 26절에 등장하는 '심리적 명목론(psychological nominalism)'뿐 아니라, 56절 이후 마지막 절까지 제시되는 두 가지 내적 에피소드 — '생각(thought)'과 '인상(impression)' — 의 개념을 이해하는 데도 중요한 비교·배경 틀을 제공한다.

Ⅳ. 보인다를 설명하기[1]

21. 나는 이미 감각 자료 이론가들이 다음과 같은 질문에 깊은 인상을 받았음을 언급한 바 있다. "어떻게 어떤 물체가 S에게 빨강으로 보일 수 있는가? 그 상황에서 어떤 것이 실제로 빨강이고, S가 이를 의식하지 않는다면 말이다. 만약 S가 빨간 무언가를 경험하고 있지 않다면, 어떻게 그 물체는 초록이나 줄무늬가 아니라 빨강으로 보이는가?" 나는 이 생각 방식에 타당한 무엇인가가 있다는 것을 보이고자 한다. 그 이야기는 매우 복잡한 것으로 밝혀지겠지만. 그리고 이 설명 과정에서 내가 감각 자료 이론가들이 말했던 것들의 일부와 유사한 진술을 하게 될지라도, 이것은

---

1   [옮긴이] Ⅳ장 '보인다를 설명하기'에서는 Ⅲ장에서 시작한 '보임 문장' 화법의 전반적인 분석에 기반하여 전통적인 감각 자료 이론이 어떤 식으로 질적 및 존재적 보임에 대한 보다 깊은, '내재적 설명'을 시도하는지 분석하고 비판한다. 그 설명은 보임 문장이 묘사하는 경험 안에 예를 들어, '빨간 삼각형의 직접 경험(the immediate experience of a red triangle)'이라고 적절히 부를 수 있는 항목이 하나의 구성 요소로 들어 있다는 것을 발견할 수 있다는 것이다. 셀러스는 이것이 주어진 것의 신화에 빠진다는 것을 비판한다. 셀러스는 주어진 것의 신화를 극복하기 위해, '빨간 삼각형의 인상'을 이론적 개체로 도입하는 이론을 Ⅹ장부터 마지막 ⅩⅥ장까지 전개한다. 중간에 있는 Ⅴ~Ⅸ장은 감각 자료 이론 외에 보다 암묵적인 다른 형태들의 주어진 것의 신화를 노출시키고, 분석하고, 비판하여, '빨간 삼각형의 인상'을 이론적 개체로 설명하는 방식을 구축하는 데 필요한 준비 작업을 한다.

감각 자료 이론이라는 표현에서 이것이 가지는 전통적인 인식론적 함의 차원을 제거할 때만 감각 자료 이론에 해당할 것이다. 이 인식론적 차원은 감각 자료 이론의 비정통적인 형태인 "다른 언어" 접근법에도 나타나는 특성이다.

우선 이 질문을 체계적으로 표현하는 것으로부터 시작해 보자: "어떤 물체가 S에게 빨강이면서 삼각형으로 보인다는 사실, 또는 S에게 저기에 빨간 삼각형 모양의 물체가 있는 것처럼 보인다는 사실은, 존스가 빨간 삼각형의 감각 — 즉 인상 또는 직접 경험 — 을 가지고 있다는 생각을 통해 설명될 수 있는가?" 한 가지는 바로 지적할 수 있다. 즉, 만약 이러한 표현들이 삼각형의 직접 경험이 물리적인 물체가 아니면서 빨강이고 삼각형인 어떤 것의 존재를 함의한다고 이해한다면, 그리고 그 항목이 가진 빨간색이 물체가 빨간색으로 보이는 그 빨간색과 동일하다고 한다면, 이 제안은 다음과 같은 반론에 부딪히게 된다. 즉, 물체가 빨강으로 보이는 그 빨간색은 물체가 실제로 가지고 있는 빨간색과 동일하기 때문에, 가정에 의하면*ex hypothesis* 물체가 아닌 항목들이 물체와 본질적으로, 심지어 범주적으로 다름에도 불구하고, 동일한 빨간색을 갖게 된다는 점이다. 위의 생각 방식은, 아마도 완전히 말이 안 되는 것은 아니지만, 분명히 생각해 볼거리를 제공한다.[2] 그러나, 빨강인 무언가를 경험하지 않으면, 물체가 빨갛게 보일

---

2   [옮긴이] 본 문장은 "And while this is, perhaps, not entirely out of the question, it certainly provides food for thought"의 번역이다. 지시대명사 "this"가 무엇을 지칭하는지가 관건인데, 본 번역에서는 해당 문단에서 본 문장에 이르기까지 논하고 있는 전형적인 감각 자료 이론을 지칭한다고 해석했다. 이 이론의 핵심 아이디어는 빨강인 무언가를 경험하지 않으면, 물체가 빨갛게 보일 수 없다는 것이 "자명하다"라는 것이다. 셀러스는 바로 이어지는 문장(수사적 질문)에서 이 아이디어를 언급하며, 이것이 받아들일 수 없는 전제를 요구한다고 한다: "이것은 이 무언가가 가지는 빨간색이 물체가 가지는 것으로 보이는 빨간색과 동일하다고 가정하는 것은 아닌가?" 이 전제는 셀러스가 바로 직전에 말이 안 되는 생각이라고 말한 것과 같다: "물체가 아닌 항목들이 물체와 본질적으로,

수 없다는 것이 "자명하다"라고 주장할 때, 이것은 이 무언가가 가지는 빨간색이 물체가 가지는 것으로 보이는 빨간색과 동일하다고 가정하는 것은 아닌가?[3]

그리고, '직접 경험'이나 그 밖의 의심스러운 존재들을 언급하지 않고도 질적 및 존재적 보임을 완벽하게 설명할 수 있다는 것을 근거로, "어떤 물체가 S에게 빨갛고 삼각형으로 보인다는 사실이, S가 빨간 삼각형의 인상을 가진다는 아이디어를 통해 설명 — 즉, 단순히 표기법적으로 새로운 표현이 아닌 — 되어야 하는가?"라는 질문 자체가 제기되지 않는다고 말할 사람들도 있을 것이다. 예를 들어, "이 물체가 왜 빨갛게 보이는가?"라는 질문에 대해 "왜냐하면 그것은 이러저러한 조건에서 바라본 오렌지색 물체이기 때문이다"라고 대답하는 것이 완전히 적절하다고 말할 수 있다. 이러한 설명은 원칙적으로 좋은 설명이며, 우리가 일상생활에서 이런 질문에 대해 흔히 제공하는 답변의 전형이다. 그러나 이러한 설명이 적절하다고 해서, 다른 종류의 설명이 똑같이 적절하지 않거나, 심지어 더 깊이 있는 설명이 아닐 것이라고 단정할 수는 없다.

22. 표면적으로 보면 "X가 빨강으로 보인다"라는 사실에 대해 추가적인,[4]

심지어 범주적으로 다름에도 불구하고, 동일한 빨간색을 갖게 된다." 감각 자료 이론의 핵심 아이디어가 이 반론/모순을 일으키므로, 이 이론을 받아들이기 어렵다는 것이다. 또 하나의 가능한 해석은 "this"가 문제적 가정, 즉 "물체가 아닌 항목들이 물체와 본질적으로, 심지어 범주적으로 다름에도 불구하고, 동일한 빨간색을 갖게 된다"를 지칭한다고 해석하는 것이다. 그러나, 이 해석은 두 번씩이나 모순적 가정이라고 언급한 전제를 셀러스가 긍정한다고 해석해야 하는 난관에 봉착하는 문제가 있다.

3   [옮긴이] 이 질문은 수사적 질문으로서 "이 무언가가 가지는 빨간색이 물체가 가지는 것으로 보이는 빨간색과 동일하다고 가정하는 것"이 타당하지 않다는 것을 암시하는 질문이다. 따라서 감각 자료 이론을 반박하는 근거가 된다.

4   [옮긴이] 여기서 "추가적인" 설명 방식이란 21절 마지막에 '이 물체가 왜 빨갛게 보이는가?'라는 질문에 대해 "왜냐하면 그것은 이러저러한 조건에서 바라본 오렌지색 물체이기 때문이

그러나 동일하게 타당한 최소한 두 가지 방식[5]의 설명이 존재할 수도 있다. 첫 번째 방식은 간단한 유비analogy를 사용하여 설명할 수 있다. 풍선이 팽창하는 사실을 설명할 때 두 가지 방식이 있다. 즉 (a) 가스의 부피, 압력, 온도와 관련된 경험적 개념을 다루는 보일–샤를 법칙에 의한 설명과 (b) 기체의 운동 이론에 의한 설명. 이와 같이 어떤 물체가 S에게 빨강으로 보이는 사실을 설명하는 것도 두 가지 방식이 있지 않겠는가? 즉, (a) 사물들의 색, 그들이 관찰되는 조건, 및 그들이 가지고 있는 것으로 보이는 색깔 간의 관계에 대한 경험적 일반화에 근거한 설명, (b) 기체 운동 이론의 분자들과 유사한 역할을 하는 '직접 경험'을 도입하는 지각 이론에 근거한

다'라고 대답하는 경험적 일반화에 기반한 방식 이외의 설명 방식을 지칭한다.

5   [옮긴이] 질적 및 존재적 '보이다' 진술들에 공통인 묘사적 요소를 설명하는 두 가지 설명 방식은 본서의 논의를 이끌어가는 두 축이다. 첫 번째 설명 방식은 인상 또는 직접 경험을 이론적 개체로 도입하는 방식으로 셀러스가 최종적으로 옳다고 주장하는 방식이다. 두 번째 설명 방식은 22절에서 첫 번째 설명 방식의 어려움을 언급한 후, 이를 뒤로 미루고 먼저 논의하는 설명 방식이다. 두 번째 설명 방식은 감각 자료 이론에서 "감각 내용"을 설명하는 방식이다(23절 초반 참조). 그는 45절까지 다양한 관점에서 두 번째 접근 방식을 분석하고 비판하며 이 접근 방식이 '주어진 것의 신화'에 빠진다는 것을 논증한다. 셀러스는 45절에서 직접 경험을 이론적 개체로 보는 첫 번째 설명 방식을 본격적으로 전개하기 전에 지금까지 논의한 것을 다음과 같이 정리한다: 21절 이하에서 X가 단지 빨강인 것처럼 보인다(x merely looks red)라는 형태의 사실을 설명하는 방법으로, 물체의 색깔, 물체가 관찰되는 조건, 그리고 물체가 가지는 것처럼 보이는 색깔을 연관 짓는 경험적 일반화에 기반한 설명 외에, 기본적으로 두 가지 설명 방식이 있다는 것을 보였다. 이 두 설명 방식은 (a) 인상 또는 직접 경험을 이론적 개체로 도입하는 것, (b) 이런 조건을 면밀히 조사하여 이들이 인상이나 직접 경험을 구성 요소(성분(component))로 포함하고 있다는 것을 발견하는 것이다. 셀러스는 첫 번째 대안이 가지고 있는 역설적인 요소 때문에 이를 심각하게 고려하는 것을 유보했다. 그러나, 그 사이에 두 번째 대안은 주어진 것의 신화를 함의한다는 것이 밝혀져 더 이상 만족스럽게 않게 되었다. 셀러스는 62절에서 이론적 개체로서의 인상의 지위에 대하여 다음과 같이 요약한다: '우리의 "조상"들이 인상을 알아차리게 되었고, 인상의 언어는 그러한 것이 존재한다는 것을 '발견'한 것을 내포하지만, 공기를 설명하는 분자의 언어가 분자에 대한 선행된 알아차림에 맞추기 위해 고안된 것이 아닌 것처럼, 인상의 언어는 인상 개체에 대한 선행된 알아차림에 맞추기 위해 고안된 것이 아니라는 점에 주목하라.'

설명.[6]

　그러나 실험적으로 확인된 기체의 규칙성을 설명하기 위해, 분자와 분자 운동의 원리들을 가정하듯이, 감각 지각에 나타나는 일관성을 설명하기 위해 단순한 이론적 개체로서의 '직접 경험'과 그와 관련된 특정한 기본 원칙들을 가정한다는 아이디어에는 매우 역설적인 느낌이 있다. 따라서 나는 이 아이디어가 보다 유리한 사유의 맥락에서 다시금 관련 있어 보이게 될 때까지 잠시 제쳐두고자 한다.[7] 확실히, 질적 및 존재적 보임lookings이 '직접 경험'에 의해 설명되어야 한다고 믿는 이들은 이 '직접 경험'을 가장 비이론적인 개체로, 사실상 **최고로**par excellence 관찰 가능한 것으로 여겨왔다.

　이제 존재적 및 질적 보임에 대한 또 다른, 적어도 겉으로 보기에는 동등하게 타당한 두 번째 설명 방식으로 눈길을 돌려보자. 두 번째 설명 방식에 따르면, 이런 종류의 보임들items of this kind을 검토해 보면, 그 안에 예를 들어, '빨간 삼각형의 직접 경험the immediate experience of a red triangle'이라고 적절히 부를 수 있는 항목이 하나의 구성 요소[8]로 들어 있다는 것을 발견[9]하

6　[옮긴이] "직접 경험"을 이론적 개체로 간주하는 지각 이론을 이용한 설명 방식 (b)가 셀러스가 언급하는 추가적인 두 가지 설명 방식 중의 첫 번째 방식이다. 경험을 일반화시킨 법칙을 이용하는 설명 방식 (a)는 21절 마지막에 언급한 방식을 지칭한다.

7　[옮긴이] "직접 경험"을 이론적인 개체로 보는 잠시 제쳐둔 첫 번째 설명 방식은 본서의 마지막 부분, 45~62절에서 자세히 논의되며, 본서의 핵심 주장이다.

8　[옮긴이] 셀러스가 이 문맥에서 "요소(component)"라고 모호하게 지칭하는 것은 세 가지 보임 상황에 공통적으로 존재하는 요소를 지칭한다. 이것은 같은 절(22절)에서 바로 이어 묘사적 내용(descriptive content)이라고 지칭된다. 셀러스는 24절에서 이를 공통된 묘사적 요소(common descriptive component), 그리고 공통된 묘사적 핵심(common descriptive core)이라고 지칭한다. 직접 경험으로서의 이 요소는 45절에서도 언급된다.

9　[옮긴이] 두 번째 설명 방식에서는 세 가지 상황이 '빨간 삼각형의 직접 경험'이라고 지칭될 수 있는 항목을 성분으로 포함하고 있다는 것을 발견한다는 것이 핵심인데, 이 단계에서는 "발견한다"는 말의 뜻이 상당히 모호하다. 이 말은 논의가 전개되면서 조금씩 분명해진다. 예를 들어, 셀러스는 나중에 26절에 나오는 문단에서 '성분을 발견한

게 된다는 것이다. 이 제안을 탐색하기 위해 먼저 존재적 및 질적 보임에 대한 우리의 설명 방식을 다른 관점에서 살펴보자.[10] 우리가 제시했던 질적 보임에 대한 설명은 대략 다음과 같다는 것을 상기하라:

'x가 S에게 빨강으로 보인다'라는 말은 "S가 x는 빨강이다라는 아이디어와 독특한 방식으로 연관된 경험을 가진다"라는 의미를 가진다. 이 연관성은 이 아이디어가 참일 경우,[11] 해당 경험은 x가 빨강이라는 것을 보는seeing 것으로 올바르게 묘사될 수 있다는 것이다.

다'는 말의 의미를 보다 분명하게 설명한다. 우리의 지적 발달의 특정 단계에서, 우리가 어떤 경험을 봄(seeing)과 이에 대응하는 질적 및 존재적 보임(lookings)에 공통인 어떤 종류로만 분류할 수 있는 단계에 이르렀다면, 이러한 종류의 경험에 대한 '직접적 지칭'을 얻기 위해 우리가 해야 할 일은 그 경험을 직접 나서서, 면밀히 살펴보고, 그것이 속하는 유형, 즉 앞서 말한 묘사(즉 '봄'과 그에 대응되는 질적·존재적 '보임' 모두에 공통될 수 있는 경험)를 충족하는 유형을 찾아서, 예를 들어, 그것을 'Φ'라고 명명하고, Φ의 개념을 완전히 파악한 상태에서, 이후 그런 경험들을 Φ 경험으로 분류하는 것뿐이라고 가정하기 쉽다.

10 [옮긴이] 이 문장에서부터 23절 마지막까지의 논의는 전체 그림을 파악하기가 쉽지 않다. 16절과 16b절에서 셀러스는 지각 상황을 서술하는 세 가지 문장(seeing that/looks/there looks to be)이 공통된 명제적 내용을 공유하고 있으며, 그 위에 추가로 공유하는 무언가 더 있다고 본다. 그리고 이것을 전통적으로 철학자들이 '시각적 인상', '직접적인 시각적 인상'이라고 불러왔다고 말한다. 22절에서는 이 다른 내용을 보다 중립적인 '공통된 묘사적 내용'이라고 부르면서 이 세 문장이 이 공통된 묘사적 내용을 직접 가리키는 것이 아니라, 만약 그 공통 명제가 참이라면, 셋 다 봄(seeing)이 되었을 경험이라는 식으로만 특징짓고, 그 공통된 묘사적 내용을 그 자체로는 직접 특징짓지 못한다고 지적한다. 23절에서는 이 공통된 묘사적 내용을 직접적으로 특징지으려는 시도로서 두 번째 설명 방식을 논한다. 이 방식은 예를 들어, 어떤 물체가 빨갛다는 것은 곧 그 물체의 표면이 비물질적인 빨간 2차원적인 개별자, 즉 '빨간 볼록한 펼쳐짐(expanse)'을 가지고 있음을 의미한다고 본다. 셀러스는 '볼록한 이차원적 개별자'라는 개념은 우리의 일상적 개념을 철학적으로(또한 수학적으로) 정교화하는 과정에서 생성된 개념으로서, 일상적인 개념틀과 연결해 볼 여지는 있지만, 그 개념틀 자체를 분석할 때 사용하는 기본 개념에 속하지 않는다고 지적하면서 두 번째 설명 방식을 비판한다.

11 [1963년 판에 추가된 각주, 옮긴이] 그리고 S가 상황이 정상이라는 것을 안다면.

따라서 우리의 설명에 따르면, 다음 세 가지 상황, 즉

(a) 저기에 있는 x가 빨강이라는 것을 봄

(b) 각자에게 저기에 x가 빨강으로 보임

(c) 각자에게 마치 저기에 빨간 물체가 있는 것처럼 보임

은 다음 점에서 차이를 보인다. (a)는 저기 있는 x가 빨강이라는 아이디어를 인정하는 방식으로 기술되었고, (b)는 그 아이디어를 부분적으로 인정하며, (c)는 그 아이디어를 전혀 인정하지 않는다. 여기서 "저기 있는 x가 빨강이다"라는 아이디어를 이 세 상황의 공통된 **명제적 내용**common propositional content이라고 부르자. (물론 이것은 엄밀히 말해 완전히 정확한 표현은 아닌데, (c)의 명제적 내용은 가정된 특정 대상 x에 대한 것이 아니라 존재적이기 때문이다. 그럼에도 이들을 공통된 명제적 내용이라고 부르는 것은 내 목적에는 충분하다. 또한, 이 세 경험에 공통되는 명제적 내용은 우리가 다른 사람에게 우리의 경험을 설명하기 위해 사용하는 문장, 그리고 내가 이 경험을 표현하기 위해 사용하는 문장보다 훨씬 복잡하고 구체적일 수 있다. 그럼에도, 첫 번째 단서하에, 이 세 경험의 명제적 내용은 동일할 수 있음은 분명하다.)

물론 이 세 경험의 명제적 내용은, 으리가 이 경험들을 이 세 가지 유형의 상황으로 특징지을 때, 우리가 논리적으로 책임을 지게 되는 요소that to which we are logically committed 중 일부를 이룬다. 나머지 부분 중 일부는 이러한 명제 내용을 어느 정도까지 인정하느냐와 관련된 문제다. 우리가 지금 주목하고 있는 것은 그로부터 한 걸음 더 나아간 "잔여 요소"이다. 이 잔여 요소를 묘사적 내용descriptive content이라 부르자. 이제 내 설명에 따르면 이 세 경험은 명제적 내용propositional content뿐 아니라 묘사적 내용도

동일할 수 있음을 의미한다. 나는 이것이 사실이라고 가정하겠다. 물론 전체 상황을 고려하면, 이 세 진술에 어떤 사실적 차이가 존재해야 한다는 점은 자명하다.

이제 결정적인 점은 다음과 같다. 우리가 이 세 경험을 각각 "저기 있는 x가 빨강이라는 것을 봄", "저기 있는 x가 빨강으로 보임", 그리고 "마치 저기 빨간 물체가 있는 것처럼 보임"이라고 특징지을 때, 이 공통된 묘사적 내용을 오직 간접적으로만 규정한다. 다시 말해, "만약 이 공통된 명제적 내용이 참이라면"[12] 이 모든 상황이 "저기 있는 X가 빨강이라는 것을 보는 것"의 사례가 될 것이라고 암시함으로써 공통된 묘사적 내용을 규정한다. 즉, 존재적 보임과 질적 보임은 그 명제적 내용이 참이라면 "봄"으로 성립될 수 있는 경험들이다.

이처럼 "보인다 화법looks talk"의 본질적 특징은 그것이 답을 주지 않는 여러 가지 질문들을 제기하는 그런 것이다: 이 세 경험에 공통된 묘사적 내용의 내재적intrinsic 특징은 과연 무엇인가? 그리고 (a)의 경우 지각자는 실제로 저기 있는 빨간 물체의 존재 앞에 놓여 있어야 하는 반면, (b)는 저기 있는 물체가 실제로 빨갛지 않아도 되며, (c)에서는 저기에 물체 자체가 전혀 존재하지 않아도 되는데도 어째서 이 세 가지 경험이 공통된 묘사적 내용을 공유할 수 있는가?

23. 이제, 이 세 가지 경험에 공통된 묘사적 내용을 좀 더 직접적으로 기술해야 한다고 요구받는다면, 우리는 우선 그 특징을 빨강이라는 성질로부터 설명하려고 시도할 것임은 자명하다. 그러나 이미 지적했듯이, "빨강"이라는 단어가 물체라는 범주와 맺고 있는 뚜렷한 연관성을 무시하지

---

12   [1963년 판에 추가된 각주, 옮긴이] 그리고 주체가 해당 조건이 정상적이라는 것을 안다면.

않고서는, 이 묘사적 내용 그 자체가 '빨강'이라고 곧바로 말하기는 어렵다. 그런데 그것[13]을 해줄 것처럼 보이는 지각 인식론perceptual epistemology에서 사용하는 생각 방식이 있다. 이 생각 방식은 지각 인식론의 전형적인 수법 중 하나이다. 만약 이러한 접근이 성공한다면, 이 접근법은 **빨강성** — 이 단어의 가장 근본적 의미에서 — 이 우리가 "감각 내용"이라 부르는 항목들의 특성이라는 것을 우리에게 설득할 수 있을 것이다.[14] 그 논리는 다음과 같다:

> 비록 우리가 의자, 탁자 등을 보는 것이 아니라 단지 그것들의 앞면만 본다고 말하는 것은 명백한 오류이지만, 우리가 탁자를 볼 때, 탁자에는 앞면과 뒷면이 모두 있음에도 앞면을 보는 것과 같은 방식으로 그 뒷면을 보지는 않는다. 마찬가지로, 우리는 탁자를 볼 때, 탁자가 '내부'를 가지고 있지만, 우리는 앞면을 보는 것과 같은 방식으로 그 내부를 보지는 않는다. 즉, 어떤 물체를 본다는 것은 그 물체의 앞면을 본다는 것을 의미한다. 따라서, 우리가 어떤 물체가 빨강이라는 것을 본다면, 이는 그 물체의 앞면이 빨강이라는 것을 본다는 것을 의미한다. 빨간 표면이란 이차원적 (2D)인 **빨간 펼쳐짐**red expanse[15]을 가리킨다. "이차원적"이라는 말은 그

13　[옮긴이] 여기서 "그것"은 "빨강"이라는 용어를 이것이 물체 범주와 맺고 있는 명백한 연관성에서 떼어내어 묘사적 내용 자체가 "빨강"이라고 말하는 것을 가리킨다.

14　[옮긴이] 셀러스는 세 가지 상황의 공통 요소를 발견하고 "빨강"이라는 말에 새로운 용법을 부여하여 이 요소, 즉 세 경험에 공통된 묘사적 내용 자체를 "빨갛다"라고 설명하려는 두 번째 설명 방식이 성공한다면, 이 성질이 본서 1절에서 11절까지 언급된 감각 자료 이론에서 말하는 "감각 내용"의 특성이 될 것이라고 한다. 두 번째 설명 방식의 비판에서 겨냥하는 것은 감각 자료 이론 전체가 아니라, 보임 문장들을 "감각 내용"이라는 개념으로 분석하려는 특정 설명 방식이다.

15　[옮긴이] '[E]xpanse'는 넓게 펼쳐진 공간 또는 색상이나 물질 등이 일정한 공간에 퍼져 있는 상태를 지칭하는 데 쓰인다. 따라서, 본문의 "a red expanse"는 "빨갛게 펼쳐진 공간"을 의미한다. 본 번역에서 이를 조금 줄여 "빨간 펼쳐짐"으로 번역했다.

표면이 약간 **볼록**하더라도 (이 점에서는 3차원적이라고 할 수 있음) 두께는 없다는 뜻이다. 지각 의식perceptual consciousness을 분석한다는 관점에서 보면, 어떤 물체가 **빨갛**다는 것은 곧 그 물체의 표면이 빨간 "펼쳐짐"을 갖고 있음을 의미한다.

그런데 이 빨간 펼쳐짐은 물체가 아니며, 그러한 펼쳐짐이 존재한다고 해서 반드시 그 펼쳐짐이 속한 물체도 존재해야 한다는 뜻은 아니다. (실제로, 어떠한 물체에도 속하지 않는 "자연적"[야생] 펼쳐짐[16]도 있을 수 있다.) 따라서 앞서 말한 세 가지 경험 (a), (b), (c)에 공통되는 이른바 "묘사적 내용"이란 바로 이런 볼록한 빨간 펼쳐짐이다.[17]

이렇게 거칠게 표현하면, 이 논리에 포함된 오류는 명백하거나 명백해야 한다. 이 주장은 단순히 "빨간 표면을 갖는다"라는 표현에 대한 모호한 중의적 사용equivocation에서 생겨나는 착각에 불과하다. 어떤 물체가 "표면"은 어떤 색이고 "내부"는 다른 색인 익숙한 상황에 대해서 생각하는 것으로 시작해 보자. 우리는 이에 대해, 예를 들어, 물체의 '표면'은 빨간색이고 '내부'는 다른 색이라고 표현할 수 있다. 그러나, 이렇게 말할 때 우리는 빨간색의 볼록한 이차원적 개별자, 다시 말해, 초록색 개별자를 포함하는 복합적인 개별자의 구성 요소로서의 개별자, 즉 빨간 "펼쳐짐"이라는 의미에서 '표면'이 존재한다는 것을 말하지 않는다. '볼록한 이차원적 개별자'라는 개념은 우리의 일상적 개념을 철학적으로 (또한 수학적으로) 정교화하는

---

16 [옮긴이] "자연적 펼쳐짐(wild expanse)"의 전형적인 예로 푸른 창공을 들 수 있다. 이것은 사람이 보기에 푸른색의 펼쳐짐인데 이것은 어떤 물체와 연관되어 있지 않고, 스스로 자연적으로 존재하는 펼쳐짐이다.

17 [옮긴이] 세 가지 상황에 공통인 "묘사적 내용"으로서의 빨간 볼록한 펼쳐짐은 비물질적인 것이다. 이것은 세 가지 상황이 공통적으로 포함하고 있는 요소를 발견한다고 할 때 발견할 수 있는 종류에 속하는 것이다.

과정에서 생성된 개념으로서, 일상적인 개념적 틀과 **연결해** 볼 여지는 있지만, 그 개념틀의 분석 자체에 속하지는 않는다. 이 개념은 제자리를 찾으면 중요한 역할을 할 수도 있다(자세한 내용은 아래 61절, (5) 참조). 그러나 그 자리는 "세계에 대한 이상적기고 과학적인 그림an ideal scientific picture of the world"의 논리적 공간 안이며, 일상적 화법의 논리적 공간과는 무관하다. 이는 우리의 일상적 색채 어휘와도 아무런 관련이 없다. 즉, 실제로 "빨강"이라는 말을 쓸 때, 그 대상이 두께가 없는 2차원적 개별자로서의 표면을 일컫는다고 가정하는 것은 잘못된 생각일 뿐이다. 물체가 "겉은 빨갛고 내부는 초록인" 경우 관련될 개별자는 특정 공간 영역에서 일정 시간 동안 지속되는 그 물체 한 가지 뿐이다. 빨강이라는 속성의 기본 문법은 "물체 x가 공간 p와 시간 t에서 빨갛다"이다. 분명, 우리가 물체가 빨갛다고 말할 때, 그 물체가 "표면에서" 빨갛다고 말하는 것 이상의 어떤 주장을 하는 것은 아니다. 때로는 그 물체가 표면에서 빨간 이유가, 완전히 빨간 하나의 "부분" — 예컨대 빨간 페인트층 — 을 갖기 때문일 수 있다. 그러나 그 페인트 자체가 다시 어떤 "빨간 펼쳐짐"이나 두께 없는 "표면" 같은 또 다른 개별자 덕분에 빨갛다고 코기는 어렵다. 거듭 말하지만, 철학적 전체 체계 안 어딘가에서는 "실제로 그런 2차원적 개별자들이 존재하며, 이것들이 지각 경험의 요소들이다"라는 진술이 제 역할을 할 수 있을지도 모른다. 그러나 그 자리는 일상적 지각 화법을 분석하는 과정에서 발견되는 것이 아니다. 이는 마치 민코프스키Minkowski의 4차원 시공간에서 말하는 "벌레"가 우리가 공간과 시간 속 물체에 대해 말할 때 무엇을 의미하는지를 분석한 결과가 전혀 아닌 것과 마찬가지다.[18]

18　[옮긴이] 여기서 "민코프스키의 4차원 시공간에서 말하는 벌레(Minkowski four-dimensional Space-Time worms)"는 4차원 시공간에서 물체의 경로를 나타내는 세계선(worldline)이라는 상대성 이론의 개념을 시공간상에서 기어다니는 벌레로 비유한 것이다.

V. 인상과 관념: 논리적 논점[1]

24. 이제 현재 논의하고 있는 주제의 주변 논점들을 다시 살펴보자. 내가 고려하고 있는 세 가지 경험에 공통인 묘사적 요소는 (적어도 철학자들에 의해) 종종 하나의 경험, 예를 들어 직접 경험으로 지칭된다. 여기서 주의가 필요하다. "경험"이라는 단어에는 잘 알려진 "함—됨ing-ed" 모호성이 존재한다는 것을 염두에 두어야 한다.[2] 왜냐하면, 저기 있는 x가 빨간색이

---

1   [옮긴이] '인상'이라는 용어는 본서에 '감각' 또는 '인상'의 형태로 7절에 처음 등장한다. '인상'은 '비추론적 지식'과 함께 감각 자료를 구성하는 두 에피소드 중 하나로 등장했는데, V장에서는 인상의 논리적 지위와 성격을 고찰한다. V장은 본서의 중심 흐름과 동떨어져 있다는 인상을 준다. 그러나 이 주변 논점들은 인상과 관련된 개념들의 지위를 특징지으려는 셀러스의 논의를 세밀하게 이해하는 데 중요한 역할을 한다. 본 장의 두 절(24~25)은 셀러스의 논의에 장애물로 작용할 수 있는 두 개의 혼돈에 관해서 설명한다. 첫 번째 혼돈은 '경험'이라는 단어의 '함—됨(ing-ed)' 도호성과 관련된 혼돈이고, 두 번째 혼돈은 '빨간 삼각형의 감각' 또는 '빨간 삼각형의 인상'이라는 표현이 가지는 비외연성(non-extentionality)을 관념 또는 생각의 비외연성과 동화시키는 것이다. '빨간 삼각형의 인상'의 비외연성은 '빨간 삼각형의 인상'의 존재가 빨간 삼각형의 존재를 함의하지 않는 성질을 말한다. 감각과 관념의 동화는 감각에 대한 개념주의적 해석을 야기한다. 이 해석은 29절에 언급되는 '주어진 것의 신화'의 '개념주의적 형식(conceptualist form of the Myth)'을 이해하는 데 필요한 배경을 제공한다.

2   [옮긴이] 세 가지 경험에 공통인 묘사적 요소는 예를 들어, 빨갛게 보이는 현상적 측면을 말한다. 빨강으로 보이는 경험은 '경험된 것(experienced)'일 수는 있지만, 그 자체가 '경험함(experiencing)'이라는 보장은 없다.

라는 것을 보는 것seeing that *x*, over there, is red은 하나의 경험함experiencing —
그것도 경험함의 대표적인 사례 — 이지만, 그 경험의 묘사적 내용 자체가
경험함이이라고 결론지을 수는 없기 때문이다. 더욱이, 저기 있는 *x*가 존스에
게 빨갛게 보인다는 사실은, 존스 입장에서는, 그 명제적 내용이 참일 경우,
저기 있는 *x*가 빨간색이라는 것을 보는 것으로 간주될 수 있다.[3] 그리고,
그것이 봄이라면 그것은 경험함이 될 것이다. 그러나, 그렇다고 해서, 저기
있는 *x*가 존스에게 빨갛게 보인다는 사실 자체를 경험함이라고 결론 내려서
는 안 된다. 물론, 어떤 것이 내게 빨갛게 보인다는 사실은 그 자체로
경험될 수는 있다. 하지만 그 사실 자체가 경험함인 것은 아니다.[4]

비록 내 논의가 진행될수록 그러한 가능성은 점점 줄어드는 것으로
드러나겠지만, 이 모든 것이 공통된 묘사적 핵심이 결국 경험함으로 밝혀질
가능성을 부정하는 것은 아니다.[5] 다른 한편, 이 공통된 묘사적 핵심이
경험된 사태의 요소라는 것은 말할 수 있다. 그리고 그것이 그 자체로

---

3   [옮긴이] '보임(looking)'은 그 명제 내용이 참일 경우만 '봄(seeing)'으로 성립한다.

4   [옮긴이] 셀러스가 "*x*가 존스에게 빨갛게 보인다는 사실 자체가 경험함인 것은 아니다"라고
할 때 그 의미를 주의 깊게 해석해야 한다. 경험론에서는 보통 '경험함'을 비인식적
의미, 곧 단순히 겪음의 의미로 사용한다. 즉 '경험함'은 개념적·인지적 요소가 개입되지
않은 순수 감각적 수용을 뜻한다. 그러나 셀러스는 '경험함'을 인식론적 의미로 사용한다.
이를 염두에 두지 않으면 본서 전체가 해석 불가능하거나, 잘못 해석될 가능성이 매우
높다. 드브리스와 트리플렛(Willem A. DeVries and Timm Triplet, *Knowledge, Mind, and
the Given: Reading Wilfrid Sellars'"Empiricism and the Philosophy of Mind"* (Hackett Publishing,
2000), p. 27, n. 6)에 따르면, 독일어의 두 단어 'Erlebnis(체험)'과 'Erfahren(깨달음)' 중,
셀러스는 후자의 의미로 'experience'를 사용한다. 따라서 "어떤 것이 내게 빨갛게 보인다는
사실은 그 자체로 경험될 수는 있다. 하지만 그 사실 자체가 경험함인 것은 아니다"라는
말은 '빨갛게 보임'이 비인식적 의미에서 경험될 수 있으나, 그 사실 자체는 인식론
의미의 경험함이 아니라는 뜻이다.

5   [1963년 판에 추가된 각주, 옮긴이] '공통된 묘사적 요소가 경험함(experiencing)인가?' 라는
질문에서 '경험함'이라는 용어는 인식적 의미로 사용된다. '겪음(undergoing)'이라는 비인
식적 의미에서, 공통된 묘사적 요소는 물론 경험함이다.

경험된다고 말해도 무리는 없어 보인다. 하지만 이것은 어떤 종류의 경험(경험됨의 의미에서)인가? 내 논증이 타당하다면, 나는 그것이 빨간 경험, 즉 빨간 경험된 항목red experienced item이라고 말할 수 없다. 물론 나는 새로운 어법을 도입할 수도 있을 것이다. 즉, '빨갛다'라는 단어에 새로운 사용법을 도입하여 '직접 경험'에 대해 무언가가 빨강이라는 것을 봄, 그리고 이에 대응되는 질적 및 존재적 보임에 공통인 묘사적 요소를 특징짓는 방법으로, 그것이 빨갛다고 말할 수 있다. 이것은 인위적 규정이다.[6] 이렇게 하면 경험을 묘사하고 보고할 수 있는 술어predicate를 얻을 수 있다. 그러나, 이것은 이런 종류의 경험을, 봄seeings과 질적 또는 존재적 보임lookings에 공통인 묘사적 요소가 될 수 있는 종류로서 지칭하는 것과 비교하여 말만 나아진 것이다. 이로부터 우리가 원하는 것은 이 유형의 경험을 지칭할 이름, 즉 한정 묘사구definite description의 약어[7]가 아니라, 진정한 이름이라는 것을 잘 알 수 있다. 언어의 일상 용법에 이러한 경험을 지칭하는 이름이 있는가?

나는 잠시 후 공통된 묘사적 요소의 이름을 찾기 위한 탐구로 돌아올 것이다. 한편, 빨간 삼각형의 감각과 같은 것들의 지위를 이해하는 데 방해가 되어 온 전통적인 장애물을 제거하는 것이 중요하다.[8] 가령, 내가 현재

---

6   [옮긴이] 이 말은 "이 경험은 빨갛다"라는 표현이 무언가가 빨강이라는 것을 봄, 그리고 이에 대응되는 질적, 존재적 보임에 공통인 묘사적 요소를 지칭하기 위해 도입된 인위적인 규정(stipulation)이라는 뜻이다.

7   [옮긴이] 한정 묘사구는 영어에서 정관사+명사+형용사나 관계형용사의 형식을 가진 구를 지칭한다. 본문에서 "the kind which could be the common descriptive component of a seeing and a qualitative or existential looking"을 지칭한다. 이 구가 길어서 이를 표현하는 약어를 만들어 낼 수 있는데, 이 약어는 이 표현이 지칭하는 것의 진정한 성격을 드러내는 이름이 아니므로 만족스럽지 않다. 여기서 약어란 "빨갛다"라는 단어에 새로운 용법을 도입하여 이 한정 묘사구가 지칭하는 경험을 '빨간 경험"이라고 하는 것을 말한다.

8   [옮긴이] 셀러스의 논의는 많은 전제들을 생략하고 있어 파악하기 쉽지 않다. 그의 논의를 재구성하면 다음과 같다. 여기서 전통적 장애물은 '빨간 삼각형의 감각'이 존재한다

검토 중인 경험이 빨간 경험red experience이 아니고, 빨강의 경험experience of red이라고 가정해 보자. 그러면 곧바로 이런 반문이 나올 수 있을 것이다. "'빨간 삼각형의 감각'이 '빨갛고 삼각형인 경험'보다 나을 것이 있는가? 빨간 삼각형의 감각이 존재한다는 것은 빨갛고 삼각형인 항목a red and triangular item이 존재함을 뜻하지 않는가, 그리고 이것은 빨강이 물체의 속성이라는 가정하에 필연적으로always 빨갛고 삼각형인 물리적 사물이 존재함을 함의하지 않는가? 따라서 당신은 [빨강이 물체의 속성이라는] 이 가정을 포기하고, 지금까지 거부해 온 감각 내용의 틀로 되돌아가야 하지 않겠는가?"

이 딜레마를 피하는 한 가지 방법은 "존스는 빨간 삼각형의 감각을 가지고 있다"라는 문장을 "존스는 신성한 사냥꾼을 믿는다"와 동화시키는 것이다. 왜냐하면, 후자의 진실 여부가 신성한 사냥꾼의 존재를 전제하지 않기 때문이다. 나는 대부분의 현대 철학자들이

   …의 감각…

는 것이 '빨갛고 삼각형인 항목'의 존재를 함의한다고 가정하는 것이다. 이 가정으로부터 다음을 추론할 수 있다:

'빨갛고 삼각형인 항목'이 존재한다면, '빨강'이 물리적 물체의 속성이라는 가정하에 필연적으로 빨갛고 삼각형인 항목을 물리적 물체로 간주해야 하고, 따라서 '빨갛고 삼각형인 물리적 물체'의 존재를 인정해야 한다. 따라서, 위 가정(전통적 장애물)은 다음 두 가지 선택지 사이에서 양자택일을 강요한다.

(1) 빨간 삼각형의 감각(sensation of a red triangle)이 존재한다는 것은, 빨갛고 삼각형인 물리적 사물의 존재를 함의한다고 말하는 입장 — 즉 소박 실재론(naïve realism).

(2) 그것을 부정하고, 대신 빨갛고 삼각형인 감각 자료의 존재를 가정하는 입장 — 즉 감각 자료 이론(sense-datum theory).

셀러스는 감각이 존재한다는 것이 '빨갛고 삼각형인 항목'의 존재를 함의한다는 가정 자체가 잘못되었다고 진단한다.

의 문맥을 "…을 믿는다…"의 문맥과 동화시키지 않고도 "…의 감각…"의 문맥에서 "빨간 삼각형의 감각이 존재한다"가 "빨간 삼각형이 존재한다"를 의미하지 않는다는 논리적 성질을 끌어나 는 것이 가능하다는 것을 분명히 한다고 생각한다. 왜냐하면 심적 동사mentalistic verbs는 전형적으로 비외연적 nonextensional 문맥을 제공하지만(단, "성취achievement" 또는 "인정endorsing"의 의미로 사용되지 않을 때), 모든 비외연적인 문맥이 심적인 것은 아니기 때문이다. 따라서 순전히 논리적 관점에서 볼 때, "존스는 빨간 삼각형의 감각을 가지고 있다"라는 문장이 "존스는 신성한 여사냥꾼을 믿는다"라는 문장과 동화되어야 할 이유는 없다. 오히려 이는 "달이 녹색 치즈로 만들어졌을 가능성이 있다"라는 문장 또는 논리학자들에게 친숙한 다른 비외연적 문맥들과 동화될 수 있다. 사실, "존스는 빨간 삼각형의 감각을 가지고 있다"라는 문장은 이러한 문맥들 중 어느 것과도 동화될 필요가 없다. "…의 감각sensation of…" 또는 "…의 인상impression of…"이라는 표현은, 이러한 다른 표현들과 비외연적이라는 논리적 속성을 공유하지만, 그 자체로 독자적인 범주에 속하는 문맥이 될 수 있다.

25. 그러나 역사적으로 "…의 감각…"과 "…의 인상…"의 문맥은 "…을 믿는다…", "…을 욕망한다…", "…을 선택한다…"와 같은 심적 문맥, 짧게 말하면, 그 자체로 "명제적 태도propositional attitude"이거나 그 분석에 명제적 태도를 포함하는 문맥과 동화되었다는 좋은 의심의 여지가 없다. 이러한 동화는 감각을 관념 또는 생각으로 분류하는 형태로 나타났다. 예컨대 데카르트는 "생각"이라는 단어를 판단, 추론, 욕망, 의지와 (현재 발생 중인oc-current) 추상적 성질에 대한 관념뿐만 아니라 감각, 느낌, 이미지에도 적용했다. 같은 맥락에서 로크는 "관념"이라는 용어를 유사한 범위로 사용했다. 개념주의Conceptualism의 개념적 장치들은 보편자universals에 대한 논쟁에서 비롯되었지만, 관념의 범위가 확장됨에 따라 그에 상응하게 적용 범위도 확대되

었다. 즉, 우리가 물체와 상황을 생각하거나 그것들이 그러하다고 판단할 때, 그것들이 우리의 생각 속에서 '객체적 존재objective being'[객체로서의 존재]를 갖는다고 — 이것은 세계 속에서 그것들이 가지는 '주체적subjective' 혹은 '형상적formal' 존재와 대비된다[9] — 말해졌던 것과 마찬가지로, 우리가 빨간 삼각형에 대한 감각을 가질 때, 그 빨간 삼각형은 우리의 감각 속에서 '객체적 존재'를 갖는 것으로 간주되었다.[10]

이제, 감각에 대한 이러한 개념주의적 해석[11]을 자세히 전개해 보자. 생각이나 관념 속에서 '객체적 존재[대상적 존재]'를 가지는 것을 그것의[그 생각이나 관념의] 내용content 또는 내재적 대상immanent object[12]이라고 부르자. 그러면, 로크와 데카르트 모두에게 있어, 현재 발생 중인 **추상적 관념**abstract ideas과 **감각**sensations의 근본적인 차이는 후자의 **구체성**specificity, 그리고 무엇보다도 **복잡성**complexity에 있다고 말할 수 있다. (실제로 데카르트와 로크는 관념에서 단순한 것과 복잡한 것의 대비를 일반적인 것과 구체적인 것의

---

9   [옮긴이] 스콜라 철학에서 'subjective'(또는 'formal') 존재와 'objective' 존재는 현대 철학·심리학에서 쓰이는 '주관적(subjective)'/'객관적(objective)' 구분과 거의 반대되는 의미로 사용된다. 스콜라 전통에서 'subjective (formal) being'은 세계 속에서 사물이 실제로 지니는 주체적 존재를 가리키며, 사물 자체가 '자기 스스로' 향유하는 '실재적 존재(esse reale)'를 가리킨다. 반면 'objective being'은 의식 안에 대상화되어 나타나는 객체로서의 존재, 즉 우리가 사유하거나 표상할 때 의식 속에 성립하는 '지향적 존재(esse intentionale)'를 의미한다.

10   [옮긴이] '객체적 존재'의 개념은 원래 생각에 대해서 말할 때 사용하던 개념인데 감각도 생각의 범주에 포함시킴에 따라, 감각에 대해서 사용하게 되었다는 뜻이다.

11   [옮긴이] 감각에 대한 이러한 개념주의적 해석은 29절에 설명 없이 바로 언급되는 주어진 것의 "신화의 개념주의적 형식(conceptualist form of the Myth)"을 이해하는 데 필요한 배경을 제공한다.

12   [옮긴이] 철학(특히 스콜라·현상학·의식론 맥락)에서 내재적 대상(immanent object)은 주로 의식 (또는 내적 영역) 안에 '머무르는' 대상을 가리키는 표현이다. 'Immanent(내재적)'이라는 말 자체가 '의식에 내재해 있다'라는 뉘앙스를 담고 있다. 외재적 대상(external object)은 반대로 의식 밖에서 실재하고 주체가 인식하는 외부 세계의 대상을 가리킨다.

대비와 동일시했다.) 데카르트는 감각을 그것의 외적 원인에 대한 혼란스러운 생각으로 이해하였다. 스피노자는 감각과 이미지를 신체 상태에 대한 혼란스러운 생각으로, 그리고 그 신체 상태의 외적 원인에 대한 한층 더 혼란스러운 생각으로 보았다. 흥미롭게도, 데카르트는 추상적 개체는 단지 지향적 존재*esse intentionale*만을 가진다는 개념주의적 명제(그들이 존재한다는 것*esse*은 곧 생각된다는 것*concipi*이다)를 색깔, 소리 등이 "오직 마음속에만 존재한다"(그들이 존재한다는 것*esse*은 곧 지각된다는 것*percipi*이다)는 주장을 포함하도록 확장했다. 로크도 명확히 의식하지 못한 채 그렇게 했다. 버클리는 이 개념주의적 명제를 모든 지각 가능한 성질에 적용되도록 확장시켰다.

오늘날 우리는 감각을 생각과 동화시키는 이러한 접근이 잘못된 것임에 모두 동의할 것이다. "빨간 삼각형의 감각*sensation of a red triangle*"이, "빨갛고 삼각형인 정면을 제시하는 물체를 볼 때 그 정면이 그러하다는 것을 보는 경험들에 공통된 묘사적 요소를 구성하는 유형의 에피소드"라고 이해하면 충분하다. 그렇게 이해된 감각은 그 자체도 비외연성을 가지며, 이 비외연성을 얻기 위해 감각을 생각과 동화시키려 했던 오류에서 자유로울 수 있다. 하지만 우리가 이 [잘못된 동화의] 눈먼 골목길*blind alleys*에서 벗어난 것은 사실이나, 이는 작은 위안일 뿐이다. 왜냐하면 우리는 여전히 '직접 경험'의 '직접적' 또는 '내재적' 특성을 찾아내는 문제에는 한 걸음도 나아가지 못했기 때문이다.

VI. 인상과 관념: 역사적 논점[1]

26. 내가 [25절 마지막에] 눈먼 골목길을 탐색했다고 말했지만, 실제로 눈이 먼 것은 나 자신이라고 말하는 사람들도 있을 것이다. 즉, 그들은 우리가 내재적으로 특징지으려는 것이 경험이라면, 그 지식을 다른 사람들에게 어떻게 전달할 것인가에 대한 문제는 남겠지만, 그것이 어떤 종류의 경험인지 아는 데에는 아무런 어려움이 없다고 말할 것이다. 정말이지 다음과 같이 생각하고 싶은 유혹을 느낀다. 우리가 지적 발달의 어느 단계에서 어떤 경험을, 봄seeing과 그것에 대응되는 질적 및 존재적 보임looking과 공통인 종류에 속한다고만 분류할 수 있게 되었다고 하자. 그렇다면, 경험의 종류를 '직접적으로 지시direct designation' 하기 위해 우리가 해야

---

[1] [옮긴이] '인상'이라는 용어는 본서에 '감각' 또는 인상'의 형태로 7절에 처음 등장한다. '인상'은 '비추론적 지식'과 함께 감각 자료를 구성하는 두 에피소드 중 하나로 등장했는데, VI장에서는 인상이 역사적으로 전통적 경험론 내에서 어떻게 이해되어 왔는지를 고찰한다. VI장은 본서의 흐름의 중심에서 벗어난 주제를 다루는 듯이 보이긴 하지만, 인상에 대한 개념주의적 해석의 역사를 살펴보고 이 또한 주어진 것의 신화에 속한다는 것을 논증함으로써, 모든 형태의 주어진 것의 신화를 노출시키는 역할을 한다. 특히 주어진 것의 신화의 핵심 아이디어가 사람이 경험으로부터 종류/유형을 자각할 수 있는 선천적인 능력을 가지고 있다는 아이디어임을 분명히 하여 주어진 것의 신화에 대한 통합된 관점을 제시한다. 이것은 셀러스가 본서의 목적이 주어진 것의 전체 개념틀(the framework of givenness)에 대한 비판이라는 점과 잘 부합된다.

할 일은 단지 그 경험을 철저히 '검토'하고, 그 경험이 속해 있고, 위의 설명을 충족하는 종류를 특정한 다음, 그 종류에 이름을 붙이는 것뿐이다. 예를 들어, 그 이름을 "Φ"라 하고, 이제 "Φ"의 개념을 완전히 이해한 상태에서 앞으로 그런 경험을 "Φ" 경험으로 분류하면 된다.

이 지점에서 주어진 것^{the given}"의 개념 ─ 즉, 내가 신화라고 부른 개념 ─이 직접 경험에 대한 직접적 설명이 가능하다는 것을 뒷받침하기 위해 동원되고 있다는 것은 분명하다. 이 신화에 따르면, 내가 지금까지 하나의 문제로 다루어 온 것은 사실 두 가지 서로 다른 문제로 나뉘며, 그중 하나는 애초에 문제라고 부를 필요조차 없는 것이고, 다른 하나는 아마도 해결할 수 없는 문제이다. 이 두 문제는 각각 다음과 같다.[2]

> (1) 우리는 어떻게 하나의 직접 경험을 어떤 특정한 유형^{sort}으로, 동시에 일어나는 또 다른 직접 경험을 다른 유형으로 인식하게 되는가?
>
> (2) 내가 나의 직접 경험이 속한 유형에 붙인 이름^{label}을 당신도 그 같은 유형에 붙이고 있다는 것을 어떻게 알 수 있는가? 혹시 내가 '빨강'이라고 부르는 유형이, 당신에게는 '초록'이라고 불리는 유형일 수도 있지 않은가? 그리고 이런 일이 스펙트럼 전체에 걸쳐 체계적으로 일어날 수도 있지 않은가?

우리는 곧 알게 되겠지만, 두 번째 질문이 철학적 당혹스러움^{philosophical perplexity}이 되기 위해서는 첫 번째 질문에 대한 특정한 답 ─ 즉 주어진

---

2   [옮긴이] (1)의 문제는 "애초에 문제라고 부를 필요조차 없는 문제"이며, (2)의 문제는 "아마도 해결할 수 없는 문제"이다. (1)에서 동시에 일어나는 경험을 논하는 이유가 무엇일까? 아마 동일한 사람에게 일어나는 경험이라도 시차가 있으면 그것은 마치 두 사람 사이의 경험에 대한 동일성 문제[(2)의 문제]와 유사한 문제가 발생할 수 있으므로, 동시에 일어나는 경험에 대해서 논하는 것으로 보인다.

것의 신화가 제시하는 답—을 전제해야 한다. 이제 나는 그 첫 번째 질문으로 관심을 돌리고자 한다. 사실, 주어진 것의 신화는 다른 철학적 입장들에 따라 다양한 형태를 취하지만, 그 모든 형태는 하나의 공통된 아이디어를 공유한다. 즉, 특정한 유형 — 여기서 "유형"이라 함은, 우선, 특정한 감각 반복 가능자determinate sense repeatables를 염두에 두고 있다— 의 자각은 '직접 경험'의 원초적이고 문제 되지 않는 특징이라는 아이디어이다.[3] 개념주의의 맥락에서는, 앞서 살펴보았듯이, 이러한 아이디어는 감각을 절대적으로 구체적이고 무한히 복잡한 생각으로 간주하는 형태를 띠었다.[4] 그리고 경험론 전통을 이해하는 데 있어 중요한 점은 다음과 같다. 현대 철학에서의 보편자 문제universals problem는 특정한 상황이 지니는 반복 가능한 특정한deter-

---

3   [옮긴이] "특정한 감각 반복 가능자(determinate sense repeatables)"란, 여러 개별 경험 속에서 반복적으로 나타날 수 있는 구체적인 감각적 성질의 유형(예: '이런 식의 특정한 빨강', '이런 식의 둥근 모양')을 가리킨다. "반복 가능자(repeatables)"라는 용어는 본서에서 처음으로 등장한다. 이 말은 기본적으로 '여러 개별자에 반복적으로 나타나는' 무언가, 즉 보편자·유형(universals, types)을 가리키는 비교적 자연스러운 철학적 용어이다. 다음 인용이 그 예이다:

      색, 모양, 크기, 질량은 개별자나 '토큰'들이 공유하는 반복 가능자, 곧 '보편자' 또는 '유형'에 속한다. 예를 들어, 어떤 특정한 푸른 색조는 여러 개별자 속에서 두루 발견될 수 있는 것인데, 고대 그리스 철학자들의 고전적인 표현을 빌리면 이것은 '다수에 걸친 하나(one over many)'에 해당한다(James Franklin, *An Aristotelian Realist Philosophy of Mathematics* (Palgrave Macmillan, 2014), 1장 "The Aristotelian Realist Point of View"). 그리고 '특정 가능자(determinables)'와 '특정자(determinates)'라는 구분은 W. E. Johnson, *Logic* (1921)에서 체계적으로 논의된 구분으로, '색'과 같이 일반적인 성질을 특정 가능자, 그 아래에 위치한 '빨강, 파랑, 초록' 같은 보다 구체적인 성질을 특정자라고 부르는 전통을 따른다. 스탠퍼드 철학백과 "Determinates and Determinables" 항목은 "캠브리지대학 논리학자 W. E. 존슨이 determinate과 determinable이라는 용어를 도입했다. 존슨의 *Logic*, 제1부(1921)"라고 명시한다. 그리고, 'determinates'는 명사로 쓰일 때 '특정한 것들'을 의미하는데, 'determinables', 'repeatables' 등이 명사로 쓰일 때 특정 가능자, 반복 가능자로 번역한 것과 일관성을 유지하기 위해 '특정자'로 번역했다.

4   [옮긴이] 개념주의적 맥락에서는 '특정한 유형sorts)'에 대한 자각을 구체적인 생각에 대한 자각으로 간주한다. 이 자각을 생각으로 본다는 점에서 개념주의적이다.

minate 특징들의 지위를 다루며, 추상적 관념 문제abstract ideas problem는 특정 가능한 반복 가능자determinable repeatables를 자각하는 것뿐만 아니라, 더 나아가 특정한 반복 가능자를 자각하는 데 초점을 맞추어 왔다. 그러나, 로크, 버클리, 그리고 그 문제에 관한 한, 흄은 추상적 관념의 문제를 특정 가능한 반복 가능자를 자각하는 것이 무엇을 의미하는가의 문제로 보았다.[5] 따라서, 로크의 『인간 오성론An Essay Concerning Human Understanding』을 살펴보면, 그는 흰색에 대한 감각이, 특정한 순간에 이에 동반하는 다른 감각(및 이미지)들의 맥락에서 분리됨으로써 흰색에 대한 추상적 관념(현재 발생 중인), 즉 '이해력Understanding' 안에 일어나고 있는 흰색에 대한 생각이 될 수 있는 그런 유형이라고 보았다는 것을 알 수 있다. 다시 말해, 로크에게 있어 특정한 반복 가능자인 흰색성에 대한 추상적 (현재 발생 중인) 관념은 단지 고립된 흰색 이미지에 불과하다. 현대적 용어로 말하자면, "중앙에서 유발되었다는" 점에서만 흰색의 감각sensation of white과 구별될 뿐이다.

간단히 말해서, 로크에게 있어 우리가 어떻게 특정한 감각 반복자를 자각하게 되었는가 하는 문제는 전혀 문제가 되지 않는다. 우리는 단지 감각과 이미지를 지님으로써 이러한 자각을 가지게 된다. 로크가 실제로 문제 삼은 추상 관념에 관한 그의 문제는 우리가 어떻게 일반적인 성질generic properties을 생각할 수 있게 되었는가였다. 『인간 오성론』을 보면, 로크는 이 문제를 "결합적 특정화 이론adjunctive theory of specification"이라 부를 수 있는 관점에서 접근한다. 특정 가능자라는 관념을 A라는 관념으로 표현한다고 가정하자. 이때 결합적 특정화 이론에 따르면, A의 특정한 형태에 대한 관념은 A이면서 B라는 관념으로 표현될 수 있다. 물론, 이 이론은 잘 알려진 문제를 안고 있다. 즉, 빨강이라는 관념the idea of being red과 진홍이라는 관념the

---

idea of being crimson 사이의 관계를 설명할 수 없다.[6]

로크는 결합conjunction을 단순한 관념에서 복합 관념을 형성하는 기본적인 논리 관계로 생각했다. 또한 결합을 특정 가능한 관념과 특정한 관념 간의 차이의 원리로 생각했다. 이로써 특정 가능한 관념과 특정한 관념 간의 관계에 대한 그럴듯한 설명조차 제공할 수 없게 되었다. 만약 그가 결합적conjunctive 복합 관념뿐 아니라 선택적disjunctive 복합 관념까지 인정했다면, 즉, A이고 B라는 관념뿐만 아니라 A이거나 B라는 관념도 인정했다면, 그의 생각이 어떤 방향으로 전개되었을지 추측해 보는 것도 흥미롭다.

27. 그러나 나의 목적은 로크의 추상 관념 논의의 결함에 대한 주석을 전개하려는 것이 아니다. 단지 우리에게 문제가 되는 것이 로크에게는 문제가 되지 않았다는 점을 강조하고자 한다. 그런 맥락에서 "로크에게 문제가 되지 않았던 바로 그 철학적 문저는, 버클리에게도 역시 문제가 아니었다. 그(버클리)의 관심사는 종종 "우리는 어떻게 개별자들particulars에 대한 자각으로부터 반복 가능자에 대한 관념으로 나아가는가?"였다고 이해 되곤 한다. 그러나 그게 아니라, 오히려 그의 문제는 다음과 같았다. "직접 경험 속에서 절대적으로 특정한specific 감각적 성질을 자각한다는 것을 인정한다면, 그와 관련된 일반 유형genera을 어떻게 의식하게 되는가? 그리고 그 의식이 무엇으로 구성되는가?"[7](이것이 버클리를 고민하게 만든

---

6   [옮긴이] 결합적 특정화 이론에 의하면, 빨강=색(A)—특정한 어떤 추가적 성질(B); 진홍=색(A)
     +또 다른 추가적 성질(B'). 이렇게 되면, 빨강과 진홍의 관계는 A라는 공통 요소(color)를
     공유하지만, 그 차이는 단순히 B와 B'라는 '덧붙은 것'의 차이로 표현된다. 그런데 이
     모델은 'B가 무엇인가' 또는 'B와 B'의 차이가 어떻게 색의 범주 안에서 구체화되는가'를
     설명하지 못한다. 따라서, '빨강'과 '진홍'이 왜 같은 색 범주 안에 속하는가, 왜 둘 다
     '색'의 하위 특정자인가, 둘 간의 '점진적 차이'나 '유사성(affinity)'을 설명하지 못한다.

7   독자들은 셀러스가 대비시키는 두 가지 문제, 글, 개별자들에 대한 자각으로부터 반복

“추상화”의 유일한 차원이 아니지만, 우리의 목적에 있어 핵심적인 차원이다.) 그리고 일반적인 해석과는 달리, 버클리의 설명과 로크의 설명 간의 본질적인 차이는 다음과 같다. 로크는 대체로[8] 어떤 종에도 속하지 않으면서

가능자에 대한 관념으로 나아가는 것과 특정한 감각적 성질을 자각하는 것으로부터 그와 관련된 일반 유형에 대한 의식으로 나아가는 것이 어떻게 다른 지 다소 모호하게 느낄 수 있다. 첫 번째 문제가 개별 대상에서 보편 개념을 추출하는 전통적인 추상화 문제라면, 두 번째 문제는 예를 들어, 개별 대상이라고 볼 수 없는 구체적인 “빨간색”들에 대한 자각으로부터 이들을 포괄하는 일반 범주, 곧 “빨강”이라는 유형에 대한 인식으로 나아가는 문제이다.

8 　나는 로크가 “대체로” 어떤 종에도 속하지 않으면서 일반 유형(genus)에 속하는 관념이 존재할 수 있다는 견해를 취했다고 말한다. 그는 그러한 관념이 특정한 종들 가운데 어느 하나에만 속할 수 없다는 점을 보았고, 이를 피하는 방법으로는 그 관념이 어느 종에도 속하지 않는다고 보는 것밖에 없다고 여겼다. 그러나, 이 입장을 ‘대체적으로’만 유지했는데 그것은 다음의 사실에 대해 곤혹스러워했기 때문이다: 그는 어떤 의미에서는 일반 유형에 대한 관념(the idea of the genus)은 모든 종들에 대한 관념이기도 해야 한다는 점을 보았다. 우리는 이미 지적했듯이, 만약 로크가 관념을 결합하는 원리로서 ‘선택(disjunction)’을 인정했다면, 그는 이렇게 말할 수 있었을 것이다: 일반 유형에 대한 관념은 그에 속하는 모든 종 중에서의 선택(the disjunction of all its species)[‘이 종이거나 저 종이거나 …’라는 선택]에 대한 관념이다. 예를 들어, 삼각형임에 대한 관념은 부등변 혹은 이등변임에 대한 관념이다. 하지만 실제로 로크는 모든 종에 대한 관념이 되려면 그것이 부등변이면서 동시에 이등변임에 대한 관념이어야 한다고 생각했다. 물론 이것은 불가능한 것에 대한 관념(the idea of an impossibility)이다.

　　흥미로운 점은, 만약 버클리가 우리가 그가 채택했다고 보게 될 기준의 함의를 끝까지 밀어붙였다면, 그 역시 바로 이 선택적 일반 관념 개념을 받아들였을 것이라는 점이다. 왜냐하면, G임(being G) ― 여기서 G는 어떤 일반적 성질을 뜻한다 ― 은 ‘S_1이거나 S_2이거나 S_3 … 또는 S_n임을 함의하기 때문에 (여기서 각 S_i는 G 아래에 속하는 특정한 성질(specific character)을 나타냄) 버클리는 삼각형에 관한 관념의 단위(unit of ideas concerning triangles)로서 삼각형성(triangularity)의 여러 특정한 형태들의 집합으로 분화된 삼각형 일반 유형(genus Triangle)에 대한 관념을 취했어야 했다. 그러나 말할 필요도 없이, 만약 버클리가 정말로 선택적 복합 개념을 허용했다면, 그는 진홍색의 감각을 하나의 특정한 생각이라고 간주할 수는 없었을 것이다.

[옮긴이] 이 문장은 문맥상, 버클리가 생각(thought)에 대한 관념을 잘못 잡았기 때문에, 진홍색의 감각을 특정한 생각이라고 취급해 버렸다는 말이다. 즉, 버클리는 “생각”을 하나의 머릿속 이미지(심상)와 거의 동일시한다. 만약 버클리가 “생각”을 단순한 이미지가 아니라, 선택적 복합 개념(A이거나 B) 같은 보다 개념적인 구조를 인정했다면, 진홍색의

일반 유형genus에 속하는 관념이 존재할 수 있다고 보았다. 반면, 버클리는 우리가 일반 유형에 속하는 관념을 가지는 것은 스코투스Scotus의 유용한 용어를 빌리자면, 그것의 특정 종들 중의 하나로 '축소contracted'시킴으로써 가능하다고 주장했다.

버클리의 주장은 대체적으로 다음과 같다. 만약 A임이 B임을 함의한다면, B에 대한 관념이 없으면서 A에 대한 관념만을 갖는 것은 불가능하다. 그는 이렇게 말한다. 삼각형임은 어떤 특정한 삼각형의 형태를 가짐을 함의한다. 따라서 어떤 특정한 형태도 갖지 않는 삼각형이라는 관념은 존재할 수 없다. 우리는 오직 특정한 형태로 '축소된' 삼각형성triangularity에 대한 관념을 갖음으로써만 일반적인 삼각형성을 자각할 수 있다. 이러한 특정한 형태가 무엇인지는 중요하지 않다. 어떤 형태이든 간에, 그것들은 모두 "동일한 유형"에 속하기 때문이다.

28. 『인간 본성에 대한 논고』(이하 『논고』)를 면밀히 살펴보면, 흄이 버클리 및 로크와 동일한 입장에 서 있으며, 우리가 특정한 반복 가능자를 자각할 수 있는 선천적인 능력을 가지고 있다는 전제를 그들과 공유하고 있음을 분명히 알 수 있다. 흄이 이미지와 생각을 구별하지 않는 방식으로 '관념'을 특징지으면서 『논고』를 시작하지만, 이후 1권 1부 7장에서 이 결점을 수정했다고 주장하는 연구자들이 있다. 그러나 이러한 해석은 중요한 점을 간과한다. 흄이 후반부에서 시도하는 것은 특정자determinate이 든 특정 가능자determinable이든 반복 가능자를 생각하는 것이 무엇을 의미하는가를 설명하는 것이 아니다. 그가 실제로 하는 것은 **특정 가능자**를 생각하는 것이 무엇인지를 설명하는 것이다. 즉, 그는 특정한 색조의 색깔과

감각 한 번을 곧바로 "특정한 생각"이라고 볼 수는 없었을 것이다.

대비되는 색깔 일반을 생각하는 것이 무엇인가를 설명한다. 또한 특정 가능자의 의식에 대한 그의 설명은 우리가 특정한 반복 가능자를 설명할 수 있는 원초적 능력을 가지고 있다는 것을 전제로 한다. 따라서 그의 후반부 설명은 『논고』 초반의 관념 개념을 단순히 확장한 것이며, 결코 수정한 것이 아니다.

그렇다면 흄은 버클리 및 로크와 어떻게 다른가? 생각에 대한 버클리 및 로크의 설명이 아무리 다르다 하더라도, 그들은 특정 가능자에 대한 현재 발생 중인occurrent 생각이라는 것이 존재한다고 가정했다. 반면, 흄은 특정한 반복 가능자에 대한 현재 발생 중인 생각이 존재한다고 가정하면서도, 특정 가능자에 대한 현재 발생 중인 생각이 존재한다는 것은 부정한다. 여기서는 독자들에게 익숙한 특정 가능자의 의식에 관한 흄의 설명의 세부 사항은 생략하며, 그 내용을 비판하지도 않겠다. 여기서 중요한 점은 로크, 버클리, 흄이 추상적 관념의 문제를 두고 서로 다른 견해를 제시했음에도 불구하고, 셋 다 모두 인간의 마음이 어떤 특정한 유형을 자각할 수 있는 선천적인 능력을 가지고 있다는 것을 당연시했다는 사실이다. 그들은 우리가 단순히 감각과 이미지를 가짐으로써 이러한 유형들을 자각할 수 있다고 당연시했다.

29. 이제, 흄의 입장을 약간만 비틀어도 전혀 다른 관점이 도출될 수 있다. 만약 흄이 초기 경험의 요소들을, 예를 들어 빨강의 인상impressions of red으로 특징짓는 대신, 빨간 개별자들red particulars로 특징지었다면(나는 흄뿐만 아니라, 아마도 버클리와 로크 역시 종종 빨강의 인상이나 관념을 빨간 개별자인 것처럼 다루었다는 것을 부정하지 않는다), 그의 견해는, 특정 가능자뿐 아니라, 특정자를 고려하도록 확장될 경우, 모든 유형 또는 반복 가능자에 대한 의식은 단어(예: "빨강")와 서로 유사한 개별자들 부류 간의 연상association에 기초한다는 견해가 되었을 것이다.[9]

이 연상이 어떻게 개념화되느냐에 따라 모든 것이 달라진다. 이러한 연상의 형성이 단순히 유사한 개별자들의 발생만을 포함하는 것이 아니라, 그것들이 유사한 개별자들이라는 자각의 발생까지 포함한다면, 특정한 유형 또는 반복 가능자(예를 들어 진홍)의 주어짐givenness은 단순히 x가 y와 유사하다는 사실의 주어짐으로 대체되고, 우리는 다시 반복 가능자, 즉, 반복 가능한 유사성resemblance을 자각하는 선천적인 능력으로 되돌아온다.[10] 더욱 자명한 것은 만약 연상의 형성이 빨간 개별자의 발생뿐만 아니라 그것들이 빨갛다는 것을 자각하는 것을 포함한다면, 이 신화의 개념주의적 형식conceptualist form of the Myth이 단순히, 고전적 감각 자료 이론에서처럼, 실재론적 버전realistic version으로 대체될 뿐이다.[11]

그러나, 만약 연상이 x가 y와 유사하다는 형태의 사실이나 x가 Φ이다라는 형태의 사실을 자각하는 것에 의해 매개되지 않는다면, 이러한 견해는

---

9   [옮긴이] "빨강"이라는 말을 떠올릴 때 우리는 '빨갛게 보인 여러 개별자'(빨간 사과, 빨간 천, 빨강 신호등 등)와 그 단어가 연관되어 있다는 식으로 지각 개념이 형성된다는 입장을 말한다.

10   [옮긴이] "유형(sorts)" — 예를 들어, 특정한 감각적 종류(determinate sensory kind) — 의 자각이 모든 형태의 '주어진 것의 신화'가 공유하는 핵심이라는 것은 26절에서 언급한 바 있다. 즉, 주어진 것의 신화의 개념주의적 형태에서는 이 유형에 대한 자각을 구체적인 생각에 대한 자각으로 본다. 그런데 "진홍"이라는 생각에 대한 자각을 두 개별자들의 유사성에 대한 자각으로 바꾼다고 해서 주어진 것의 신화의 개념주의적 성격이 바뀌는 것은 아니다. 즉, 반복 가능자(유형, 성질)에 대한 비습득적 능력을 전제한다는 점에서 다를 게 없다.

11   [옮긴이] 셀러스는 본 문단에서 "빨간 개별자"(red particulars)가 감각 자료를 지칭하는지 또는 물리적 물체를 지칭하는지 명시하고 있지 않다. 문단 마지막에서 "고전적 감각 자료 이론에서처럼(as in the classical sense-datum theory)"이라고 덧붙이는 것으로 보아, 감각 자료를 실재하는 내적 대상들로 상정하는 감각 자료 이론이 신화의 실재론적 버전의 전형적인 사례라는 점을 염두에 둔 것으로 볼 수 있다. 그러나 여기서 말하는 "실재론적 버전"은 보다 넓게, "빨간 개별자"를 어떤 방식으로든 실재하는 항목(내적 감각 내용이든 물리적 물체든)으로 취급하면서, '그것들이 빨갛다는 사실이 주어진다'라는 비습득적 인식 능력을 전제하는 모든 입장을 가리키는 것으로 이해할 수 있다.

내가 **심리적 명목론**psychological nominalism이라 부를 유형에 속하게 된다.[12] 이 이론에 따르면 유형, 유사성, 사실 등에 대한 모든 자각 — 추상적 개체에 대한 모든 자각, 심지어 개별자들에 대한 자각조차도 — 은 언어적 실천lin-guistic affair이다. 이 견해에 따르면, 소위 직접 경험과 관련된 유형, 유사성, 사실에 대한 자각조차도 언어 사용 습득 과정과 무관하게 선행적으로 주어지지 않는다고 본다.

두 가지 논평을 즉시 덧붙일 필요가 있다. (1) 앞서 말한 방식으로 흄의

---

12   [옮긴이] 전통적으로 명목론은 '보편자(the general, the universal)/보편개념'은 오직 명목(이름) 뿐이고, 실재하는 것은 시공간 안에서 물리적으로 상호 작용하는 개별자들(particulars)이라는 주장이고, '실재론(realism)/플라톤주의'는 보편자들, 즉, 추상적이고, 비시공간적, 비물리적, 비심적(non-mental) 개체들이 실재한다는 주장이다(https://plato. stan ford.edu /archIves/win2023/entries/platonism/?utm_source=chatgpt.com). 어떤 추상적 개체가 존재하는지를 따지는 존재론적 · 형이상학적 문제와 이 개체를 우리가 어떻게 알 수 있게 되는가 하는 인지 · 심리적 문제는 서로 연관은 있지만 근본적으로 다른 문제라고 볼 수 있다. 심리적 플라톤주의는 개념 · 보편자에 대한 비언어적/언어 이전의 직관적 접근(주어진 것의 신화의 일종)을 인정한다. 전통적인 플라톤주의는 존재론적 플라톤주의 와 심리적 플라톤주의를 둘 다 함의하는 입장이라고 볼 수 있다. 셀러스는 이 둘을 모두 부인하면서, 추상적 개체에 대한 모든 자각 — 심지어 개별자들에 대한 모든 자각 — 은 언어적 실천이라는 심리적 명목론에 우호적 입장을 취한다. 심리적 명목론은 보편자는 존재하지 않는다는 존재론적 명목론을 인정한다. 다만, 셀러스가 말하는 심리적 명목론은 우리가 개체들이 속한다고 볼 수 있는 추상적인 성질에 대해서 말할 수 있다는 것을 부인하지는 않는다. 그가 부정하는 것은 그것들이 언어 학습이나 언어 · 개념 사용과 무관하게 독립적으로 존재하는 개체라는 것뿐이다(Ryan Simonelli, "Sellars's Ontological Nominalism," *European Journal of Philosophy* (2018)). 얼핏 보면, 심리적 명목론과 개념주의는 "마음과 무관하게 보편자가 실재한다"라는 플라톤적 실재론을 부정한다는 점에서 비슷해 보인다. 하지만, 거부 이유와 대체 메커니즘이 다르다.

	개념주의	심리적 명목론
보편자의 존재	보편자는 개념적 대상으로서 마음속에 존재한다.	보편자는 형이상학적 차원에서 독립적으로 존재하지 않는다.
이유	사물 간 유사성을 설명하려면 공통 개념이 필요하지만, 이는 심리적 · 인지적 구조일 뿐이다.	추상적 개념은 **언어 · 추론** 등 **규범적 관행**의 산물이므로, 그것과 무관하게 원래부터 존재하는 독립적 존재로 볼 수 없다.
추상 대상의 근거	보편 개념은 마음속에서 일어나는 **추상**(abstraction) 과정을 통해 형성된다.	개념적 내용은 '이유의 공간(the space of reasons)' 속에 배치되어 추론의 전제와 결론으로 역할함으로써 의미를 가진다.

견해를 수정함으로써 얻어지는 특정한 형태의 '심리적 명목론'은 두 가지 점에서 본질적인 장점이 있다. 첫째, 감각적 반복 가능자나 감각적 사실을 자각하는 순수한 에피소드들이 존재한다고 가정하는 오류를 피할 수 있다.[13] 둘째, 이 이론은 이러한 방식으로 지칭될 수 있는 모든 사건이, 라일의 표현을 빌리자면, 단언-가정적 혼종 사건mongrel categorical-hypothetical이며, 특히, 단어-물체 및 단어-단어 형태의 연상적 연결이 발현된 언어적 에피소드임이 틀림없다는 입장을 취한다.[14] 그러나 이 이론은 가장 단순한 개념조차 설명하기에도 지나치게 조야하고 불충분하다.[15] (2) 감각과 이미지에서

---

13   [옮긴이] 여기서 "순수한 에피소드"는 다른 언어적, 개념적 틀과 관계없이 그 자체로 어떤 것이 그러하다는 자기 입증적 자각을 가진 내적 에피소드가 있다고 가정되는 것을 가리킨다. 셀러스는 물론 이런 가정을 '주어진 것의 신화'의 한 형태로 비판한다. 대신 "순수한 에피소드" 자리에 언어적, 규범적, 추론적 구조 속의 에피소드를 상정하고 이를 이유의 공간 안에 위치시키려고 한다. 따라서 동일하게 "순수한 에피소드"를 부정하는 특정한 형태의 심리적 명목론에 우호적 태도를 취한다.

14   [옮긴이] 여기서 "이러한 방식으로(in these terms) 지칭될 수 있는 모든 사건"이란 감각적 반복 가능자나 감각적 사실을 자각하는 순수 에피소드들이 존재한다고 보는 개념틀에서 지칭될 수 있었던 사건들을 말한다. 특정한 형태의 심리적 명목론은 그 사건들이 사실은 단언-가정적 혼종 사건, 즉 언어적 사건으로 간주될 수밖에 없다고 본다. "단언-가정적 혼종 사건"은 라일이 지각적 관찰 문장을 해석하면서 이것이 형식적으로는 단언문이지만, 의미상으로는 어떤 성향/규칙을 표현하는 준가정문 또는 혼종적 단언문이라고 부른 것을 지칭한다(라일의 『마음의 개념』(1949), 35, 139, 211, 223쪽). 그런데 셀러스는 보다 상세하게 이를 "단언-가정적 혼종"이라고 부른다.

15   [옮긴이] 셀러스는 "흄의 견해를 수정함으로써 얻어지는 특정한 형태의 '심리적 명목론'은 두 가지 점에서 본질적인 장점이 있다"라고 해 놓고, "이 이론은 가장 단순한 개념조차 설명하기에도 지나치게 조야하고"라고 하면서 거리두기를 한다. 31절에서도 "지금까지 내가 '심리적 명목론'이라는 표현을 우호적으로 사용해 온 것을 보고, 혹시 내가 개념을 단어와 동일시하고, 생각을 (…) 언어적 에피소드와 동일시하려는 것 아니냐는 인상을 받았을 수도 있다"라며 자기 자신을 해명한다. 즉, 셀러스는 심리적 명목론이 이전에 "자기 입증적 성격을 가진 순수 에피소드"의 존재를 부정하고, 이를 단언-가정적 혼종 사건, 언어적 에피소드라고 간주한 것에 대해 다른 골목에서 빠져나왔다는 의미에서 우호적인 태도를 취한다. 그러나 그는 특별한 형태의 심리적 명목론과 같이 순수한 에피소드는 부정하지만, 이 이론처럼 에피소드 자체를 부정하지 않는다. 그리고 그는

인식론적 '관함성aboutness'을 제거하면, 언어와 세계 간의 근본적인 연상적 연결이 단어들과 '직접 경험들' 간에 존재해야 한다고 가정할 주된 이유가 사라진다. 그 결과, 기본적인 단어–세계 간의 연상이, 예를 들어, "빨강"과 가정된 사적 빨간 개별자들private red particulars의 집합 사이가 아니라, "빨강"과 빨간 물리적 물체physical objects 사이에 성립한다는 것을 인지하게 되는 길이 열린다.

다만, 두 번째 논평이 사적인 감각이나 인상이 이러한 연상적 연결의 형성에 필수적이지 않을 수 있다는 의미로 해석되어서는 안 된다는 점을 강조할 필요가 있다. 왜냐하면, 우리는 "빨강"과 빨간 물체 간의 결속 —"빨강"이 빨강이라는 성질을 의미하도록 하는 결속— 이, "빨강"의 주된 지시자primary denotation가 빨간 물체가 아니라, "진짜로" 빨강의 감각이라는 잘못된 아이디어를 고수하지 않고서도, 빨강의 감각에 의해 인과적으로 매개될 수 있음을 인정할 수 있기 때문이다.

내적 에피소드를 라일식의 '혼종적 언어적 사건'으로 환원하지 않고, 56절 이후 생각과 인상이라는 이론적 개체를 도입하여 이론화하려고 한다. 그는 이 내적 에피소드는 각자 자신만이 특권적 접근권을 가진다는 점에서 사적 성질(privacy)과 원리적으로 우리 각자가 다른 사람의 에피소드를 알 수 있다는 점에서 상호 주체성(intersubjectivity)을 결합한 것이라고 보고 이것의 존재를 설명하려고 한다(45절 참조). 그래야 가장 단순한 개념이라도 설명할 수 있다고 본다.

VII. '의미하다'의 논리[1]

30. 내적 에피소드inner episodes의 전체 아이디어 자체를 의심하는 철학자들조차도 주어진 것의 신화Myth of the Given에 빠질 수 있는 또 다른 경로가 있다. 그것은 우리가 아이 — 또는 돌판을 나르는 사람 — 가 첫 번째 언어를 배우는 장면을 상상할 때, 우리는 그 언어 학습자를 우리에게 익숙한 구조화된 논리적 공간 속에 자연스럽게 배치한다는 사실이다. 그래서 우리는 그를 색을 띠고, 소리를 발생시키며, 시공간 안에 존재하는 물리적 대상들이 가득한 세계 속의 사람(또는 적어도 잠재적 사람)으로 이해한다. 하지만 우리가 이 논리적 공간에 익숙하다는 이유로, 조심하지 않으면, 그 언어 학습자 또한 처음부터*ab initio* 이 동일한 논리적 공간을 어느 정도 자각하고 있다고 간주할 위험이 있다. 그 자각이라는 것이 "분석 이전pre-analytic"이며,

---

1   [옮긴이] VII장(30~31절)은 '의미하다'라는 동사가 무엇을 말하는지, 즉 의미론을 다룬다. 독자는 의미론을 다루는 것이 주어진 것의 신화와 무슨 관련이 있느냐는 생각을 할 수 있다. 그러나, 본 장은 언어 학습이라는 것이 그 이전부터 어린아이가 소유하고 있는 자각과 단어를 연결시키는 것이라는 전통적인 의미론을 공격 대상으로 삼고 있다. 이 '자각'을 가정하는 것이 정확히 주어진 것의 신화이기 때문이다. 물론 주어진 것의 신화를 전제하는 전통적인 의미론을 비판하는 과정에서 셀러스는 단어의 의미는 그것이 발화 내에서 가지는 기능적 역할로 이해해야 한다는 특유의 기능적 역할 의미론을 제시한다.

"

제한적이고 파편적이긴 해도 말이다. 우리는 그 아이의 상태가 마치 어두운 밤에 낯선 숲속에 놓인 우리의 상태와 유사하다고 생각한다. 다시 말하면, 우리가 조심하지 않으면, 아이에게 언어를 가르치는 과정이 아이가 이미 개별자, 보편자, 사실 등으로 구성된 논리적 공간을 그 구성 요소들을 구분하지 못한 채 막연히 자각하고 있다고 가정하고, 그 공간 안에서 요소들을 구별하도록 가르치고, 이러한 구별된 요소들을 언어적 기호와 연결시키도록 가르치는 것이라고 착각하기 쉽다. 그리고 이 실수는, 아이가 이미 자각하고 있다고 우리가 상정하는 논리적 공간이 물리적 대상으로 이루어져 있든, 사적 감각 내용private sense contents으로 이루어져 있든 원리상 동일한 실수이다.

어떤 언어 이론이 타당한지를 가늠하는 진정한 시험대는 (프라이스H. H. Price)가 "비대면시의 생각thinking in absence"이라고 부른 현상을 어떻게 설명하느냐에 있지 않다. 오히려 "대면시의 생각thinking in presence" ─ 즉, 언어가 비언어적 사실과 맺는 근본적인 연관이 실제로 드러나는 상황 ─ 을 어떻게 설명하느냐에 달려 있다.[2] 그리고 "비대면시의 생각"을 다루는 방식만 보면 심리적 명목론처럼 보이는 많은 이론들이, 막상 "대면시의 생각"을 어떻게 다루는지 "해부대 위에 올려놓고 살펴보면 의외로 아우구스티누스적Augustinian"인 경우가 많다.[3]

─────────

2   [옮긴이] "대면시의 생각"과 "비대면시의 생각"은 각각 실제 대상을 지각하면서 하는
     생각과 대상이 부재한 상태에서의 기억·상상·개념적 생각을 말한다.

3   [옮긴이] 셀러스는 사람들이 "대면시의 생각"을 설명할 때 아우구스티누스적 언어관을
     잘 드러낸다고 말한다. 즉, 사람들이 "비대면시의 생각"(예, 상상, 기억)을 설명할 때는,
     개념이나 언어를 사용하고 있다는 것을 분명히 의식하지만, 대면시의 생각(예, 지각)을
     설명할 때는 이것이 언어 이전에 이미 주어진 것에 단지 이름을 붙이는 것이라고 생각하기
     쉽다는 것이다. 아우구스티누스가 그랬던 것처럼. 셀러스가 말하는 아우구스티누스적
     언어관은 비트겐슈타인의 『철학적 탐구』(1954)에서 언급한 아우구스티누스적 언어관을
     가리킨다. 『철학적 탐구』는 다음과 같이 아우구스티누스의 고백을 인용하면서 시작한다:

31. 지금까지 내가 "심리적 명목론psychological nominalism"이라는 표현을 우호적으로 사용해 온 것을 보고, 혹시 내가 개념을 단어와 동일시하고, 생각을, 이것이 에피소드인 한, 언어적 어피소드verbal episodes와 동일시하려는 것 아니냐는 인상을 받았을 수도 있다. 그러나 나는 그러한 일을 할 생각이 전혀 없음을, 아니, 설령 그와 유사한 무언가를 한다고 하더라도, 내가 곧 전개하려는 견해는 단지 비교적 피크위크적Pickwickian 의미에서만 생각을 언어 사용과 동일시한다고 미리 밝혀 두고자 한다.[4] 결국 내가 강조하고 싶은 점은, "심리적 명목론"이라는 용어가 여기서 중요하게 함축하는 바는 언어 습득 이전이나 그와 독립즉으로 논리적 공간에 대한 자각이 존재한다는 것에 대한 부정이다.

그러나 내가 나중에 생각과 그것을 말로 표현한 것their verbal expression을 구분하겠지만, 더 미묘한 구분을 하기 전에 미리 짚어둘 근본적으로 중요한 점이 있다. 먼저, "빨강"이라는 단어가 술어 특유의 논리적 구문logical syntax 을 가지지 않았다면 이 단어는 술어가 되지 못했을 것이다. 또한, 적어도 우리가 특정 심적 상태에서, 표준적인 조건에서 빨간 물체를 보고 "이것은

"어른들이 어떤 물체에 대해 이름을 말하며, 그 말소리에 따라, 그 물체를 향하여 몸을 움직일 때, 나는 그들이 그 물체를 지시하기를 원할 때 내는 소리에 의해 그 물체가 불린다는 것을 보고 이해했다'(아우구스티누스, 『고백록』 1권 8장 13절). 비트겐슈타인은 이 인용문에 대해 이렇게 덧붙인다. "내게는 이 글들이 인간 언어의 본질에 대한 그림을 보여주는 듯하다. 그 그림은 이렇다. 언어 속의 개별 단어들은 대상에 이름을 붙이고, 문장은 그러한 이름들의 조합이다. 이 언어의 그림 속에서 우리는 다음과 같은 생각의 뿌리를 발견한다: 모든 단어에는 의미가 있다. 그 의미는 단어와 연결되어 있으며, 그 단어가 가리키는 대상이 바로 그 의미이다(『철학적 탐구』 §1). 비트겐슈타인은 『철학적 탐구』에서 이런 아우구스티누스적 언어관을 비판한다.

4   [옮긴이] "피크위크적 의미"는 찰스 디킨스의 소설 『피크위크 페이퍼스(*The Pickwick Papers*)』에서 유래된 표현으로, 보통 단어를 그 본래 표준적 의미가 아닌, 특별한, 농담 섞인, 관습적이지 않은 문맥으로 사용할 때 쓰는 말이다.

빨강이다'라는 취지의 표현으로 반응하는 경향이 없었다면, "빨강"이라는 단어는 우리가 아는 그 술어가 될 수 없었을 것이다. 그리고, 단어 "빨강"을 사용하는 법을 배우는 과정에 빨강성의 자각awareness of redness — 이것은 물론 빨강의 감각sensations of red과 혼동되어서는 안 된다[5] — 이라는 선행적 에피소드가 포함된다는 생각[주어진 것의 신화]을 포기하면, "빨강"이라는 단어가 술어의 구문을 가지고 있고 [단어–단어 간의 연상] 그것이 (특정 상황에서) 빨간 물체에 대한 반응이라는[단어–사물 간의 연상] 두 가지 사실 때문에 "빨강"이라는 단어가 빨강이라는 성질을 의미한다고 생각하려는 유혹에 빠지기 쉽다.[6]

그러나 프라이스가 "온도계 견해thermometer view"라고 올바르게 비판한 "빨강"의 의미성에 대한 이 설명은 다른 생각 방식을 통해 강화되지 않았다면, 거의 설득력을 얻기 어려웠을 것이다. 이 다른 생각 방식은

(독일어에서) *"rot"*는 *red*를 의미한다

---

5   [옮긴이] 실제로 '빨강의 감각', 즉 비개념적 감각적 경험(비개념적 감각 에피소드)은 존재한다. 그러나 언어 학습 이전에 '빨강이라는 성질에 대한 자각'이란 것은 존재하지 않는다. 즉, 그런 자각이 '빨강'이라는 개념의 토대로 작용할 수는 없다.

6   [옮긴이] 셀러스가 언급한 두 가지 사실은 실제 언어 사용에서 관찰되는 진짜 언어적 현상이다. 그러나, 그 사실 때문에 '빨강이라는 단어가 빨강이라는 성질을 의미한다'라고 생각하면 안 된다. 셀러스는 '빨강이라는 단어가 빨강이라는 성질을 의미한다'라는 의미론적 진술 자체를 부정하는 것은 아니다. 그는 본문에서 사람들이 "빨강"이라는 단어가 쓰이는 두 가지 특정한 방식 때문에 이를 "술어(predicate)"로 간주하는 경향이 있고, 그것에 근거하여 "'빨강'이라는 단어가 빨강이라는 성질을 의미한다'라는 의미론적 진술이 무엇을 말하는지를 이해하려고 한다는 것이다. 그렇게 보기 시작하면, 의미론적 진술을 오해하게 되고 전통적인 의미론, 즉, '빨강이라는 단어가 빨강이라는 성질을(the quality red) 의미한다'라고 말할 때 "빨강"이 추상적인 개체(abstract entity)인 "빨강성/Redness"을 지칭한다고 생각하는 전통적인 의미론에 빠지게 된다는 것이다.

가 다음과 같은 관계적 진술과 피상적으로 유사하다는 것에서 출발한다:

Cowley는 Oxford에 인접해 있다.

일단

"…"는 …를 의미한다

의 형식을

$$x \ R \ y$$

의 형식과 동일시하게 되면, 의미를 단어와 비언어적 개체 간의 관계로 여기는 일이 당연해진다. 그리고 이 관계가 연상의 관계라고 가정하는 유혹에 빠지기 쉽다.

사실 "'…' means …" 형태의 진술은 관계적 진술이 아니다. 또한 "*rot*"가 빨간 물체들과 연상되지 않으면 *red*라는 성질을 의미할 수 없다는 점은 사실이지만, 의미론적 진술semantical statement "*Rot*' means *red*"가 곧 "*rot*"에 대해 이것이 빨간 물체들과 연상되어 있다는 것을 말한다고 보는 것은 잘못이다. 왜냐하면 이것은 마치 의미론적 진술이 "*rot*"의 연상 관계에 대한 더 긴 진술의 정의적 약어definitional shorthand라는 것을 암시하기 때문이다. "… means …"이라는 형식은 언급된 단어, 즉 "*rot*"가 독일어를 사용하는 사람들의 언어 체계에서 "*red*"라는 단어가 수행하는 것과 같은 역할을 수행한다는 정보를 전달하기 위한 언어적 장치이다. 여기서 "*red*"는 언급되는 것이 아니라 독특한 방식으로 사용, 말하자면 예화exhibited되는 것이며, 의미론적 진술의 "우측"에 나타난다.

따라서, 우리는 두 개의 진술

"*Und*" means *and*

그리고

"*Rot*" means *red*

가 각각 "*und*"와 "*rot*"에 대해 어떻게 전혀 다른 정보를 제공하는지 알수 있다. 왜냐하면, 첫 번째 진술은 "*und*"가 특정 논리적 연결사의 순전히형식적인 역할을 수행한다는 정보를 전달하며, 두 번째 진술은 "*rot*"이독일어에서 관찰 단어 "*red*"와 같은 역할을 수행한다는 정보를 전달하기때문이다. 두 진술에서 "*means*"의 의미가 동일함에도 불구하고 우리는"*und*"와 "*rot*"가 위와 같이 다른 정보를 제공한다고 말할 수 있다. 또한첫 번째 진술에서 "*und*"가 접속사와 "의미 관계"를 맺고 있고, 두 번째진술에서 "*rot*"이 빨강성Redness과 "의미 관계"를 맺고 있다고 말할 필요는없어도 "*und*"와 "*rot*"에 대해 위와 같이 말할 수 있다.[7]

이러한 고려 사항들을 통해, 의미론적 진술 "'빨강'은 빨강이라는 성질을의미한다'가 참이라는 사실로부터, 단어 "빨강"이 수행하는 역할이 얼마나복잡한지 또는 그 단어가 빨간 물체들과 정확히 어떠한 방식으로 연관되어

---

[7] [1963년 판에 추가된 각주, 옮긴이] 의미론적 명제에 대한 이러한 해석을 바탕으로 한 추상적 개체 문제의 분석에 대해서는 슐립(Paul A. Schlipp) 편집의 『루돌프 카르납의 철학(*The Philosophy of Rudolph Carnap*)』(일리노이주 윌멧, 1963)에 실린 나의 논문 「경험론와 추상적 개체(Empiricism and Abstract Entities)」를 참고하라. 또한, 『형이상학 리뷰(*The Review of Metaphysics*)』(1963년 6월호)에 실린 「추상적 개체(Abstract Entities)」도 참고할 수 있다.

있는지에 관해 아무런 결론도 끌어낼 수 없다는 것이 분명해진다. 또한, "의미하다means"라는 단어의 문법에서 드러나는 이른바 "'Fido'–Fido" 측면으로부터 비롯되는 어떤 고려 사항도,[8] "빨강"이라는 단어가 현재의 의미를 가질 수 있게 해주는 그 역할이 매우 복잡하며, 고전 경험론이 근본적인 경험 개념의 획득과 단지 우연적 관계만 가진다고 간주했던 수많은 지식을 갖추지 않고서는 "빨강"이라는 단어의 의미 — 곧 "빨강이 무엇인지 아는 것" — 를 이해할 수 없다고 주장하는 것을 가로막지 못한다.

---

8   [옮긴이] "'의미하다'의 'Fido–Fido'적 측면은 의미론에서 사용하는 다음과 같은 형식을 말한다: "Rot"는 red를 의미한다; "red"는 빨강이라는 성질을 의미한다. 이런 의미론적 진술로부터 보통 3가지 정도의 결론을 끌어내기 쉽다. 첫째, "빨강"의 의미가 단순하다. 둘째, 의미는 "단어–대상 또는 속성 간의 단선적 짝짓기"로 설명할 수 있다. 셋째, 빨강의 개념이 다른 개념과 거의 독립적으로 존재한다. 셀러스는 이런 생각과 정면으로 충돌하는 의미론, 즉 단어는 그것이 수많은 문맥에서 무엇으로부터 추론되며, 무엇을 추론하는지, 그 추론적 관계에 의해서 의미가 결정된다는 추론적 의미론을 제시한다.

VIII. 경험적 지식은 토대를 가지고 있는가?[1]

32. 주어진 것에 대한 신화가 취하는 형태 중 하나는 다음과 같은 개별적 사실들의 구조가 반드시 존재해야 한다는 생각이다: (a) 각 사실은 사실이라고 비추론적으로 알려질 수 있을 뿐 아니라, 개별적 사실들이나 일반적 진리에 대한 다른 지식을 전제하지 않는다; (b) 이 구조에 속하는 사실들에 대한 비추론적 지식은 개별적인 것이든 일반적인 것이든 이 세계에 대한 모든 사실적 주장에 대한 최종 항소 법원 역할을 한다. 내가

---

1   [옮긴이] 셀러스는 VIII장(32~38절)에서 감각 내용을 상정하는 감각 자료 이론 외에, 보다 암묵적이고 인지하기 힘든 주어진 것의 신화의 형태를 노출시키고 심도 있게 분석하고 비판한다. 그 과정에서 학자들에 의해 자주 인용되는 유명한 문장들을 생성한다. 그래서 주의하지 않으면, 이 모든 문장이 결국 새로운 형태의 주어진 것의 신화를 비판하고 극복하기 위한 것이라는 점을 간과하기 쉽다. 이 장에서 셀러스는 비추론적인 지식의 층위가 존재하며, 이것은 다른 지식을 전제하지 않고 스스로 입증될 수 있는 지식이라는 경험론의 아이디어를 비판한다. 이 아이디어는 지식이 다른 지식을 논리적으로 전제하면 그것은 반드시 추론적인 지식일 수밖에 없으므로 비추론적인 지식이 되려면 다른 지식을 전제하지 말아야 한다고 한다. 경험론자들은 관찰 보고가 자기 입증적 지시적 진술로서 이런 성격을 가진다고 본다. 셀러스는 바로 이 생각이 주어진 것의 신화의 한 에피소드라고 주장한다. 이러한 생각은 지식에 대한 무한 퇴행(infinite regress) 문제를 피하기 위한 것인데, 셀러스는 37절에서 자기 입증적 지시적 진술을 상정하지 않고도 이 무한 퇴행 문제를 해결할 수 있는 방안을 제시한다.

이 층위에 속하는 사실에 대한 지식을 단순히 비추론적일 뿐 아니라, 개별적 사실이든 일반적인 사실이든 다른 사실에 대한 지식을 전제하지 않는 것으로 특징지었다는 점을 주목할 필요가 있다.[2] 이렇게 말하는 것이 중복적이라고 생각할 수도 있다. 즉, 다른 사실에 대한 지식을 논리적으로 전제하는 지식(신념이나 확신이 아니라)은 반드시 추론적이어야 한다고 생각할 수도 있다. 그러나 나는 이러한 생각 자체가 바로 신화의 한 에피소드 라는 것을 보여주고자 한다.

이러한 특권적 사실 층위의 개념은 결코 어려움이 없는 것은 아니지만, 익숙한 개념이다. 이 층위와 관련된 지식은 **비추론적**이지만, 결국에는 **지식**이다. 이 층위는 **궁극적**이지만, 동시에 **권위**를 지닌다. 이 두 가지 요구 사항에 대한 일관성 있는 그림a consistent picture of these two requirements을 구성하려는 시도는 전통적으로 다음과 같은 형태를 취해왔다.[3]

---

2   [옮긴이] 경험론은 예를 들면, 물체를 보고 어떤 색인지 아는 것 같은 비추론적 지식이 있다고 가정한다(셀러스는 비추론적 지식을 나중에 '관찰 보고(observational report)'라고 칭한다). 셀러스는 경험론에서 말하는 비추론적 지식을 "다른 사실에 대한 지식을 전제하지 않는" 비추론적 지식으로 특징짓는다. 이에 반해, 그는 이 비추론적인 지식들이 다른 지식들로부터 논리적인 추론을 거쳐 유도되지 않는다는 점에서 비추론적이지만, 다른 점에서는 다른 지식들을 전제한다고 말한다. 논리적인 추론은 전제로부터 논리적 함의 관계를 통해 결론을 유도하는 것을 지칭한다. 비추론적인 지식이 다른 지식들을 다른 방식으로 전제한다는 말은 이 다른 지식들이 비추론적 지식이 성립되는 것을 가능하게 하는 배경지식을 제공한다는 뜻이다. 예를 들어, 어떤 사람이 물체를 보고 그게 어떤 색인지 안다고 주장하면서 '나는 물체의 색을 알 수 있는 표준 조명하에 있다'라는 지식을 언급할 수 있다. 그리고 이에 더하여 자기가 색맹이 아니어서 해당 조명 조건하에서 물체의 색깔을 제대로 구분할 수 있다고 자기의 신뢰성도 언급할 수 있다(19절, 20절 참조). 이 두 조건은 화자가 해당 물체의 색깔에 대해 말할 자격이 있다는 뜻이다. 여기서 화자의 자격과 관련된 다른 지식들이 물체의 색깔에 대한 화자의 진술에 논리적인 추론 조건으로 작용하고 있는 것이 아니므로, 관찰 보고는 비추론적 지식인 것이다.

3   [옮긴이] 여기에 작은 글씨로 되어 있는 문단은 경험론자들이 비추론적 진술이 권위를 가지기 위한 조건이 무엇인지에 대해서 탐구한 것을 리뷰한 것이다. 이 리뷰가 어디로 가기 위한 리뷰인지는 나중에 드러나지만, 피상적으로 읽다 보면 길을 잃기 십상이다.

이 층위에 속하는 진술들이 '지식을 표현'하기 위해서는 단순히 진술되는 것만으로는 충분하지 않으며, 그것이 진술될 가치가 있어야 한다. 즉, 신빙성credence을 인정할 만한 자격이 있다는 의미에서 신뢰할 만credible해야 한다. 또한, 중요한 점은— 이것은 핵심적으로 중요한데— 이 진술들이 이 신빙성credibility을 내포하는 방식으로 이루어져야 한다는 것이다. 왜냐하면, 진술을 하는 것the making of a statement과 그 권위 사이에 아무런 연결이 없다면, 그 선언은 확신을 표현할 수는 있지만, 지식을 표현한다고는 말할 수 없기 때문이다.

이 층위에 속하는 진술의 권위— 신빙성— 는 다른 진술에 의해 뒷받침된다는 사실에 전적으로 의존할 수 없다. 왜냐하면, 만약 그렇게 된다면 이 층위에 속하는 모든 지식은 추론적일 수밖에 없고, 이는 가설에 모순될 뿐만 아니라 상식에도 어긋나기 때문이다. 따라서 이 층위에 속하는 일부 진술[4]이 비추론적 지식을 표현하려면, 그 진술은 다른 진술에 의해 뒷받침되지 않고도 신빙성을 가져야 한다. 이제, 이러한 요구를 적어도 부분적으로

현재가 32절인데, 35절에 가서야 셀러스의 진정한 의도가 다음의 문장을 통해서 드러난다: "이러한 견해를 내가 사용해 온 "관찰적 지식을 표현하는" 기준에 맞게 수정할 수 없는지 살펴보자." 이 리뷰 문단에서 셀러스는 경험론자들의 제안에 따라 적절하게 조건 지어진 조건하에서 적절하게 조건 지어진 화자에 의해서 발화된 관찰 문장들이 비추론적 권위를 가질 수 있다는 것을 부정하지 않는다. 다만, 관찰자 자신이 권위를 가지는 방식으로 발화해야 하며, 그러한 권위를 가지고 있다는 것을 알아야 한다고 한다. 이 추가 조건들을 무한 퇴행에 빠지지 않고 설명하는 것이 셀러스가 주어진 것의 신화를 극복하는 근본적인 길이다.

4 [옮긴이] 이 층위에 속하는 진술들이 모두 비추론적 지식으로 확정된 것은 아니다. 32절 서두에 이 층위의 지식을 정의할 때, 셀러스는 다음과 같이 말한다. "각 사실은 사실이라고 비추론적으로 알려질 수 있을 뿐 아니라, 개별즈 사실들이나 일반적 진리에 대한 다른 지식을 전제하지 않는다." 즉 이 층위의 지식들이 이미 비추론적 지식으로 확정되었다는 뜻은 아니다.

충족하는 특정 범주의 진술이 존재하는 것처럼 보인다. 바로 "이것은 빨갛다"와 같은 관찰을 보고하는 진술이다. 이러한 진술은 솔직하게 이루어질 때 권위를 지닌다. 그렇지만 이러한 진술들은 추론을 표현하는 것이 아니다. 그렇다면, 이러한 권위는 어떻게 이해해야 할 것인가?

분명히, 그 권위는 그 진술이 이루어지는 바로 그 상황에서 이루어진다는 사실에서 비롯된다. 이것은 이 진술이 전형적으로, 예외 없이 항상 그런 것은 아니지만, 사용되는 동사의 시제 외에도, 그 진술이 이루어지는 상황과 그 진술의 의미를 연결해 주는 역할을 하는 이른바 토큰–반사적 표현token–reflexive expressions을 포함한다는 사실에 의해 나타난다.[5] (이 지점에서 내가 전개하고 있는 논의를 사실 진술fact–stating과 관찰 보고observation–reporting 문장의 역할로 설명하는 것이 도움이 될 것이다.) 대략적으로, 비토큰지시적non–token–reflexive 문장에 속하는 두 개의 토큰은 매우 다른 상황에서 발생하더라도 동일한 진술을 할 수 있지만, 토큰–반사적token–reflexive 문장에 속하는 두 토큰은 동일한 진술을 하기 위해서는 (적절한 동일성의 기준에 따라) 반드시 동일한 상황에서 발화되어야 한다. 그리고 어떤 문장이 토큰–반사적 표현(시제화된 동사를 넘어서)을 포함하든 포함하지 않든, 이 문장의 두 토큰은 그것들이 솔직하게 발화된다는 전제하에, 보고되는 상태의 현장성presence — "현장성"의 어떤 의미에서 — 을 표현할 때만 동일한 보고를 할 수 있다. 즉, 해당 진술들이 보고 대상인 상태와 일정한 관계를 가지며, 그 관계로 인해 그 진술들이 그 상태에 대한 관찰을

---

5   [옮긴이] "토큰"이라는 용어는 일반적으로 철학이나 논리학에서 유형–사례(type–token) 구분을 논할 때 사용된다. 언어에서는 문장이 유형이며, 이것의 발화가 토큰이다. 토큰–반사적 표현은 한스 레이헨바흐(Hans Reichenbach)의 『기호논리의 요소(*Elements of Symbolic Logic*)』(1947)에서 도입된 용어이다. 이것은 지시 용어(indexical terms), 즉 '나', '여기', '현재' 등이 지칭하는 바가 의미가 자기 자신이 속한 발화(토큰) 속에서 결정된다는 것을 의미한다.

형성하게 될 때만, 그 진술들이 동일한 보고를 할 수 있다. 그 관계가 무엇이든 간에 말이다.

그러므로 문장 토큰이 신빙성을 가질 수 있는 두 가지 방식이 있는 것으로 보인다: (1) "2+2=4"처럼, 문장 유형의 모든 토큰이 어떤 의미에서 신빙성을 가지는 문장 유형의 경우, 문장 토큰의 권위는 말하자면 위에서부터 부여될 수 있다. 이 경우, 우리는 토큰의 신빙성이 유형의 권위에서 유래한다고 말할 수 있다. (2) 문장 토큰은 "이것은 빨간색이다"처럼, 특정 상황에서 특정 방식으로 존재하게 된 사실로부터 신빙성을 부여받을 수 있다. 여기서 토큰의 신빙성은 유형의 신빙성에서 유래하지 않는다.

이제, 어떤 문장 유형의 신빙성은, 적어도 다른 문장(유형이든 토큰이든) 으로부터 유도되지 않는다는 제한된 의미에서, 내재적intrinsic인 것으로 보인다. 이것은 분석적 진술을 하는 데 사용되는 특정 문장들에 해당되거나 그렇게 보인다. 그리고 어떤 문장 유형의 신빙성은 다른 문장 유형과의 논리적 관계, 즉, 보다 기본적인 문장들의 논리적 귀결이라는 사실 때문에 부여된다. 그러나 경험적 문장 유형의 신뢰성은 다른 문장 유형의 신빙성에 서 완전히 유도될 수 없다는 것은 분명해 보인다. 또한, 어떤 경험적 문장 유형도 내재적 신빙성을 가지는 것처럼 보이지 않는다. 이는 그 신빙성이 어떤 문장 토큰들, 즉, 문장 유형의 권위로부터 그 권위가 유도되 지 않는 문장 토큰들과의 논리적 관계를 통해 부여되어야 함을 의미한다.

우리가 얻은 그림[6]은 두 가지 궁극적 신빙성 확보 방식이 존재한다는 것이다: (1) 분석적 문장의 내재적 신빙성: 타입(유형)으로부터 이의 토큰 들에게 부여되는 신빙성 (2) "관찰을 보고하는" 토큰들의 신빙성: 토큰에서

6　[옮긴이] 여기서 말하는 그림(picture)은 32절에서 언급한 "일관성 있는 그림(a consistent picture)"을 지칭하며, 작은 글씨로 된 문단에서 상세하게 설명된 것인데, 여기서는 이 그림을 요약하고 있다.

타입(유형)으로 흐르는 신빙성.[7]

33. 이제 모든 전통적 경험론에서 공통적으로 등장하는 이 그림[8]을 좀 더 탐구해 보자. "관찰적 지식을 표현하는" 문장 토큰들의 권위는 어떻게 이해되어야 하는가? "관찰 보고"와 "분석적 진술" 사이에 분명한 차이가 존재함에도 불구하고, 이들이 권위를 갖게 되는 방식에는 본질적인 유사성이 있다는 생각은 유혹적이었다. 그래서, 일반적인 경험적 진술은 참true이 되지 않고도 올바르게correctly 만들어질 수 있지만, 관찰 보고는 분석적 진술처럼, 올바르게 만들어지는 것이, 그것[관찰 보고]이 참임을 위한 충분하고도 필요한 조건이라는 점이 어느 정도 그럴듯하게 주장되었다. 그리고 이것으로부터 — 내 생각에는 다소 성급하게 — "이것은 초록색이다"라는 보고를 "올바르게 하는 것"은 "이것," "이다," 그리고 "초록색"의 사용법에 대한 규칙들을 따르는 문제라는 결론이 도출되었다.

세 가지 즉각적인 논평이 필요하다:

(1) 첫 번째는 "보고report"라는 용어에 대한 간단한 언급이다. 일상적인 용법에서 보고란 누군가가 누군가에게 하는 보고를 의미한다. 즉, 보고를 한다는 것은 무엇인가를 행하는 것이다. 그러나 인식론 문헌에서 "보고" 혹은 "콘스타티에룽겐Konstatierungen"이라는 용어가 특수한 기술적 용법을 지니게 되었다. 이에 따르면, 문장 토큰은 (a) 명시적인overt 언어적 수행이

---

7   [옮긴이] 예를 들어, 토큰-반사적 표현을 포함하는 '이 사과는 빨갛다'라는 문장은 유형으로서의 권위를 가지지 않는다. 그러나 '그레니 스미스 사과는 초록색이다', '쥐는 고래보다 작다', '기체의 부피는 가해지는 압력에 반비례한다'와 같은 경험적 문장은 유형으로서 권위를 가진다. 이러한 문장은 독립적인 권위를 지닌 관찰 문장 토큰들로부터 권위를 끌어와야 한다고 지적한다. 귀납법(induction)은 경험적 문장의 유형이 여러 경험적 문장 토큰들로부터 권위를 획득하는 방법이다.

8   [옮긴이] "이 그림"이 무엇을 지칭하는지는 위 각주 6을 참고하라.

아니면서, (b) 누군가가 누군가에게 — 자기 자신을 포함하여 — 행한다는 특성을 가지지 않고도, 보고 역할을 할 수 있다. 물론 "자신에게 말하기" — 내면의 법정에서*in foro interno* — 라는 것도 존재하지만, 내가 이 논의의 마지막 단계에서 강조하겠지만, 모든 "암묵적인covert" 언어적 에피소드가 이러한 유형이라고 가정해서는 안 된다.

(2) 두 번째 논평은, 우리는 일반적인 의미에서 '보고'가 행위actions라고 해서, 콘스탄티에룽겐의 의미에서 "보고" 또한 행위라고 가정하지 않겠지만, 우리가 고려하고 있는 견해는 이를 행위로 간주한다는 점이다.[9] 즉, 이 견해는 콘스타티에룽겐의 올바름correctness을 행위의 옳음rightness과 유사한 것으로 해석한다. 그러나 모든 ~야 한다ought가 해야 한다ought to do를 지칭하는 것이 아니며, 모든 올바름이 행위의 올바름은 아니라는 점을 강조하고 싶다.

(3) 세 번째 논평은 "규칙을 따른다following a rule"는 표현을 진지하게

---

9   [옮긴이] 여기서 "행위"는 2절에서 언급된 act/action(작용/행위) 구분에서 작용이 아닌 행위[의식적 규칙 준수 행위]를 지칭한다(2절 각주 6 참고). 셀러스는 『자연주의와 존재론(*Naturalism and Ontology*)』(1974) 제5장 「의미 그 후(After Meaning)」의 24절에서 다음과 같이 말한다: 어떤 생각 에피소드는, 예를 들어, p라는 것을 알아차림은 본질적으로 행위(action)가 아니다. 그것이 일어나기를 바라는 의도에 의해서 직접 발생된 에피소드는 p임을 알아차림이 될 수 없다(No episode is a noticing that p if it is directly brought about by the intention that it occur). 셀러스가 여기서 논의를 위해 다른 철학자들이 주장하는 것과 같이 콘스타티에룽겐을 규칙을 따르는(rule–following) 행동인 '행위'로 보겠지만, 실제로 셀러스는 콘스타티에룽겐을 패턴에 의해 지배되는 행동(pattern–governed behavior)인 '작용(act)'으로 본다. 패턴 지배 행동은 개인이 의도적으로 규칙을 따르지 않더라도 행동이 일정한 패턴을 나타내는 경우를 말한다. 패턴 지배 행동은 그러나 인과적으로 작동하는 온도계와는 전혀 다른 수준이다. 이것은 의도적이거나 자발적이 아닐 수 있지만 사회적 맥락 속에서 올바른지 아닌지의 평가를 받으며, 그 평가 기준에 암묵적으로 부합하도록 형성된/훈련된 규범적 행동이다. 다른 말로, 셀러스는 관찰 진술이 '해야 함(ought to do, 규범)'의 '규칙'이 적용되는 행위가 아니라, '이어야 함(ought to be, 올바름)'의 '규칙'이 적용되는 '작용'으로 본다.

받아들이고 일률성uniformity을 보여준다는 단순한 생각과 구분할 수 없을 정도로 약화시키지 — 이 경우, 번개–천둥의 순서도 "규칙을 따르는 것"이 됨 — 않는다면, 이 행위가 일어나는 것에 기여하는 것은 해당 상황이 특정한 종류라는 단순한 사실이 아니라, 이 상황이 특정한 종류라는 것에 대한 지식 또는 믿음이라는 것이다.

34. 이 논평들이 비추는 빛 속에서 다음의 사실들이 분명해진다: 관찰 보고가 행위로 해석된다면, 그 올바름이 행위의 올바름으로 해석된다면, 그리고 관찰 보고의 권위가 관찰을 수행하는 것이 이 표현의 올바른 의미에서 "규칙을 따르는 것"이라는 사실에 근거한다고 간주된다면, 그렇다면 우리는 가장 분명한 형태의 주어짐givenness과 직면하게 된다. 왜냐하면, 이 규정들은 각자로 하여금 **보고**Konstatierungen의 권위가 비언어적 자각의 에피소드, 즉 무언가가 그러하다, 예를 들어, 이것이 **초록색**이다는 자각에 기초한다는 아이디어를 채택하도록 하기 때문이다. 이 비언어적 에피소드 들은 올바르게 수행된 언어적 행위(**콘스타티에룽겐**)가 "표현"하는 내재적 권위를 가진다(말하자면 그들은 '자기 입증적self-authenticating'이다). 각자는 권위 있는 비언어적 에피소드("자각")의 층위가 있음을 인정한다. 그 층위 의 권위는 언어적 행위 속에 등장하는 표현들이 적절하게 사용될 경우, 언어적 행위라는 상부 구조에 귀속되는 그런 권위이다. 이러한 자기 입증적 에피소드들은, 경험적 지식의 대 건물이 기초하고 있는 코끼리가 서 있는 거북이를 구성하게 될 것이다.[10] 이러한 견해의 본질은, 내재적 권위를

---

10   [옮긴이] 인도 우주론 신화에서는 거대한 거북이 위에 코끼리들이 서 있고, 그 코끼리들의 등에 세상이 놓여 있다고 한다(https://en.wikipedia.org/wiki/World_Turtle). 셀러스는 이에 빗대어 "경험적 지식의 대 건물"(세상)이 "코끼리"(언어적 구조) 위에 놓여 있고, 그 코끼리를 받치는 "거북이"(자기 입증적 자각)가 그 아래에 있다고 말한다.

가지는 에피소드가 어떤 감각 내용이 초록색이라는 자각과 같은 항목이든 어떤 물리적 대상이 자신에게 초록색으로 보이는 자각과 같은 항목이든 관계없이 동일하다.[11]

35. 그러나 대안[12]은 무엇인가? 우리는 다음과 같은 방식으로 시작해 볼 수 있다: 초록색 물체가 있는 상황에서 발생하는 "이것은 초록색이다"라는 명시적 또는 암묵적 토큰은, 이 토큰이 특정 맥락에서 "이것은 초록색이다"라는 명시적 또는 암묵적 토큰들을 생산하려는 경향의 발현a manifestation of a tendency to produce일 때, 오직 그러할 때만, 콘스타티에룽겐이며, 관찰적 지식을 표현한다. 그리고 이 토큰들을 생산하려는 경향의 발현은 표준 조건하에서 초록색 물체를 바라보고 있을 때, 오직 그러할 때만 일어난다. 분명히 이 해석에 따르면, "이것은 초록색이다"라는 토큰들의 발생은 그것들이 어떤 일률성의 사례라는 의미에서만 "규칙을 따르는 것"이다. 이 일률성은 언어 사용자의 습득된 인과적 특성이라는 점에서만 번개-천둥의

---

11   [옮긴이] 셀러스는 32~34절에서 물리적 물체에 대한 관찰 진술에 권위를 부여하려는 전통적 경험론의 시도가 관찰 진술의 권위가 자기 입증적 비언어적 자각 에피소드 층위로부터 유도된다고 생각하는, 가장 분명한 형태의 주어짐(givenness)의 신화에 빠진다고 결론짓는다. 이 "기초 관찰 문장" 주의는 내재적 권위를 가지는 에피소드를, 예를 들어 관찰 보고의 권위를 어떤 감각 내용이 초록색이라는 자각에 두는 감각 자료 이론과 본질적으로 다르지 않다고 본다.

12   [옮긴이] 셀러스는 32~34절에서 관찰 진술에 권위를 부여하려는 전통적 경험론의 시도가 결국 권위가 자기 입증적 비언어적 자각 에피소드 층위로부터 유도된다고 생각하는, 가장 분명한 형태의 주어짐의 신화에 빠지므로 35절에서 이에 대한 대안을 논한다. 그런데 나중에 논의되겠지만, 이 대안은 주어진 것의 신화를 피하려는 의도가 너무 강한 나머지 보고자를 '지식을 표현한다'라고 볼 수 없는, 주변 온도를 표시하는 장치인 온도계 수준으로 격하시키는 오류를 범한다. 그러나, 셀러스는 이 극단적인 '온도계 견해'를 주어짐의 신화에 빠지지 않고 관찰 보고를 설명할 수 있는 좋은 출발점으로 간주하여 이것이 결하고 있는 지식을 표현하기 위해 필요한 두 개의 조건(장애물)을 제시하는 창의적인 논의를 전개한다.

경우와 차이가 있을 뿐이다. 분명히 위의 제안은 프라이스 교수Professor Price가 비판한 "온도계 견해"와 일치하며, 우리가 이미 거부한 입장이다.[13] 그러나 이러한 견해를 내가 사용해 온 "관찰적 지식을 표현하는" 기준[14]에 맞게 수정할 수 없는지 살펴보자.

뛰어넘어야 할 첫 번째 장애물은, 내가 강조해 온 바와 같이, 지식을 표현한다고 말하기 위해서 문장 토큰이 반드시 가져야 하는 권위를 어떻게 확보할 것인가이다.[15] 이 온도계 견해에서는 보고의 권위를 구성한다고

---

13   [옮긴이] "온도계 견해"를 요약하여 기술하면 다음과 같은 가설의 형태로 쓸 수 있다: '이것은 초록색이다'라는 발화가, 표준 조건에서의 '녹색 물체'에 반응하는 일정한 경향의 발현이라면, 그리고 그 경향이 '녹색 물체가 있을 때마다 이런 발화가 나온다'라는 습득된 인과적 특성이라면, 그러한 발화는 관찰적 지식을 표현하는 보고라고 볼 수 있지 않을까?

14   [옮긴이] 셀러스가 이전에 "관찰적 지식을 표현하는" 기준을 말해 왔다고 하는데, 어디에서 말했는지 파악하기가 쉽지 않다. 그는 32~33절에 경험론에서 상정하는 특수한 층위의 지식을 비판하는 과정에서 "이 층위와 관련된 지식은 비추론적이지만, 결국에는 지식이다. 이 층위는 궁극적이지만, 동시에 권위를 지닌다. 이 두 가지 요구 사항에 대한 일관성 있는 그림을 구성하려는 시도는 전통적으로 다음과 같은 형태를 취해왔다"라고 말한다. 이 과정에서 여기저기 관찰적 지식을 표현하는 기준에 대해서 언급한다. 이 기준들은 경험론자의 입장에서 상정한 것이지만, 그 기준에는 셀러스가 동의하지 않는 기준도 있고 동의하는 기준도 있다. 그가 동의하는 기준을 요약하면 다음과 같다. (1) 첫 번째는 진술의 권위에 대한 것이다(32절). "이 층위에 속하는 진술들이 '지식을 표현'하기 위해서는 단순히 진술되는 것만으로는 충분하지 않으며, 그것이 진술될 가치가 있어야 한다. 즉, 신빙성을 인정할 만한 자격이 있다는 의미에서 신뢰할 만해야 한다. 또한, 중요한 점은 이 진술들이 이 신빙성을 내포하는 방식으로 이루어져야 한다는 것이다. 왜냐하면, 진술을 하는 것과 그 권위 사이에 아무런 연결이 없다면, 그 선언은 확신을 표현할 수는 있지만, 지식을 표현한다고는 말할 수 없기 때문이다." (2) 두 번째는 그 권위를 보고자가 인지하고 있어야 한다는 것이다(33절). "규칙을 따른다'라는 표현을 진지하게 받아들이고 일률성을 보여준다는 단순한 생각과 구분할 수 없을 정도로 약화시키지 ― 이 경우, 번개―천둥의 순서도 "규칙을 따르는 것"이 됨 ― 않는다면, 이 행위가 일어나는 것에 기여하는 것은 해당 상황이 특정한 종류라는 단순한 사실이 아니라, 이 상황이 특정한 종류라는 것에 대한 지식 또는 믿음이라는 것이다.

15   [옮긴이] 여기서 셀러스는 온도계 관점이 관찰 보고가 어떻게 "관찰적 지식을 표현하는가"를 설명하기 위해서는 두 가지 장애물을 넘어야 한다고 한다.

그나마 생각해 볼 수 있는 것은 오직 누군가가 "이것은 초록색이다"라는 보고를 했다는 사실로부터 초록색 물체의 존재를 추론할 수 있다는 사실뿐이다.[16] 우리가 이미 확인한 것과 같이, 보고의 올바름correctness이 행위의 옳음rightness으로 해석될 필요는 없다. 보고는 주어진 언어 공동체가 승인하고 지지하는 것이 타당한 행동 방식moce of behavior의 한 예가 됨으로써 올바를 수 있다.[17]

---

16   [옮긴이] 본 문단의 논증은 다음과 같다: 원래의 단순한 온도계 견해가 말하는 '징후(symptom)/신호(sign)'에 기반한 추론은 그 자체로는 많이 부족하지만, 그 아이디어 자체는 버리지 말고, 두 가지 조건(권위+그 권위의 인지)을 추가하여 온도계 견해를 살려보자. 셀러스는 "온도계 견해"가 제공할 수 있는 관찰 보고의 "권위"에 대해서 다음과 같이 말한다. "Clearly, on this account the only thing that can remotely be supposed to constitute such authority is the fact that one can infer the presence of a green object from the fact that someone makes this report." 본 번역에서는 "The only thing that can remotely be"는 다음의 예문과 같은 일상적인 문장들에서 이 표현이 쓰이는 것과 같은 방식으로 해석했다. "The only thing that can remotely explain his behavior is stress". 이 문장은 "그의 행동을 설명해 줄 수 있는 유일한 이유는 스트레스 정도밖에 없다"라고 옮길 수 있다. 본문의 문장 "the only thing that can remotely be supposed to constitute such authority"도 온도계 견해를 최대한 좋게 봐줘도, 보고의 권위를 구성한다고 할 만한 것은 '이 보고로부터 녹색 대상의 존재를 추론할 수 있다'라는 추론 가능성(inferability) 정도밖에 없다는 의미이다. 이것은 보고로부터 녹색 대상의 존재를 추론하는 것이 보고의 권위를 구성하는 데 빈약하다는 것을 암시한다. 추론 가능성은 35절 서두에 바로 앞에서 정의된 '이것은 초록색이다'라는 토큰은 표준 조건하에서 초록색 물체를 바라보고 있을 때 발현되는 경향의 산물이다'라는 온도계식 설명에 근거한다. 이어지는 문장에서 셀러스는 보고의 올바름을 공동체의 규범적 승인에 의해 이해할 수 있다고 말함으로써, 이러한 '보고→대상' 추론이 단순한 인과적 연상 이상으로, 해당 언어 공동체 안에서 권위를 지닌(신뢰할 수 있는) 징후 관계로 승인되어야 한다고 암시한다. 이러한 전제 위에서야 비로소, 그는 두 번째 허들에서 '보고자가 그 권위를 인지해야 한다'라는 조건을 적용할 수 있게 된다.

17   [옮긴이] 셀러스는 보고의 "올바름"이 "[의도적] 행위의 옳음"과 동일하게 이해될 필요가 없다고 한다. 이 말을 하는 이유는 그렇게 되면, 34절 서두에서 말했듯이, 보고의 권위가 자기 입증적 자각의 권위에 기초하게 되어 주어진 것의 신화에 빠지기 때문이다. 대신 셀러스는 보고는 언어 공동체가 승인하고 지지 하는 일반적인 행동 양식(general mode of behaviour)의 사례가 됨으로써 올바를 수 있다고 본다. 즉, 보고의 올바름에 대한

그러나 두 번째 장애물이 결정적이다. 우리는 지식의 표현이 되기 위해서는 보고가 단순히 권위를 가져야 하는 것뿐 아니라, 그 권위가 어떤 의미에서 보고하는 사람에 의해 인지되어야 한다는 것을 보았기 때문이다. 이것은 진정 매우 높은 장애물이다. 왜냐하면 "이것은 초록색이다"라는 보고의 권위가 관찰자와 적절히 연관된 조건에서 해당 보고의 발생으로부터 초록색 물체의 존재가 추론될 수 있다는 사실에 있다면,[18] 이 추론을 수행할 수 있는 사람, 따라서 단순히 **초록색**이라는 개념뿐만 아니라 "이것은 초록색이다"라는 발화의 개념, 나아가 지각 조건들('표준 조건들'이라고 올바르게 불릴 수 있는 조건들)에 대한 개념을 가지고 있는 사람만이 그 권위를 인지하여 "이것은 초록색이다"라는 토큰을 발화할 수 있기 때문이다. 다시 말해, "이것은 초록색이다"라는 콘스타티에룽겐이 "관찰적 지식"을 표현하기 위해서는 그 보고가 단순히 표준 조건에서 초록색 물체가 존재한다는 징후 또는 **표지**일 뿐만 아니라, 지각자가 "이것은 초록색이다"라는 토큰들

기준은 '해야 함(ought-to-do)'의 올바름이 아니라, '이어야 함(ought-to-be)'의 올바름(잠재성의 실현인 작용의 올바름)에 해당된다.

18 [옮긴이] 셀러스는 첫 번째 장애물 극복을 논하면서 온도계 견해 자체 내에서는 누군가 '이건 초록색이다'라고 말하는 것으로부터, '초록색 물체의 존재'를 추론할 수 있다는 사실이 보고의 권위를 구성한다고 보기 어렵다고 했다. 그런데 두 번째 장애물 극복을 논하는 과정에서는 "보고의 권위가 관찰자와 적절히 연관된 조건에서 해당 보고의 발생으로부터 초록색 물체의 존재가 추론될 수 있다는 사실에 있다면"이라는 조건절을 통해, 이 추론 가능성에 보고의 권위가 의존한다고 전제한 뒤 보고자가 이 권위를 인지해야 하는 추가 조건에 대해서 말하고 있다. 즉, 셀러스가 첫 번째 장애물을 논할 때 언급한 추론 가능성에 의한 권위의 기준을 그대로 사용하는 것이 아니라, 올바름이라는 규범적 개념을 추가하여 개념적으로 보완된 추론 가능성 개념을 사용하고 있다고 해석하는 것이 타당해 보인다. 다시 말하면, 조건절에 이를 즈음에서는 '보고에서 녹색 물체를 추론할 수 있는 사실'이 온도계 견해가 그 자체로 제공하는 보고의 권위에 대한 근거가 아니라, 공동체 규범에 의해 '권위를 갖는' 사실로 승인된 상태라고 전제해야 한다. 즉, 'X는 Y의 징후(symptom)'라는 형태의 아이디어 자체는 버리지 않고, 공동체의 규범, 표준 조건, 언어 사용 규칙을 끌어와서 인식적/논리적 징후 관계로 재규정한 것이다. 그래야 그 위에서 '권위의 인지(recognition of authority)'를 말할 수 있다.

이 시각적 인식의 표준 조건에서 초록색 물체의 존재에 대한 징후들임을 알고 있어야 한다.[19]

$36.$ 이제, 존스가 발화한 토큰이 관찰적 지식의 표현이 되기 전에, 존스가 이러한 유형의 겉으로 드러난 언어적 에피소드가 화자와 적절한 관계 속[예: 표준적 지각 조건하에서] 초록색 물체의 존재에 대한 신뢰할 수 있는 지표라는 사실을 알아야 한다는 아이디어에 명백히 말이 안 되는 무언가가 있다고 생각할 수 있다. 그러나 나는 그렇지 않다고 생각한다. 오히려, 나는 그것이 사실에 가까운 어떤 것이라고 생각한다. 그러나 지금 내가 강조하고 싶은 요점은, 만약 이것이 참이라면, 단순한 논리의 귀결로서, 어떤any 사실이라도 이에 대한 관찰적 지식을 가질 수 있으려면, 반드시 많은 다른 것들도 알아야 한다는 점이다. 그리고 이 문제는 방법을 아는 것knowing how과 사실을 아는 것knowing that을 구분하고, 관찰적 지식이 많은 "노하우"를 필요로 한다는 것을 인정하는 것으로 해결되지 않음을 강조하고 싶다. 왜냐하면, 내 말의 핵심은 바로, 예를 들어, 이것이 초록색이라는, 특정한 사실에 대한 관찰적 지식은 X는 Y의 신뢰할 수 있는 징후이다라는 형식의 일반적 사실을 알고 있다는 것을 전제한다는 것이다.[20] 이를 인정하는 것은, 관찰적 지식이 "자기 자신의 발로 서 있다"는 전통적 경험주의적 아이디어를 포기해야 함을 의미한다. 사실, 이 제안은 전통적 경험주의자들에게는 저주받은 것anathema이 될 것이다. 왜냐하면 관찰적 지식이 X는

---

19   [옮긴이] 여기서 "토큰들"과 "징후들"이 복수로 표현된 것은 이것이 일반적인 사실이라는 것을 암시한다.

20   [옮긴이] 35절에서 셀러스는 "'이것은 초록색이다'라는 토큰들이 시각적 인식의 표준 조건에서 초록색 물체의 존재에 대한 징후들이다"라는 문장을 쓰고 있는데, 이를 "X는 Y의 신뢰할 수 있는 징후이다라는 형식의 일반적 사실이다"에 대입하면, $X=$"이것은 초록색이다'라는 토큰들, $Y=$시각적 인식의 표준 조건에서 초록색 물체의 존재가 된다.

Y의 신뢰할 수 있는 징후이다라는 형식의 일반적 사실을 전제하게 만듦으로써 우리가 그러한 일반적 사실을 알게 되는 것은 오직 여러 개별적 사실을 관찰적으로 알고 난 이후에야 가능하다는 전통적 경험주의의 입장과 상충되기 때문이다.

그리고 우리가 검토하고 있는 견해에 명백한 무한 퇴행infinite regress이 존재한다고 생각할 수도 있다.[21] 즉, 이것은 시간 t에서의 관찰적 지식이 X는 Y의 신뢰할 수 있는 징후이다라는 형식의 지식을 전제하며, 이는 이전의 관찰적 지식을 전제하고, 이는 X는 Y의 신뢰할 수 있는 징후이다라는 형식의 다른 지식을 전제하며, 이는 또다시 이전의 관찰적 지식을 전제하는 식으로 무한히 이어진다고 말하는 것이 아닌가? 그러나 이 비판은 존스가 p를 안다고 할 때, 존스에 대해서 말하는 것이 무엇인지에 대한 지나치게 단순화된, 아니 근본적으로 잘못된 이해에 기초하고 있다. 내가 지적하는 잘못은 단순히 이 반론이 아는 것knowings을 하나의 에피소드라고 가정한다는 것이 아니다.[22] 왜냐하면, 분명 우리가 올바르게 지식이라고 특징지을 수 있는 에피소드, 특히, 관찰observings이 존재하기 때문이다. 본질적인 요점은, 어떤

━━━━

21   [옮긴이] "이것은 빨갛다"라는 관찰 보고를 하기 위해서는 'X는 Y에 대한 신뢰할 만한 징후이다'라는 일반적인 진술이 전제되어야 한다고 말할 때, 이 지식에 대한 정의가 끝없는 사전 지식의 사슬인, 즉 "무한 퇴행"을 내포한다고 생각할 수 있다. 이 일반적인 진술은 개별적인 관찰 보고들로부터 귀납적으로 유도되기 때문에 관찰 보고가 일반적인 진술을 전제한다는 것은 순환적인 논리이기 때문이다. 그러나 셀러스는 여기서 순환적인 논리를 떠올리는 것은 지식이 무엇인지에 대한 잘못된 관념 때문이라고 한다. 셀러스의 독특한 관점에 따르면, 그 잘못은 근본적으로 앎을 합리적 정당화의 문제로 보지 않고 단순히 특정 시점, 특정 공간에서 일어나는 경험적인 서술의 문제라고 생각하는 데 있다.

22   [옮긴이] 이 말은 '지식을 에피소드라고' 간주하는 것 자체는 문제가 없다는 뜻이다. 관찰(observings)이 그런 지식이기 때문이다. 그러나 이 반론의 입장이 앎을 단순하게 이해하여, 관찰 진술을 경험의 서술로만 생각하고 이것을 이유의 공간에 배치해야 지식이 될 수 있다는 생각을 하지 못한다고 비판한다.

에피소드나 상태를 앎knowing의 에피소드나 상태로 특징지을 때, 우리는 그 에피소드나 상태에 대한 경험적 서술을 하는 것이 아니라, 그것을 이유들의 논리적 공간logical space of reasons에, 즉 각자가 말하는 것을 정당화하고 정당화할 수 있는 공간에 위치시키는 것이다.[23]

37. 따라서, 내가 옹호하는 입장이 요구하는 것은, S에 대해서 그가 X는 Y의 신뢰할 수 있는 징후이다라는 형식의 적절한 사실, 즉, (다시 말하자면, 나는 단순화시켜 말하고 있다) "이것은 초록색이다"라는 발화가 표준적인 지각 조건에서 초록색 물체의 존재에 대한 신뢰할 수 있는 지표라는

---

23   [옮긴이] "어떤 에피소드나 상태를 이유들의 논리적 공간에, 즉 각자가 말하는 것을 정당화하고 정당화할 수 있는 공간에 위치시킨다"라는 것은 진술들을 정당화 관계의 망 안에 놓는 것을 말한다. 정당화는 진술할 때 수행할 수도 있고 안 할 수도 있지만, 이를 수행할 수 있어야 한다. 진술들을 정당화 관계의 망 안에 놓는 것은 진술들을 그들의 의존 관계 속에 두는 것을 의미한다. 셀러스는 38절에서 진술들의 의존 관계를 두 가지 차원으로 구분하며, 이를 첫 번째 논리적 차원과 두 번째 논리적 차원이라고 부른다. 첫 번째 차원은 수평적 차원(X축), 두 번째 차원을 수직적 차원(Y축)이라고 비유적으로 말할 수 있다. 첫 번째 논리적 차원은 일반 진술이 관찰적 진술에 의존하는 관계를 말하고, 두 번째 논리적 차원은 관찰 보고와 이를 애초에 가능하게 하는 전제 조건들 간의 의존 관계를 말한다. 이 두 의존 관계는 같은 종류가 아니다. 셀러스는 32절에 서두에 다른 사실에 대한 지식을 논리적으로 전제하는 지식이라도 반드시 추론적일 필요는 없다고 하면서 '지식이 전제를 가지고 있다' → '추론에 의해 획득된 지식'이라는 공식을 거부한다. 셀러스는 구체적으로 35절에서 관찰 보고가 지식을 표현하기 위해서 넘어야 할 두 개의 장애물을 논했는데 그 장애물(조건)이 관찰 보고를 가능하게 하는 전제 조건인 셈이다. 그 조건은 '이것은 초록색이다'라는 보고가 권위를 가져야 한다는 것과 보고자가 이 권위를 인지하고 있어야 한다는 것이다. '이것은 초록색이다'라는 보고의 권위는 관찰자와 적절히 연관된 조건에서 해당 보고의 발생으로부터 초록색 물체의 존재가 추론될 수 있다는 사실에 있다. 그리고 이 보고의 권위를 보고자가 인지해야 하므로 오직 이 추론을 수행할 수 있는 사람, 즉 초록색이라는 개념뿐만 아니라 '이것은 초록색이다'라는 발화의 개념, 그리고 지각 조건들에 대한 개념을 가지고 있는 사람만이 그 권위를 인지하여 '이것은 초록색이다'라는 토큰을 발화할 수 있다. 두 번째 논리적 차원은 보고자가 진정한 의미의 관찰 보고를 할 수 있는 자격에 관한 것이다. 이것은 경험론자들이 놓친 차원이다.

사실을 **지금** 알고 있다고 말하는 것이 올바르지 않으면, *S*가 지금 "이것은 초록색이다"라고 말하는 어떤 토큰(발화)도 "관찰 지식을 표현하는 것"으로 간주될 수 없다는 것이다. 그리고 존스에 대한 이러한 진술이 올바르기 위해서는 존스가 이 발화가 신뢰할 수 있는 지표라는 것을 입증하기 위해 과거의 특정한 사실들을 증거로 제시할 수 있어야 한다. 그러나 이는 단지 존스가 그 특정한 사실들이 성립했다는 것을 **지금** 알고 있다고, 다시 말해, 기억하고 있다고 말하는 것이 옳다는 것만 요구할 뿐이다. 그 특정한 사실들이 성립했을 당시 존스가 그것들이 성립한다는 것을 알고 있었다고 말하는 것이 옳아야 한다는 것까지 요구하지 않는다.[24] 따라서 무한 퇴행의 문제가 사라진다.[25]

따라서, 존스가 오늘 귀납적 이유를 제시할 수 있는 능력은, 지각적 상황에서 언어적 습관을 습득하고 표현해 온 오랜 역사, 그리고, 특히 "이것은 초록색이다"와 같은 언어적 에피소드의 발생에 기반하고 있다. 그러나 이 에피소드는 나중에 관찰적 지식을 표현한다고 적절하게 말할 수 있는 에피소드와 피상적으로만 유사하며, 과거 시점의 에피소드가 지식을 표현하는 에피소드로 특징지을 수 있어야 한다는 것을 요구하지 않는다. (이 지점에서, 독자는 위의 19절을 다시 읽어보아야 할 것이다.[26])

---

24   [1963년 판에 추가된 각주, 옮긴이] 내 생각은, 각자는 과거의 사실을 그것이 존재했던 당시에 개념화하지 않았거나 심지어 (본문에서 상정된 가상의 시나리오에서처럼) 개념화 할 수 없었지만, 지금은 그 사실에 대해 직접적인 (비추론적) 지식을 가질 수 있다는 것이었다.

25   [옮긴이] 에피소드나 상태를 경험적으로 서술하다 보면 자연스럽게 이들 간의 시간 관계와 인과 관계를 따지면서 기술하게 된다. 그러나 이들을 이유의 공간에 배치하면, 이들 간의 시간 관계와 인과 관계보다는 이들 간의 논리적 정당화 관계에 관심을 가지게 된다. 에피소드들과 상태들의 이 논리적 정당화 관계는 시간을 따라 성립하는 것이 아니라, 동시에 성립하는 것이다. 따라서 인과 관계의 무한 사슬에 빠지지 않게 된다.

26   [옮긴이] 셀러스가 돌아가서 참고하라는 19절에 따르면, 어떤 개념을 습득하는 과정이

38. "엄밀하고 본래적 의미에서의 관찰"이란, 자기 입증적 비언어적 에피소드들로 이루어져 있으며, 그 에피소드들이 지닌 권위가, 언어의 의미론적 규칙에 따라 이루어지는 언어적 또는 준언어적 수행으로 이전된다고 보는 아이디어는 '주어진 것의 신화'의 핵심을 이룬다. 왜냐하면 전통적인 인식론에서 주어진 것이란 바로 이 자기 입증적인 에피소드에 의해 취해진 것이기 때문이다. 이 '취함'은 말하자면, 경험적 지식의 '부동의 동자unmoved movers'이며, 모든 다른 지식 — 일반적 진리에 대한 지식과 특정 다른 사실들에 대한 '비대면시의' 지식 — 이 전제하는 '대면시의 앎'이다. 이것이 전통적 경험주의가 지각적으로 주어진 것이 경험적 지식의 토대라는 특징적 주장을 하는 개념틀이다.

그러나 내가 이 개념틀을 거부한다면, 그것은 내가 관찰이 내적 에피소드라는 것, 또는 엄밀하게 말해 관찰이 비언어적인 에피소드라는 것을 부정해야 되기 때문이 아니다. 내가 주장하려는 바는, 이 에피소드들이 비언어적이다라고 할 때의 의미 — 이것은 또한 생각 에피소드들이 비언어적이라고 할 때의 의미이기도 하다 — 는 인식론적 '즈어짐'에 어떤 도움이나 위로도 줄 수 없는 의미이다. 본고의 마지막 절들에서 나는 내적 에피소드의 논리를 규명하고, 관찰과 사고 그리고 이들의 언어적 표현을 전통적 이원론

다양한 조건에서 다양한 물체에 대한 반응 습관을 조금씩 습득하는 오랜 역사를 포함하지만, 공간과 시간 속에 있는 물체의 관찰 가능한 속성들에 관한 모든 개념들, 그리고 그 외에도 훨씬 더 많은 개념을 가지지 않으면 공간과 시간 속에 있는 물체의 관찰 가능한 속성들에 관한 어떤 개념도, 중요한 의미에서 가질 수 없다. 즉, 19절은 이러한 과정과 전제 조건들이 "개념의 획득"에 필요하다고 했는데, 현재 37절에서는 이런 것들이 "지식을 표현"하는 데 필요하다고 한다. 개념의 획득은 보통 단어 수준의 개념을 획득하는 것을 말하고 지식의 표현(획득)은 최소한 문장 수준의 지식을 표현(획득)하는 것이라고 생각하지만, 단어의 개념이라는 것이 결국 문장 수준에서 정의되고 이해되는 것이기 때문에 이 둘은 결국 같은 것을 다른 식으로 표현한 것이라고 볼 수 있다.

의 오류를 범하지 않고 구분할 수 있다는 것을 보여주려고 한다. 또한 나는 인상 또는 직접적 경험의 논리적 지위를 규명하여, 본 논의가 시작한 탐구를 성공적인 결론으로 이끌고자 한다.

이 작업을 시작하기 전에 마지막으로 한 가지 언급하고 싶다. 내가 전통적 경험주의의 틀을 거부한다면, 그것은 경험적 지식이 아무런 토대가 없다고 말하고 싶기 때문이 아니다. 왜냐하면, 경험적 지식을 그렇게 표현하는 것은 이 지식이 "소위 경험적 지식empirical knowledge so-called"에 불과하며, 그것을 소문이나 속임수의 상자 안에 집어넣는 것이기 때문이다. 분명히, 인간 지식이 한 층위의 명제들, 즉 관찰 보고들에 의존한다는 그림은 일리가 있다. 즉 이 층위의 명제들은 다른 명제들이 이들 명제에 의존하는 방식으로 다른 명제들에 의존하지 않는다.[27] 반면, 나는 "토대"라는 은유가 다음 사실을 보지 못하게 함으로써 오해를 불러일으킨다고 주장하고 싶다: 다른 경험적 명제들이 관찰 보고들에 의존하는 논리적 차원이 있다면, 후자[관찰 보고들]가 전자[다른 경험적 명제들]에 의존하는 다른 논리적 차원이 있다.[28]

---

27 [옮긴이] 여기서 셀러스가 다른 명제들이 관찰 보고들에 의존하는 방식과 관찰 보고가 다른 명제들에 의존하는 방식이 다르다고 할 때, 그것이 어떻게 다른지는 말하지 않는다. 그것은 같은 VIII장의 32절 초반부에 간접적으로 언급되어 있다. 거기서 모든 사실 주장이 비추론적 지식(관찰 보고들)에서 추론되며, 비추론적 지식은 다른 지식을 전제한다고 암시한다. 전자는 잘 알려진 전통적인 경험주의의 주장이며, 후자는 전통적인 경험주의에서는 허용할 수 없는 주장이다. 이 "추론(inference)"과 "전제(presupposition)"가 여기서 말하는 서로 다른 "의존" 방식이다.

28 [옮긴이] 다른 명제들이 관찰 보고들에 의존하는 방식이 관찰 보고들이 다른 명제들에 의존하는 방식과 다르다. 이 명제는 앞에서 "각자가 말하는 것을 정당화하고 정당화할 수 있는 이유들의 논리적 공간에 위치시킨다"라는 문장과 연결하여 이해해야 한다. 일단 일반 지식을 관찰 지식/보고로부터 추론적으로 정당화하는 것은 잘 이해되는 사실이다. 관건은 관찰 지식의 정당화를 어떻게 볼 것인가이다. 이와 관련하여 본문을 해석할 때 주의해야 할 것이 있다. 셀러스는 앞에서는 다른 지식을 전제하는 관찰 보고는 추론적이지 않다고 말하고, 뒤에서는 보고에는 권위, 즉, '보고 → 대상 존재'로

무엇보다도, 이 그림은 그 정적인 성격 때문에 오해를 불러일으킨다. 우리는 거대한 코끼리가 거북이 위에 서 있는 그림(거북이는 무엇이 지탱하

가는 추론 가능성이 있어야 하며, 보고자가 그 권위를 인지하고 있어야 한다고 말하기 때문이다. 그런데 보고자가 이 추론 가능성을 알고 있다는 것은 관찰 보고 자체를 가능하게 하는 조건이며, 관찰 보고가 이 추론 가능성을 명시적으로 사용하여 생성되는 것은 아니다. 그런 점에서 관찰 보고는 비추론적이다. 그러나 관찰 보고와 그 전제 조건은 여전히 말한 것을 정당화하고 정당화할 수 있는 이유들의 논리적 공간 안에 위치한다. "이건 초록이야"라는 관찰 보고가 지식을 표현하려면, 다음의 배경지식이 사실이고, 즉 보고가 권위를 가져야 하고, 보고자는 그것을 알고 있어야 한다: (a) 지금 조명은 표준적이다; (b) 나는 눈이 멀쩡하다; (c) 이런 조명/거리에서 이런 색깔을 우리는 '초록'이라 부르도록 훈련받았다; (d) 이런 조건에서 '초록'이라고 보고하는 것은 실제 초록 물체의 신뢰할 만한 징후이다. 이 네 가지는 두 번째 논리적 차원 (전제/자격의 차원)에 속한다. 이들은 내가 보고할 때마다 머릿속에서 일일이 생각하는 건 아니지만, 관찰 보고가 지식으로 성립하려면 '이미 그렇게 되어 있어야 하는' 규범이자 전제들이다. 이때 이 네 가지는 그냥 '물리적 배경 사실'이 아니라, '이럴 때 '초록'이라고 말해도 좋다', '이런 보고는 색 사실을 말하는 데에 적합하다'는 식의 규범, 자격 조건을 이룬다. 바로 이런 의미에서 관찰 보고를 이유들의 공간에 위치시킨다고 말할 수 있다. 그런데 만약 누가 '왜 이걸 '초록'이라고 해?'라고 물으면, 나는 이렇게 말할 수 있다: '아니, 여기 조명은 자연광이고[(a)], 내 시력도 정상이고[(b)], 나는 이런 상황에서 이렇게 보이는 걸 '초록'이라고 하도록 배웠고[(c)], 이런 경우엔 '초록'이라고 하는 게 맞다는 걸 알고 있어[(d)]. 그래서 '이건 초록'이라고 갈하는 게 옳아.' 여기서 (a)~(d)는 그대로 등장하지만, 이번에는 '배경/자격 조건'이 아니라, 앞으로 끌려 나온 이유들이다. 즉, 조건들의 내용은 같다(표준 조명, 정상 시각 개념 숙련, 징후성 등). 그러나 역할은 다르다. 처음에는 보고가 가능하고 권위 있게 될 수 있는 전제/자격으로 작동하지만, 나중에는 '왜 그렇게 말하냐'라고 물을 때 거내는 정당화의 근거로 작동한다. 다시 말하면, 관찰 보고에 대해서 동일한 사실들이 한번은 두 번째 논리적 차원(수직적 차원, Y축)에서 관찰 보고의 '자격/전제 조건'으로 사용되고, 또 한번은 동일한 차원(수직적 차원, Y축)에서 '정당화 근거/추론의 전제'로 사용될 수 있다. 관찰 보고의 정당화는 발화 당시 일어나는 것이 아니고 대부분 사후에 '한 단계 위'에서 일어난다. 관찰 보고의 주장에 대한 이 정당화 추론은 일반 지식을 관찰 보고로부터 추론하여 정당화하는 것과는 차원이 다르다. 셀러스가 말하는 '이유들의 공간'은 내가 명시적으로 하는 논증만 일어나는 곳은 아니다. '이유들의 공간'은 그보다 넓게, 어떤 발화를 할 때 내가 이미 어떤 것들을 전제하고 있는지, 그 발화가 어떤 정당화·비판의 흐름들 안에 놓여 있는지, 그 발화를 하면 어떤 질문과 도전이 의미 있게 제기될 수 있는지 등을 말할 수 있는 전체 구조이다.

는가?)과, 자신의 꼬리를 문 거대한 헤겔적 지식의 뱀(지식은 어디에서 시작하는가?)이라는 두 가지 그림 중 하나를 선택하도록 강요받는 것처럼 보인다. 그러나 이 둘 다 적절하지 않다. 왜냐하면 경험적 지식은, 그리고 그 정교한 확장인 과학은, 토대를 가졌기 때문이 아니라, 모든 주장을 동시에 그렇게 하는 것은 아니지만, 어떤 주장도 의심에 부칠 수 있는 자기 교정적인 self–correcting 탐구이기 때문에 합리적이다.

IX. 과학과 언어의 일상적 사용[1]

39. 철학의 정원에는 이상하고 이국적인 식물들이 많이 자란다: 인식론, 존재론, 우주론 등을 예로 들 수 있다. 그리고 분명히 이러한 명칭들은 ─ 운율이나 논리에 있어 ─ 말이 된다. 그러나 나의 목적은 철학들과 철학적인 것들의 분류에 대해 비판을 가하려는 것이 아니라, 철학적 동식물군 philosophical flora and fauna에 최근 추가된 것, 즉 과학 철학에 주목하는 것이다. 또한 나는 이 새로운 전문 분야를 분류 체계 안에 위치시키려는 시도도

---

1   [옮긴이] 이 장은 "과학과 언어의 일상적 사용"의 관계와 대조를 다루고 있다. 제목에 쓰인 "Ordinary Usage"는 개념이나 언어의 일상적 사용을 뜻하는데, 개념은 언어로 표현되므로 "언어의 일상적 사용"이라는 번역으로 충분하다. 얼핏 보면, 이 주제가 본서의 중심 주제인 '주어진 것의 신화'를 지적하고 극복하는 것과는 관련이 없어 보인다. 그러나, 이것은 셀러스가, 본서의 다른 부분도 유사하지만, 이 장에서 탐정 소설처럼 결론을 드러내지 않고 지엽적으로 보이는 것으로부터 이야기를 전개하기 때문이다. 그러나 이 장을 찬찬히 읽으면 "과학"에 대한 태도와 관점에 따라서 '주어진 것의 신화'에 빠지느냐 아니냐가 결정된다는 것을 알 수 있다. 과학에 대한 실증주의적 개념(positivistic conception of science)이라고 부르는 아이디어, 즉 분자나 전자기장 등과 같은 이론적 개체들과 그들 간의 관계로 이뤄진 개념틀이, 말하자면 하나의 보조적(auxiliary) 개념틀이라는 아이디어를 채택하거나, 과학적 담론을 일상적 담론의 본토에서 갈라져 나온 일종의 '반도(半島)'처럼 분리되어 있는 담론 양식이라고 생각하는 것 자체가 일상인이 경험적 사실을 묘사하고 설명하는 데 사용하는 언어를 '주어짐'의 전제를 가지고 접근한 결과라는 것이다.

하지 않을 것이다. 그러나 내가 피력하고자 하는 요점은, 분류 체계는 그 목적이 아무리 이론적이라 할지라도, 실질적인 결과를 초래한다는 사실을 상기시킴으로써 전달될 수 있다는 것이다: 명목적 원인이, 말하자면, 실제적인 효과를 가진다. '과학 철학'과 같은 분야가 없었던 시기에는, 모든 철학도는 과학적 탐구의 방법론적 측면과 실질적 측면 모두에 때때로 적어도 한쪽 눈은 떼지 말아야 한다는 의무를 느꼈다. 그리고 그 결과가 종종 철학의 과제와 과학의 과제를 혼동하거나, 거의 동일하게 자주, 최신 과학적 추측의 개념틀을 상식적인 세계관에 투영하는 것이었다면(오늘날 공간과 시간 속의 물체들의 상식적 세계가 공간적 및 시간적으로, 혹은 심지어 시공간적으로 연관된 사건들로 분석될 수 있어야 한다는 거의 의심받지 않는 가정을 보라), 적어도 과학적 담론의 본질과 그 함의에 대한 성찰이 일반적 철학적 사고의 필수적이고 중요한 부분임을 분명히 하는 장점은 있었다. 그러나 이제 과학 철학이 명목적 존재뿐만 아니라 실질적 존재를 가지게 되면서, 이를 전문가들에게 맡기려는 유혹, 철학이 과학이 아니라는 타당한 생각을 철학은 과학과 독립적이라는 잘못된 생각과 혼동하려는 유혹이 생겨났다.

40. 담론을 하나의 지도로 간주하고, 그 지도를 하위 지도들이 나란히 놓인 형태로 이루어진 것으로 보고, 각 하위 지도는 담론의 전체 주제를 구성하는 여러 하위 영역을 나타낸다고 여겼을 때, 그리고 철학자의 과제를 정의의 의미에서 조각별 분석, 말하자면 "큰 것으로부터 작은 것으로 만드는" 작업으로 여겼을 때는 철학적 전문가들(형식 논리, 수리 논리, 지각, 도덕 철학 등 전문 분야)의 존재를 담담하게 바라볼 수 있었다. 왜냐하면, 담론이 위와 같이 구성되어 있다면, 각자 자기 정원을 울타리 쳐서 가꾸는 일에 무슨 문제가 있겠는가? 그러나 "철학은 분석이다"라는 구호가 끈질기게 지속되고 있음에도 불구하고, 우리는 이제 철학을 원자론적으로 파악하

는 사고방식이 함정이자 환상임을 깨닫고 있다. 왜냐하면 더 이상 "분석"이 용어를 정의하는 것을 뜻하지 않고, 담론의 논리적 구조—가장 넓은 의미에서—를 명확히 하는 것을 의미하고, 담론이 다른 평면에 평행한 하나의 평면으로 드러나는 것이 아니라, 교차하는 여러 차원의 뒤얽힘으로 드러나기 때문이다. 이 차원들은 서로 간에, 그리고 언어 외적인 사실과 맺는 관계들이 하나의, 또는 단순한 패턴을 따르지 않는다. 따라서 지각perception에 관심 있는 철학자가 "규범적 담론prescriptive discourse에 관심 있는 사람은 그것을 분석하고, 나는 편히 두어라"라고 말할 수 없게 되었다. 철학적으로 흥미로운 개념들은 전부는 아니라도 대부분은 복수의 담론 차원들과 얽혀 있다. 초기 분석 철학의 원자론적 태도는 오늘날 숙련공의 전술적 접근journeyman tatics[2]을 중시하는 현대적 경향 속에서 건전한 후계자를 얻었지만, 철학의 거대한 전략은 다시금 우주 속의 인간—모든 담론 속의 인간에 대한 담론discourse-about-man-ir-all-discourse에 관한 체계적이고 통합된 비전을 향해 나아가고 있으며, 이는 전통적으로 철학이 추구해 온 목표이기도 하다.

하지만 내가 여기서 특히 강조하고 싶은 교훈은, 더 이상 "과학적 담론에 관심 있는 사람은 과학적 담론을 분석하고, 일상적 담론에 관심 있는 사람은 일상적 담론을 분석하게 두자"라그 자만에 빠져 말할 수 없다는 점이다. 나를 오해하지 말기 바란다. 나는 일상적 담론의 논리, 곧 다중 차원적polydimensional 논리를 파악하기 위해 과학의 결과나 방법론을 반드시 활용해야 한다고 말하는 것이 아니다. 또한 일정 범위 내에서 이러한 분업이 숙련공 접근의 타당한 결과가 아니라는 말을 하려는 것도 아니다. 내가 강조하고자 하는 바는, 우리가 과학적 탐구scientific enterprise라 부르는

---

2   [옮긴이] 'journeyman'은 '하루'라는 뜻을 가진 'journee'라는 말에서 유래되어, 하루치 일을 하는 직공, 숙련공(장인 이전 단계)을 뜻하게 되었다.

것이 이미 역사가들이 "과학 이전 단계prescientific stage"라고 부르는 시기에 존재했던 담론의 한 차원이 꽃피운 형태이며,[3] 과학이라는 장場에서 "크게 발전된writ large"이 담론을 이해하지 못한다면, 그 담론이 "언어의 일상적 사용ordinary usage" 속에서 수행하는 역할을 제대로 인식하지 못하게 될 수 있으며, 자주 그래 왔다는 것이다. 그리고 그 결과로 가장 근본적이며 "가장 단순한" 경험적 용어들의 온전한 논리를 이해하는 데 실패하는 것으로 이어질 수 있으며, 자주 그래 왔다는 것이다.

41. 똑같이 중요한 다른 요점이 있다. 철학적 분석 그 자체의 절차는 과학의 방법이나 결과를 활용하지 않을 수도 있다. 그러나 과학적 생각의 경향에 대한 친숙함은 세계에 대한 상식적 그림을 구성하는 개념틀의 범주들framework categories을 평가appraisal하기 위해서는 필수적이다. 왜냐하면 앞선 단락들에서 전개된 사고가 타당하다면, 즉 과학적 담론이 인간 담론에 처음부터 존재해 온 담론의 한 차원을 계속 이어받은 것뿐이라면, 과학적 세계상이 어떤 의미에서 상식적 세계상을 교체replace할 것이라고 기대할 수 있으며, "무엇이 존재하는가"에 대한 과학적 설명이 어떤 의미에서 일상생활의 묘사적 존재론을 초월supersede할 것이라고 기대할 수 있기 때문이다.[4]

---

3 [옮긴이] 셀러스가 과학적 탐구가 "과학 이전 단계"부터 존재했던 담론의 한 차원이 만개한 형태라고 강조하여 말하는 것은 과학이 일상적 담론의 본토에서 분리되어 나온 반도적 담론이 아니라는 것을 말하고자 함이다. 또한 이것은 일상적 담론에서 사용하는 범주들이 도전 불가능한 본래성을 가지고 있는 것이 아니며, 진정으로 존재하는 것이 무엇인가는 결국 과학으로 밝혀낼 문제이며, 일상적 담론 속에 주어져 있는 것이 아니라는 것을 말하기 위함이다. 그렇게 생각하는 것은 바로 '주어진 것의 신화'에 빠지는 것이다. 즉, 셀러스가 철학자들이 과학과 과학 언어에 대해서 가지는 태도에 주목하는 것은 이들 스스로는 그렇게 생각하지 않을지 몰라도, 셀러스가 보기에는, 이 태도가 이들이 주어진 것의 신화에 빠지는가 아닌가를 결정하는 중요한 척도이기 때문이다.

여기서는 신중할 필요가 있다. 왜냐하면 이 점을 주장하는 데 옳은 방법과 틀린 방법이 있기 때문이다. 수년 전에는 예를 들어 과학이 물체는 사실 색을 갖고 있지 않다는 사실을 입증했다고 자신 있게 말하곤 했다. 그러나 그 후 다음과 같은 반박이 나왔다: 만약, 이것이 "물리적 물체가 색을 지닌다"라는 문장은 비록 상식적으로 널리 믿어졌지만, 과학에 의해 거짓임이 드러난 경험적 명제를 표현한다는 주장으로 해석된다면, 이 주장은 어불성설이다. 물체가 색을 지니지 않는다는 아이디어는, 공간 속에 위치하며 시간을 통해 지속하는 물체라는 개념틀 자체에 대한 철학적 비판의 한 측면을 표현(오해하기 쉬운 표현이지만)한 것이라고 할 때만 의미를 가질 수 있다. 간단히 말해, "물체는 실제로 색이 없다"라는 말은, 상식적 세계에서 말하는 색을 지닌 물체 같은 것은 없다는 아이디어에 대한 어색한 표현으로서만 의미를 지닌다. 이 진술은 "깃털이 없고 두 발로 걷는 비인간 동물은 없다"와 같은 상식적 개념틀 내부에서의 경험적 명제가 아니다. 오히려, 상식적 개념틀과 무관하지는 않지만 그것과 다른 범주들을 중심으로 새롭게 구성된 개념틀을 옹호하면서, 상식적 개념틀 자체를 (어떤 의미에서) 거부하는 표현으로 이해되어야 한다. 물론 이 거부가 꼭 실천적practical 거부여야 할 필요는 없다. 이를테면 기존 사람들을

---

4   [옮긴이] 과학적 세계상이 어떤 의미에서 상식적 세계상을 교체할 수 있고, '무엇이 존재하는가'에 대한 과학적 설명이 어떤 의미에서 일상생활의 묘사적 존재론을 초월할 수 있다는 생각은 셀러스 사상의 중요한 특징 중의 하나이다. 이것은 그가 비판하는 '주어진 것의 신화'와도 깊은 관련이 있다. 주어진 것의 신화는 일상 담론에서 상정하는 개체와 범주들이 언어 학습 이전에 주어져 있는 것이고, 언어 학습은 이들을 분류하고 지칭하는 역할을 한다고 생각한다. 그러나, 셀러스는 실제로 존재하는 개체와 범주들은 주어진 것이 아니라, 일상적 담론과 이것의 확장인 과학적 담론 속에서 추론되는 것이라고 주장한다. 따라서 과학적 세계상이 어떤 의미에서 상식적 세계상을 교체할 수 있고, '무엇이 존재하는가'에 대한 과학적 설명이 어떤 의미에서 일상생활의 묘사적 존재론을 초월할 수 있다는 것은 그의 '주어진 것의 신화'에 대한 비판과 밀접한 관계를 가진다.

세뇌하여 다른 식으로 말하게끔 하자는 제안을 수반할 필요는 없다. 그리고 물론 기존의 개념틀이 사용되는 한— 오직 그 개념틀에 대해 철학적 논점을 제기하는 경우를 제외하고는— 어떤 물체가 실제로는 색이 없다든지, 공간 안에 놓여 있지 않다든지, 시간을 통해 지속되지 않는다고 말하는 것은 올바르지 않을 것이다. 하지만 철학자의 입장에서 말하자면, 나는 시공간 안의 물체들로 이루어진 상식적 세계가 비실재적이라고— 즉, 그런 것은 존재하지 않는다고— 말할 준비가 충분히 되어 있다. 아니, 조금 덜 역설적으로 표현하자면, 세계를 묘사하고 설명하는 차원에서는 과학이 모든 것의 척도, 즉, "존재하는 것"에 대해 그렇다고 말하고of what is, that it is, "존재하지 않는 것"에 대해 그렇지 않다고 말하는of what is not, that it is not 척도라고 말할 준비가 되어 있다.[5]

43.[6] 일상생활에서 우리가 세계를 묘사하는 언어를 어떻게 학습하는지에 대한 반추는 이른바 상식적 세계관을 구성하는 범주들이 일종의 도전할

---

5 [옮긴이] "Science is measure of all, of what is that it is, and of what is not that it is not"(과학이 모든 것의 척도, 즉, "존재하는 것"에 대해 그렇다고 말하고, "존재하지 않는 것"에 대해 그렇지 않다고 말하는 척도이다). 이 말은 소크라테스 이전 철학자 중의 한 사람인 프로타고라스가 말했다는 다음의 문장과 구조가 같다: "Of all things the measure is man, of those that are, that/how they are, and of those that are not, that/how they are not"(모든 것에 대하여 사람이 척도이다; [사람이] ~인 것(그러한 것)에 대해서 그것이 ~이라(그러하다)는 [판단]의 척도이며, ~이 아닌 것(그러하지 않은 것)에 대해서 그것이 ~이 아니라(그러하지 않다)는 [판단]의 척도이다). 셀러스는 사람 대신 과학을 대입시켰다. 위의 말은 플라톤의 대화편 중의 하나인 *Theatetus*, section 152a에서도 프로타고라스의 말로 인용되고 있다. 헬라어 원문은 다음과 같다. πάντων τῶν χρημάτων (of all things) μέτρον ἐστὶν ἄνθρωπος (man is the measure), τῶν μὲν ὄντων (of those that are) ὡς ἔστιν (that/how they are), τῶν δὲ οὐκ ὄντων (of those that are not) ὡς οὐκ ἔστιν (that/how they are not). 위 원문에서 ὡς는 접속사인데, 영어의 that 접속사와 같은 뜻으로 많이 쓰이지만, how라는 뜻이 없는 것은 아니어서 that/how로 옮겼다.

6 [편집자] 셀러스의 논문 원본에 42절이 없음을 밝힌다.

수 없는 본래성authenticity을 가지고 있다는 결론에 이르게 된다는 인상이 널리 퍼져 있다. 물론 근본적인 범주적 개념틀fundamental categorial framework[7]이 무엇인지에 대해서는 여러 가지 다른 견해가 존재한다. 어떤 이들에게는 이것이 감각 내용 및 감각 내용들 사이의 현상적 관계들이고, 또 어떤 이들에게는 이것이 시공간 속 물체, 인격, 그리고 과정들일 것이다. 그러나 그들 사이의 견해 차이가 무엇이든 간에, 내가 염두에 두고 있는 철학자들은 한 가지 확신을 공유하고 있다. 즉, 우리의 근본적 서술 어휘fundamental descriptive vocabulary와 세계 사이에 존재한다고 여겨지는 '지시적 결속ostensive tie'에 근거하여 이 개념틀이 말하는 대상들이 실제로 존재하지 않는다는 생각이 전적으로 터무니없는 것이라고 단호히 배척한다.

이 확신의 필수 요소 중 하나가, 내가 (넓은 의미에서) 과학에 대한 실증주의적 개념positivistic conception of science이라고 부르는 아이디어, 즉 분자 나 전자기장 등과 같은 이론적 개체들과 그들 간의 관계로 이뤄진 개념틀이, 말하자면 하나의 보조적auxiliary 개념틀이라는 아이디어이다. 이것의 가장 직접적인 형태는 이론적 개체들과 그들에 관한 명제들이, 세계와 직접적·지 시적 고리를 가지는 용어들의 개념틀 안에서 형성된, 검증 가능한 일반화에 대해 이를 체계화하고 발견하는 역할을 하는 데 그 가치와 지위가 있는 "계산 도구calculational devices"라는 아이디어이다. 우리는 이 생각을 다음과 같이 표현할 수 있을 것이다: 이 철학자들에 따르면, 지시적으로 연결된 담론의 물체들은 마치 과학적 실체들과 연결된 것처럼, 오직 그런 것처럼 행동한다. 하지만 물론 이 철학자들은 서둘러 이렇게 말할 것이다(그렇게 말하는 것은 옳다).

7　[옮긴이] "근본적인 범주적 개념틀"은 세계의 이해를 규정하는 근본적 범주 구조에 대한 개념틀을 말한다. 우리의 일상적 세계 이해가 이미 범주적 구조를 갖고 있는데 이를 어떻게 이해할 것인지에 대한 개념틀을 말한다

X는 마치 이것이 Y′들로 구성된 것처럼 행동한다

는

X는 이것이 Y′들로 구성되어 있기 때문에 이것이 행동하는 바와 같이 행동한다

라는 표현과 대조를 통해서만 의미를 가진다. 그런데 그들이 주장하는 바는 바로 만약 Y′가 과학적 개체scientific entities일 경우, 그러한 대조가 말이 되지 않는다는 것이다.[8]

   내가 말하고자 하는 요점은 이렇다. 그것이 물리적 물체들에 관한 것이든, 감각 내용들에 관한 것이든, 그 학습 과정에 '지시적 단계'가 포함되어 있다는 이유로 그 절대적 본래성이 보장된다고 여겨지는 개념적 틀이 있다고 생각하는 한, 우리는 이론적 담론의 권위가 전적으로 파생적인 것이라고 믿는 유혹에 빠지게 된다는 것이다. 그리고 이후 절들의 주요 목적 중 하나는, 세계에 대한 과학적 그림의 지위를 이러한 방식으로 해석하는 것은 두 가지 오류에 근거한다는 것을 독자에게 납득시키는 것이다: (1) 이미 내가 지적한바, 언어 학습과 사용에서의 지시적 요소에 대한 오해 — 주어진 것의 신화[9]; (2) 이론적 담론과 비이론적 담론 사이의

---

8   [옮긴이] 이 문장의 뜻을 이해하기가 쉽지 않다. 셀러스에 따르면, '지시적으로 연결된 담론의 물체들은 마치 과학적 실체들과 연결된 것처럼 행동한다'라는 도구주의자들의 문장은 '지시적으로 연결된 담론의 물체들이 실제로 과학적 실체들과 연결되어 있으므로 그렇게 행동한다'를 전제해야 말이 되는 문장이다. 셀러스는 이들이 그런 전제 없이 이런 문장을 사용한다는 것을 비판하고 있다.

9   [옮긴이] 언어에 존재하는 지시적 요소(ostensive elements)는 물체와 사건을 지시하는

방법론적methodological 구분을, 이론적 존재와 비이론적 존재 사이의 실체적 substantive 구분으로 실체화reification하는 것.

44. 내가 지금까지 말한 내용을 요약하는 한 가지 방법은 과학 철학자들이 일상적 담론의 본토에서 갈라져 나온 일종의 '반도半島'처럼 분리되어 있는 담론의 한 양식을 다룬다는 인상이 널리 퍼져 있다고 말하는 것이다. 이것은, 개념 형성에 대한 순진한 해석에 의해 지원을 받고 촉진되었다. 과학적 담론을 연구하는 것은 이를 따라갈 수 있는 배경지식과 동기를 지닌 사람들에게는 충분히 가치 있는 일로 여겨지지만, 근본적으로는 본토에서 발생하는 난제들과 분리된 취기 활동처럼 간주된다. 하지만 물론 과학적 담론을 취미 활동으로 요약하는 것은 충분하지 않다. 왜냐하면, 모든 철학자들이, 현대 과학의 개념틀과 일상적 담론 간의 관계에 대해서 깊이 생각할 때 생겨나는 난제들을 해결하기 전까지는 어떤 철학도 완성될 수 없다는 것에 동의할 것이기 때문이다. 나가 강조하고 싶은 것은, 그러나, 어떤 철학자가 이것이 철학이 다뤄야 할 과제라는 아이디어를 거부한다는 것이 아니라, 일상인이 경험적 사실을 묘사하고 설명하는 데 사용하는 언어를 주어짐의 전제를 가지고 접근함으로써,[10] 그들은 내가 과학적 담론에 대한 실증주의적 혹은 반도주의적 개념화라고 부르는 생각 방식에 따라

표현을 말하는데, 보통 언어 이전에 이미 주어진 어떤 것을 지시(지칭)하는 데 사용된다고 이해된다. 이렇게 생각하는 것이 직관적으로 보이기는 하지만, 셀러스에 의하면 전형적인 주어진 것의 신화에 속한다.

10   [옮긴이] 일상인이 경험적 사실을 묘사하고 설명하는 데 사용하는 언어를 주어짐의 전제를 가지고 접근하는 것과 과학적 담론에 대한 실증주의적 혹은 반도적 개념이라고 부르는 방식이 매우 밀접한 관계를 가진다는 것은 셀러스의 독특한 관점이다. 셀러스가 비판하는 주류 관점에 따르면, 과학적 담론은 실제로 존재하는 것들을 밝혀내는 것이 아니고, 보조적인 역할, 즉, 이미 주어져 있고 존재하는 것을 체계적으로 설명하고 발견하는 것을 도와주는 역할을 한다.

이러한 난제들을 "해결"하려 하는데 이르게 된다는 것이다. 나는 이런 "해결" 방식이 피상적일 뿐 아니라 명백하게 잘못된 것이라고 믿는다.

X. 사적 에피소드: 문제[1]

45. 이제 다른 문제들의 논의에서 돌아와 원래 문제, 즉, 저기 있는 물체가 빨강이라는 것을 본다, 저기 있는 물체가 빨강으로 보인다(실제로는 그것이 빨간색이 아닌 경우), 그리고 저기 빨간 물체가 있는 것처럼 보인다(실제로는 저기에 아무것도 없을 때)라는 세 가지 경험 사이에 존재하는 유사성을 어떻게 이해해야 하는가 하는 문제를 다루어 보자. 우리가 보았듯이, 이 유사성의 일부는 세 경우 모두 저기 있는 물체가 빨갛다는 아이디어 — 원한다면 그 명제라고 부를 수 있음 — 가 관여되어 있다는 사실에 있다. 그러나 물론, [이 세 경험에는], 이 명제적 내용을 넘어, 많은 철학자가 인상impressions이나 직접적 경험immediate experience이라는 개념을 통해 규명하려고 했던 측면이 있다.

21절 이하에서 지적했듯, x는 단지 빨갛게 브인다는 형태의 사실들을

---

1 [옮긴이] 본 장은 분량이 매우 작은데 본서의 중심 문제인 생각과 인상을 포함하는 사적 에피소드의 지위를 어떻게 파악할 것인가에 대한 일종의 서론 역할을 한다. 지금까지 주어진 것의 신화의 다양한 형태와 이를 촉진하는 사고방식들을 분석한 것도 모두 이 문제를 해결하는 데 장애물을 제거하는 작업을 혀기 위한 것이다. 본 장이 다루는 주제는 '우리는 어떻게 어떤 것이 빨강이라는 것을 본다는 아이디어를 갖게 되었는가?', '우리는 어떻게 내적 에피소드가 존재한다는 것을 알게 되었는가?'이다.

설명하는 방식에는, 사물의 색, 그것이 보이는 조건, 그리고 그것이 가지고 있는 것처럼 보이는 색깔을 연결하는 경험적 일반화에 근거한 설명 외에, 언뜻 보기에 두 가지 방법이 추가로 있다. 첫째는 (a) 인상이나 직접적 경험을 이론적 개체theoretical entities로 도입하는 것이고, 둘째는 (b) 이런 상황들을 면밀히 살펴보면서 이 상황이 그 안에 인상 또는 직접적 경험을 구성 요소로 포함하고 있다는 것을 발견하는 것이었다. 나는 이 중 첫 번째 대안이 지니는 역설적 성격을 지적하며 당시에는 그것을 진지하게 다루지 않기로 했었다. 그러나 그동안 두 번째 대안도, 주어진 것의 신화를 수반함으로써 만족스러운 해법이 아니라는 것이 드러났다.

그 이유를 이해하기 위해, 우선 이 질문을 생각해 보자. "빨강"이나 "삼각형" 같은 단어를 쓰지 않는다면, 어떻게 이 인상들을 묘사할 수 있겠는가?[2] 그런데 지금까지의 내 주장이 타당하다면, 오직 물체만이 문자 그대로 빨갛고 삼각형일 수 있다. 따라서 내가 여기서 고려하고 있는 상황[x는 단지 빨갛게 보인다]에는 빨갛고 삼각형일 수 있는 무엇이 존재하지 않는다. 따라서 "빨간 삼각형의 인상"이란 "우리가 무언가가 빨갛고 삼각형이라는 것을 보거나, 어떤 것이 단지 빨갛고 삼각형으로 보이거나, 또는 저기 빨갛고 삼각형인 물체가 있는 것처럼 보이는 경험들에 공통적인 그런

---

2   [옮긴이] "그 이유를 이해하기 위해"(원문의 For 접속사)로 시작하는 문단은 바로 직전에 언급한 두 번째 대안이 주어진 것의 신화를 수반함으로써 만족스러운 해법이 아닌 것으로 드러난 이유를 설명한다. 본 문단은 ""빨강"이나 "삼각형" 같은 단어를 쓰지 않는다면, 어떻게 이 인상들을 묘사할 수 있겠는가?"라는 수사적 질문으로 시작한다. 이 질문의 의도는 "인상"을 내재적으로 규정하려는 시도가 이런 단어의 사용을 통해서 시작할 수밖에 없다는 뜻이다. 그런데 이 문장은 그 시도가 그리 성공적이지 못했다는 것을 암시한다. 이는 두 번째 문장에서 분명히 드러난다. "지금까지의 내 주장이 타당하다면, 오직 물체만이 문자 그대로 빨갛고 삼각형일 수 있다"라는 말은 이 단어들이 오직 물체의 성질을 묘사하는 데만 쓰일 수 있다는 뜻이다. 즉, 이 단어들을 이용하여 이 인상들을 규정한다고 생각하는 것은 잘못이라는 것이다. 이런 생각 방식은 우리가 "인상"을 내재적으로 특징지을 수 없는 것 아닌가 하는 의문을 불러일으킨다.

종류의 인상" 외에는 아무것도 의미하지 않는다는 것이 분명해 보였다. 그리고 우리가 "인상"을 내재적으로 특징지을 수 없고, 논리적으로 한정 묘사구definite description인 것, 즉 그런 상황들에 공통인 개체 종류the kind of entity로만 특징지을 수 있다면, "인상"에 대한 화법이 사물이 어떻게 보이고 저기 무엇이 있는 것처럼 보이는지 말하는 언어를 위한 표기상의 편의, 코드라고 주장했을 때와 나아진 것이 거의 없는 것처럼 보인다.

그리고 이 생각 방식[3]은 다음과 같은 고려에 의해 강화된다. 우리가 비록 그것이 막연하고, 부분적이며, 제대로 구분되지 않은 형태라 할지라도, 개별자, 종류, 사실, 유사성의 논리적 공간에 대한 어떠한 자각을 가지고 이 세계에서의 여정을 시작한다는 아이디어를 포기하고, 색채 같은 "단순한" 개념들조차도 공적 상황에서 공적 대상들(언어적 수행 포함)에 대한 공적으로 강화된 반응들의 오랜 과정의 산물임을 인지한다면, 인상이나 감각 같은 것이 있다고 해도, 우리가 어떻게 그것들이 있다는 것을 알게 되고, 그것들이 어떤 종류의 것인지 알게 되었는지에 대해 의구심을 품게 될 것이다. 왜냐하면 이제 우리는, 어떤 것이 그런 종류의 것임을 알아차렸기 때문에 그것에 대한 개념을 가지게 된다기보다 그런 종류의 것을 알아차릴 수 있는 능력을 가지고 있다는 것 자체가 이미 그 종류에 대한 개념을 갖고 있다는 것이며, 그 개념을 설명해 주지 못한다는 것을 깨달았기 때문이다.

---

3   [옮긴이] "이 생각 방식(this line of thought)"은 직전 문단에서 "인상"이란 그 자체로(내재적으로) 특징지어질 수(규정될 수) 있는 개체가 아니고, 한정 묘사구로, 즉 세 개의 상황에 공통인 개체 종류로만 특징지을 수 있는 것이라는 생각 방식을 지칭한다. 다음 문단에서 보이겠지만, 이 생각 방식은 우리가 주어진 것의 신화를 버리고, 심지어 가장 단순한 개념(예: 색깔)조차도 공적으로 학습되는 것임을 인식할 때 자연스럽게 따라 나온다. 그러나, 이 사고방식은 '인상'이라는 관념 자체를 이해 불가능한 것으로 만든다. 셀러스는 이 사고방식을 공유하지 않는다. 그는 이에 대한 대안으로 '인상'을 포함하는 "내적 에피소드"를 개념적으로 구조화되어 있으며, 공적으로 표현 가능한, 개인의 논리적 공간 속에 존재하는 이론적 개체로 재구성하는 입장을 제시한다.

실제로 이 논증을 끝까지 밀고 나가면, 이 논리가 타당하다고 할 경우, 우리는 "어떻게 해서 '인상'이나 '감각'이라는 아이디어를 갖게 되었는가?"라는 질문뿐만 아니라, "어떻게 해서 어떤 것이 우리에게 빨갛게 보인다는 아이디어를 갖게 되었는가?", 또는 더 본질적인 질문인, "어떻게 해서 어떤 것이 빨강이라는 것을 본다는 아이디어를 갖게 되었는가?"라는 질문과 마주하게 된다는 사실에 놀라게 된다. 요컨대 우리는 내적 에피소드가 어떻게 존재할 수 있는지에 관한 일반적 문제와 맞닥뜨린다.[4]

이 내적 에피소드는 각자 자신만이 에피소드에 특권적 접근권을 가진다는 점에서 사적 성질privacy과 원리적으로 우리 각자가 다른 사람의 에피소드를 알 수 있다는 점에서 상호 주체성intersubjectivity[5]을 결합한 것이다. 이것은 더 언어학적으로 다음과 같은 성격을 가진 문장이 어떻게 있을 수 있을까 하는 문제로 표현할 수 있다: 각자가 사실을 진술하기 위해 사용할 수 있는 문장(예: "S는 치통을 앓고 있다")이면서, 오직 단 한 사람, 즉 바로 S 자신만이 '보고'를 하기 위해 사용할 수 있는 것이 논리적으로 가능한 문장이 있을 수 있는가. 그러나 이는 유용한 정식화이긴 해도, 해당 항목이 가진 소위 에피소드적 성질을 충분히 설명하지 못한다. 그리고 이 에피소드적 성질이 문제의 핵심이라는 것은 행동 증거에 근거해 다른 사람들이 우리에게 귀속시킬 수 있지만, 오직 우리만이 보고할 수 있는 잠시 지속되는 가정적hypothetical 또는 가정적–단언적 혼종mongrel hypothetical–categorical 사실이 존재한다는 것을 부정하지 않으면서도, 이것을 비행동적 에피소드에

4　[옮긴이] 셀러스는 51절에서 '우리의 조상들은 어떻게 에피소드들의 존재를 인식하게 되었을까?'라는 질문을 하면서 이 문제를 본격적으로 다루기 시작한다.

5　[옮긴이] 주체성(subjectivity)은 동일한 대상에 대해서 각자의 경험이 다를 수 있다는 것을 지칭한다. 상호 주체성(intersubjectivity)은 서로가 상대의 생각이나 경험을 알 수 있다는 것을 지칭한다. 각자의 주체성이 다른 사람에게 알려진다는 의미에서 상호 주체성은 "공(共)주체성"으로 이해할 수도 있다.

적용하는 것은 논리적으로 말이 안 된다그 여기는 많은 철학자들이 있다는 것에서 잘 드러난다. 예컨대 라일(17)은 그러한 에피소드가 존재한다는 아이디어 자체가 범주 착오category mistake라고 주장했고, 또 다른 이들은 그러한 에피소드가 존재한다고 하더라도 공적 물체의 문맥 속에서 언어적 동료들로 이루어진 "학습의 장academy"에서 학습되는 상호 주체적 담론 속에서 그 특징을 알 수 있는 것이 아니라고 주장해 왔다. 나는 이 두 주장 모두 크게 잘못되었다고 논증하고자 하며, 내적 에피소드는 결코 범주 착오가 아닐 뿐 아니라, 상호 주체적 담론에서 충분히 "말로 표현"될 수 있음을 주장하고자 한다. 그리고 어떻기 그것이 가능한지를 건설적으로 보이고자 한다. 나는 특히 감각과 느낌, 다시 달해, 내 생각에는 불행히도 "직접적 경험immediate experience"이라고 불려 온 내적 에피소드와 관련하여 이 점을 명확히 해 두고자 한다. 왜냐하면 이러한 설명이 바로 '주어진 것의 신화'를 검토하는 이 논의를 완성하기 위해 꼭 필요하기 때문이다. 그러나 이 주제들을 본격적으로 다루기 전어, 먼저 전혀 다른 유형의 내적 에피소드, 즉 생각에 대한 논의를 통해 길을 준비하는 것이 필요하다.

XI. 생각: 고전적인 견해[1]

46. 최근 경험론은 생각의 지위에 대해 두 마음을 가지고 있다. 경험론은 한편으로는 생각으로서의 에피소드들이 존재하는 한, 그것들은 **말로 표현되는**verbal 또는 언어적linguistic 에피소드라는 아이디어에 공감해 왔다. 그러나 언어를 배운 사람들이 솔직하게 드러내는 언어적 행동을 생각이라고 하더라도, 이것들이 사람이 생각하고 있다고 간주할 수 있는 모든 경우를 설명하기에 충분할 정도로 많지 않다는 것은 분명하다. 또한 그 나머지[2]가 종종

---

1   [옮긴이] 본 장은 분량이 매우 적은데 최근 경험론과 고전적 경험론이 생각의 지위에 대해서 어떻게 다루어왔는지를 논한다. 최근 경험론은 생각에 두 경향을 가지고 있다. 즉 생각을 에피소드로 보려는 경향과 생각이라는 에피소드 대신 생각을 언어적·비언어적 지능적 행동에 대한 성향적 사실들(단언–가존적 혼종 사실들)로 보려는 경향 사이에서 오락가락하는 양가적인 태도를 보인다. 고전적인 견해는 겉으로 드러나는 언어적 행동도 아니고 언어적 심상도 아닌, 생각이라고 부를 수 있는 일련의 에피소드가 있으며, 겉으로 드러나는 언어적 행동과 언어적 심상은 모두 이 생각을 '표현'하는 독특한 관계를 가지고 있다는 사실 때문에 그 의미를 가지게 된다고 주장한다. 셀러스는, 생각을 단지 언어적 행동이나 성향적 사실들로 환원해 버리는 최근 경험론의 경향을 비판하면서, 생각을 내적 에피소드로 보려 했던 고전적 전통의 통찰은 일정 부분 유지한다. 다만 그는 그 에피소드를 감각/이미지와 같은 직접 경험으로 이해하는 고전적 경험론의 입장을 버리고, 생각 에피소드를 언어적 에피소드로로 보려는 최근 경험론의 견해를 수정하여 두 관점을 통합한 생각에 대한 이론을 제시한다. 본 장은 이 작업에 대한 서론 정도이고, 실제 작업은 XII장에서 XV장에 걸려 추진된다.

"언어적 심상verbal imagery"이라는 이름으로 매우 조악하게 뭉뚱그려져 묶여 있는 내적 에피소드들로 설명할 수 있다고 보는 것도 그럴듯하지 않다.

다른 한편으로, 경험론자들은 생각과 관련된 동사들로 지칭되는 에피소드들이 언어적 행동뿐만 아니라 비언어적 행동까지 포함한 모든 형태의 "지능적인 행동"을 포괄한다고 가정하면서, 동시에 이러한 행동들에 의해 드러난다고 여겨지는 "생각 에피소드들"이 실제로는 에피소드가 아니라, 이러한 행동들과 더 나아가 다른 행동들에 대한 가정적 사실hypothetical facts과 가정-단언적 혼종 사실mongrel hypothetical-categorical facts에 불과하다고 생각하려는 유혹을 받았다.[3] 그러나 이런 생각 방식은 우리가 비습관적인 행동을 지능적이라고 부를 때 이것이 무엇을 의미하는지 설명하려고 할 때마다, 이를 생각함thinking의 관점[즉, 생각함이라는 에피소드의 관점]에서 설명할 필요가 있다는 것을 발견하는 어려움에 부딪치게 한다. 즉 생각을 지능적인 행동의 관점에서 설명하는 성향적 설명dispositional account이 은밀하게 순환 논법[4]이라는 불편한 느낌을 떨쳐버릴 수 없다.

47. 고전적인 전통[5]은, 겉으로 드러나는 언어적 행동도 아니고 언어적

---

2   [옮긴이] 여기서 "그 나머지"는 언어적 에피소드가 아닌 생각을 지칭한다. 그 나머지는 보통 언어적 심상으로 설명될 수 있다고 하는데, 셀러스는 언어적 심상에 포함되지 않는 생각이 있다고 한다.

3   [옮긴이] 여기서 셀러스는 "생각 에피소드"를 하나의 과정으로 보지 않고, 행동에 대한 가정적 사실과 가정-단언적 혼종 사실로 취급하려는 라일식 행동주의의 성향적 분석을 지적하고 있다. 행동주의의 성향적 분석은, 예를 들어, '그는 배고프다'라는 문장을 혼종적 단언문으로 보고 '만약 음식이 앞에 있으면 그는 먹을 것이다'라는 가정적 '규칙'을 서술하는 것으로 간주한다.

4   [옮긴이] 여기서 순환 논법이란 생각을 지능적인 행동을 이용하여 정의하고 지능적인 행동을 생각함에 이용하려는 시도를 말한다.

5   [옮긴이] 고전적인 전통은 로크, 버클리, 흄 등(17~18c)에 의해서 대표되는 경험론이며, 앞서 언급한 최근의 경험론과 대비된다. 최근의 경험론은 러셀, 카르납, 라일, 아이어,

심상도 아니면서, 생각이라고 부를 수 있는 일련의 에피소드가 있으며, 겉으로 드러나는 언어적 행동과 언어적 심상은 모두 이 생각을 "표현"하는 독특한 관계를 갖고 있다는 사실 때문에 그 의미를 갖게 된다고 주장했다. 이 에피소드들은 내성적으로 관찰할 수 있다. 실제로, 이 에피소드들이 일어날 때 그들이 일어나는 것을 알지 못한 채 일어날 수 없다고 일반적으로 믿어졌다. 그러나 이는 여러 가지 혼돈에서 비롯된 것으로, 아마도 가장 중요한 혼돈은 생각이 감각, 이미지, 간지러움, 가려움 등이 속하는 일반 범주에 속한다고 여기는 아이디어였다. 생각을 감각과 느낌에 잘못 동화시키는 것은 우리가 위의 26절 이하에서 보았듯이, 동시에 감각과 느낌을 생각에 잘못 동화시키는 것이며, 이것은 둘 다 부인하는 결과를 초래한다. 생각 에피소드가 존재한다면 그것은 직접 경험이어야 한다는 가정은 고전적 견해를 제창한 사람들과 그것을 거부하면서 "그러한 경험을 찾지 못한다"라고 말하는 사람들 모두에게 공통된 것이다.[6] 고전적 전통에서 이러한 혼돈을 제거하면, 그 견해는 우리 각자에게 직접 경험은 아니지만 우리가 특권적인, 그러나 불변하거나 무오류적이지 않은, 접근을 할 수 있는 일련의 에피소드가 존재한다는 아이디어가 된다. 언어적 행동은 중요한 의미에서 이 에피소드의 결실이지만, 이 에피소드들은 겉으로 드러나는 언어적 행동에 의해 "표현"되지 않고도 발생할 수 있다 — 다시 말하면, 생각이 표현되고 다른 사람에게 전달되는 수단인 겉으로 드러나는 언어적 행동이

논리 실증주의자들 등(20c)으로 대표된다.

6   [옮긴이] 이 말이 무슨 말인지 모호하다. 아마 아래와 같은 의미일 것이다. 고전적 경험론자들(로크, 버클리, 흄 등): '생각 에피소드가 있다면, 그것은 감각/이미지처럼 직접 경험일 것이다.' 20세기 최근 경험론자들(논리실증주의, 라일 류): '만약 생각 에피소드가 있다면, 그것은 감각·이미지처럼 직접 경험되어야 한다.' 그런데 우리가 내성으로 확인할 수 있는 건 감각, 이미지, 느낌뿐이고 직접 경험할 수 있는 생각 에피소드 같은 것은 없다. 그러므로 둘 다 생각에 대한 지각적/준지각적 모델을 공유하고 있다.

생각 자체가 아니듯이, 우리는 "자신이 생각하는 것을 들을 수" 있지만, 이를 가능하게 하는 언어적 심상도 생각 자체는 아니다. 우리가 "무엇을 생각하고 있는지 알 때", 우리가 언어적 심상 — 사실 어떤 심상이라도 — 을 가지고 있어야 한다고 가정하는 것 — 다시 말해, "특권적인 접근"을 지각적 또는 준-지각적 모델에 빗대어 해석해야 한다고 가정하는 것 — 은 잘못된 것이다.

이제, 우리의 상식적인 생각 개념에 대한 이렇게 수정된 고전적 분석을 옹호하는 것이 나의 목표이며, 그렇게 하는 과정에서 나는 **직접 경험**의 수수께끼를 원리적으로 해결하는 데 기여할 수 있는 구분들을 발견할 것이다. 그러나 계속하기 전에, 내가 주장하려는 견해는 생각이 언어적 에피소드라는 견해의 수정된 형태라고 동일한 적절성[7]을 가지고 말할 수 있다는 것을 서둘러 덧붙이고자 한다.

7 　[옮긴이] 여기서 "동일한 적절성"은 셀러스의 견해를 "수정된 고전적 분석"이라고 말할 수도 있고, 생각이 언어적 에피소드라는 최근 경험론 견해의 수정된 버전이라고도 말할 수 있다는 뜻이다. "수정된 고전적 분석"은 생각은 겉으로 드러나는 언어적 행동이나 마음속 언어적 심상과는 범주적으로 구별되는 에피소드이며, 이러한 표현 방식들은 생각 그 자체가 아니라 단지 그것을 나타내는 수단일 뿐이라고 주장한다. 즉, 우리가 무엇을 생각하고 있는지 아는 것을 심상적·준지각적 경험으로 설명하거나 특권적 접근을 지각 모델로 해석하려는 고전적 분석은 잘못된 것이라는 입장이다.

XII. 우리의 라일적 조상들[1]

48. 그러나 독자는, 이러한 에피소드들이 직접 경험이 아니라면 어떤 의미에서 "내적"일 수 있는지, 그리고 그것들이 겉으로 드러나는 언어적 수행이나 "내부의" 언어적 심상이 아니라면 어떤 의미에서 "언어적"일 수 있는지 질문할 수 있다. 나는 이러한 질문들과 내가 제기해 온 다른 질문들에 대해 나만의 신화를 써서 답하려고 한다. 다시 말해, 현대적 신뢰성을 주는 방식으로 표현한다면, 과학 소설 — 인류학적 과학 소설 — 한 편을 써서 이 질문들에 답하고자 한다. 선사 시대의 한 단계를 상상해 보라. 이 단계에서 인간은 내가 라일적 언어Rylean Language라고 부를 언어에 제한되어 있다.[2] 이 언어의 기본적인 묘사 어휘는 공간에 위치하고 시간에 걸쳐 지속되는 공공 객체들의 공공 속성에 대해 말한다. 내가 이 언어를

---

1 [옮긴이] 본 장은 공적인 물체와 사건에 대해서만 말할 수 있는 라일적 조상의 언어에 내적인 에피소드인 생각과 인상에 대해서 말하기 위해 필요한 언어적 자원, 즉 의미론적 화법과 이론적 화법을 추가하는 것에 논한다. XII장에서는 의미론적 화법을 추가하는 것에 대해서 논하고 이론적 화법의 추가는 XIII장에서 논한다.

2 [옮긴이] 길버트 라일(Gilbert Ryle)은 언어의 의미나 심적 상태가 전적으로 공적 행동(행동 양식, 공적으로 관찰 가능)을 통해서만 파악 가능하다고 본다. 여기서 "라일적 언어"라는 표현은 내적 상태를 묘사할 수 없는 공적인 언어라는 의미로 쓰였다.

‘라일적 언어’라고 말할 때 이것의 기본 자원은 제한되어 있지만(얼마나 제한적인지는 잠시 후에 논의할 것이다) 그 총체적 표현력은 매우 크다는 언급을 하고자 한다. 왜냐하면 이 언어는 결합conjunction, 분리disjunction, 부정 및 양화quantification의 기본 논리적 연산뿐만 아니라, 특히 가정적 조건문의 미묘한 사용을 포함하기 때문이다. 더 나아가, 나는 이 언어가 철학자들이 “모호성”과 “열린 텍스처”라는 제목 아래 언급하는 일상 화법의 느슨한 논리적 관계를 표현할 수 있다고 가정할 것이다.

나는 이미 라일적 언어를 마스터한 사람으로부터 나의 신화를 중간에서in medias res 시작하고자 한다. 왜냐하면 이 신화가 명확히 하려는 철학적 상황은 사람들이 공공 객체의 공공 속성을 지칭하는 언어를 어떻게 습득하는지가 아니라, 내적 에피소드와 직접 경험에 대해서 말하는 것을 어떻게 학습했는지이기 때문이다.

내가 생각하기에, 우리의 신화적 조상들이 가정적 조건문을 **자유롭게** 사용할 수 있게 허용함으로써, 우리가 **생각, 경험**(보기, 듣기 등) 및 **직접 경험**에 대해 말할 때 우리가 말할 수 있는 모든 것을 그들도 말할 수 있게 만들었다고 생각하고 싶어 하는 몇몇 철학자들이 여전히 있다. 그런 철학자들이 많지는 않을 것이라고 생각한다. 어쨌든, 내가 말하고 있는 이야기는 상호 주체적 언어가 반드시 라일적 언어여야 한다[3]는 아이디어가 정확히 어떻게 상호 주체적 담론과 공공 객체의 관계에 대한 너무 단순한 그림에 근거하고 있는지를 보여주도록 설계되었다.

---

3   [옮긴이] 상호 주체적 언어는 각자가 상대방의 마음을 묘사할 수 있는 언어를 말하는데, 이 언어가 라일적 언어여야 한다는 말은 겉으로 드러난 공적 행동만 묘사할 수 있는 언어를 통해서만 상대방의 마음에 접근할 수 있다는 말이다. 셀러스는 이것은 상호 주체적 담론과 세계(혹은 ‘공적 대상’) 간의 관계를 너무 단순하게 생각한 데서 비롯된 것이라고 비판한다.

49. 내가 제기하고 있는 질문들은, 그 실질적 내용에 있어, "이 말하는 동물들의 라일적 언어에 어떤 리소스를 추가해야 그들이 서로와 자기 자신을 생각하고, 관찰하고, 느낌과 감각을 가진 동물로 인식할 수 있을까 (물론 우리가 이 용어들을 사용하는 것과 같은 의미에서)"와 "이 자원의 추가가 합리적이라고 간주될 수 있을까"이다. 첫째로, 이 언어는 의미론적 화법이라는 기본적인 자원으로 풍부해져야 한다. 의미론적 화법은 "'*Rot*'는 빨간색을 의미한다"와 "'*Der Mond ist rund*'는 오직 달이 둥글 때만 참이다" 와 같은 전형적인 의미론적 문장을 만들기 위해 필요한 자원이다. 때때로, 예를 들어, 카르납에 의해(6) 이러한 자원은 형식 논리의 어휘로부터 구성될 수 있으며, 따라서 원칙적으로 우리의 라일적 언어에 이미 포함될 것이라고 말해진다. 나는 다른 곳에서(20) 이 생각을 비판한 적이 있으며 여기서 그것을 논의하지 않을 것이다. 어쨌든, 이 점에 대한 결정은 본 논의에 필수적인 것은 아니다.

그러므로 우리의 신화적 조상들이 서로의 언어적 행동을 의미론적 용어로 특징지을 수 있다고 가정하자. 다시 말해, 그들은 각자 상대의 행동에 대한 예측들[4]을 다른 언어적 및 비언어적 상태에 대한 원인과 결과로서, 또한 그 상태에 대한 징후(더 크거나 작은 신뢰도를 가진)로서 말할 수 있을 뿐만 아니라, 이러한 언어적 표현들에 대해서 그것들이 이러이러한 것을 의미한다거나 이러저러하다고 말한다거나, 그것들이 참인지, 거짓인지 등을 말할 수 있다. 그리고 내가 위의 31절에서 지적했듯이, 언어적 사건에 대한 의미론적 진술을 하는 것은[5] 그것의 원인과 결과를 간단하게 말하는

4　[옮긴이] 예측이 원인으로 인식된다는 것은 이해하기 어려울 수 있다. 예를 들어, 비가 올 것이라고 예측하면, 이 예측은 당신이 우산을 챙기게 만드는 원인이 될 수 있다. 여기서 예측 자체는 미래의 사건임에도 불구하고 당신의 행동(즉, 우산을 챙기는 것)의 원인이 된다.

5　[옮긴이] 의미론적 진술(semantical statement)을 하는 것은 위에서 서로의 언어적 행동을

방식이 아니라는 점을 강조하고 싶다. 비록 언어적 표현에 대한 의미론적 진술이 이러한 표현의 원인과 결과에 대한 정보를 암시한다고 말할 수 있게 하는 "암시하다"라는 단어의 의미가 있긴 하지만. 따라서 내가 "'*Es regnet*'는 비가 온다를 의미한다"고 말할 때, 내 진술은 라인강 너머의 "*Es regnet*"라는 발화의 원인과 결과가 나와 다른 영어 사용자들에 의한 "It is raining"이라는 발화의 원인과 결과와 평행을 이룬다는 것을 "암시한다". 만약 내 진술이 이것을 암시하지 않는다면, 그 진술은 그 [의미론적] 역할을 수행할 수 없을 것이다. 그러나 이것이 의미론적 진술이 언어적 수행의 원인과 결과에 대한 진술을 정의하는 간단한 표현 방식definitional shorthand이라는 것을 의미하지는 않는다.

50. 의미론적 화법이라는 자원을 갖추게 되면서, 우리의 가상적 조상들의 언어는 그들도 우리처럼 생각에 대해 이야기할 수 있는 입장에 있다는 주장을 상당히 그럴듯하게 만드는 차원을 획득했다. 왜냐하면, 생각의 특징은 지향성intentiality, 지칭reference, 또는 관함성aboutness인데, 언어적 표현의 의미나 지칭에 대한 의미론적 화법이 생각이 무엇에 관한 것인지에 대한 심적 화법과 구조적으로 동일하다는 것이 분명하기 때문이다. 따라서 생각의 지향성은 겉으로 드러나는 언어적 수행에 의미론적 범주를 적용한 데서 비롯된 것이라고 상정하는 유혹에 빠지기 쉽다. 그리고 이른바 "생각"에 대한 화법talk은 겉으로 드러나는 언어적 및 비언어적 행동에 대한 가정적 진술 및 단언적–가정적 혼종 진술의 약칭으로 볼 수 있으며, 그리고 "에피소드"의 지향성에 대한 화법은 따라서 언어적 수행 요소들에 대한 의미론적 화법으로 환원될 수 있다는 수정된 라일적 설명을 제시하고자

의미론적 용어(semantical terms)로 특징짓는다는 것과 같은 의미이다.

하는 유혹에 빠지기 쉽다.

대안은 무엇인가? 고전적 입장은 의미론적으로 특징지을 수 있는 겉으로 드러나는 언어적 에피소드뿐만 아니라, 그에 더하여 전통적인 지향성 어휘로 적절히 특징지을 수 있는 어떤 내적 에피소드가 있다는 것이다. 그리고 물론 고전적 체계에는 겉으로 드러나는 언어적 수행에 대한 의미론적 화법은 겉으로 드러나는 수행에 의해 "표현" 된 심적 에피소드의 지향성에 대한 화법으로 분석되어야 한다는 생각이 포함된다. 나의 당면 과제는 겉으로 드러나는 행위도 아니고 언어적 심상도 아니며 지향성의 어휘로 적절하게 지칭될 수 있는 내적 에피소드로서의 생각에 대한 고전적 아이디어와 지향성의 범주가 근본적으로 겉으로 드러나는 언어적 수행과 관련된 의미론적 범주라는 아이디어를 화해시킬 수 있는지 보는 것이다.[6]

6　　이런 방향을 따르는 이전 고찰은 참고 문헌 18과 19를 참조하라.

XIII. 이론들과 모형들[1]

51. 그러나 이 에피소드들은 무엇일까? 그리고 우리의 과학 소설의 관점에서 말하면, 우리의 조상들은 어떻게 그들의 존재를 인식하게 되었을까? 이 질문들에 대한 대답은, 우리 논의의 논리적 공간을 과학 철학에서 핵심적으로 중요한 구분인 이론 언어와 관찰 언어 간의 구분을 포함하도록 확장하고 나면, 놀라울 정도로 간단해진다. 이 구분은 익숙한 것이지만, 우리의 문제와 가장 관련이 깊은 이 구분의 측면들을 부각하기 위해 몇 단락을 할애하려고 한다.

비공식적으로 말하면, 가장 발전되고 정교화된 방식으로 이론을 구성한

---

1   [옮긴이] XIII장에서 갑자기 과학의 이론과 모형에 관한 이야기가 나오는 것은, 이후 장들에서 '생각(thought)'과 '인상(impression)'을 이론적 개체(theoretical entities)로 도입하려는 작업의 준비 단계로 이해할 수 있다. 과학 이론에서 이론적 개체가 어떻게 도입되고, 이론 내에서 그 역할을 통해 어떻게 내재적으로 규정되는지를 먼저 살펴본 뒤, 동일한 접근을 생각·인상과 관련된 현상에 적용하려는 것이다. 과학자가 자연현상을 설명할 때, 직접 관찰되지 않는 이론적 개체를 도입하고, 이들 간의 관계를 설정하여, 이론적 추론의 결과가 현상과 부합되면 그 이론이 가정한 개체들이 실제로 존재한다고 간주하듯이, 셀러스는 동일한 방법을 생각과 인상에 관련된 현상들에도 적용하고자 한다. 61절에서 설명하듯이, 물리 이론 안에서 질량의 개념이 이론 내부에서 맡는 역할을 통해 내재적으로 규정될 수 있듯이, 인상도 직접 주어지는 경험 항목으로서가 아니라, 지각 현상을 설명하는 이론적 개체로서 그 역할을 통해 규정될 수 있다고 보는 것이다.

다는 것은 이론의 기본 원리들에 의해 특정한 방식으로 행동하는 개체들entities의 도메인을 가정하고, 이 이론적 개체들의 복합체complexes를 특정한 비이론적 물체나 상황들과 연관시키는—어떤 의미에서는 동일시하는—것이다. 다시 말하면, 이론적 개체들의 복합체를 관찰 가능한 사실 또는 적어도 원리적으로 관찰 용어로 묘사할 수 있는 물체나 상황과 연관시키는 것이다. 이론적 상태states of affairs와 관찰적 상태의 이러한 "연관" 또는 "동일시"는 "추후 통지 때까지until a further notice" 잠정적인 것이며, 관찰적 화법의 문장에서 이론의 문장으로, 그리고 그 반대로의 이동을 허용하는, 말하자면, 임시 다리를 세우는 것에 해당된다. 예를 들어, 기체의 운동 이론에서 "기체 g는 특정 시각과 장소에서 특정한 부피, 압력, 온도를 가진다"라는 형태의 경험적 진술은 분자 집단의 특정 통계적 척도statistical measures를 규정하는 이론적 진술과 연관된다. 이러한 임시 다리는 관찰 가능한 사실의 언어로 표현된, 기체에 관한 귀납적 법칙이 이론의 언어로 도출된 명제 또는 정리와 연관되고, 이론의 어떤 명제도 거짓으로 판명된 경험적 일반화와 연관되지 않도록 설정된다. 이와 같이, 좋은 이론(적어도 우리가 고려하고 있는 유형의 이론)은 관찰되지 않은 개체들과 연관된 소수의 공리로부터 확립된 경험적 법칙들의 이론적 대응물을 도출함으로써 이 법칙들을 "설명한다".

물론 위의 설명은 과학적 담론에서 이론의 지위 문제에 대하여 그 표면을 간신히 긁었을 뿐이다. 그리고 나는 이 설명을 하자마자 곧바로 이를 거의 인식할 수 없을 정도로 수정해야 한다. 왜냐하면 이제 고전적이 된 이론의 본질에 대한 이 설명(초기에 노먼 캠벨이 정립한 것으로(5), 최근에는 카르납(8), 라이헨바흐(15, 16), 헴펠(10), 브레이스웨이트(3)의 저작에서 찾아볼 수 있음)은 이론의 논리적 지위를 밝혀주지만, 다른 특징들을 희생시키며 특정한 특징들만 강조하기 때문이다. 즉, 이론의 구성을 관찰적 화법과 잠정적으로 연관된 공리 체계의 정교화로 설명함으로써,

실제로 과학자들이 이론을 구성하는 과정에서 하는 일을 매우 인위적이고 비현실적인 모습으로 그리고 있기 때문이다. 오늘날 논리적으로 정교한 과학자들이 이론을 구성할 때 진정한 논리적 방식으로 진행할 수도 있고, 때로는 그렇게 한다는 것을 부정하고 싶지는 않다. 그러나 나는 두 가지 점을 강조하고 싶다:

(1) 첫 번째는 이론의 기본 가정들을 개발할 때, 대개 관찰적 화법과 원하는 방식으로 연관되는, 해석되지 않은 논리 체계uninterpreted calculi를 구성하는 것을 통해서가 아니라, 모형model을 찾으려고 시도함으로써 한다는 것이다. 모형을 찾는다는 것은 친숙한 물체들이 친숙한 방식으로 행동하는 영역을 서술하고, 설명하려는 현상들이 이러한 종류의 사물 들로 구성될 경우, 설명하려는 현상들이 어떻게 일어나는지를 보겠다는 것이다. 모형에서 중요한 것은, 말하자면, 친숙한 물체들과 이론에 의해 도입되는 개체들 사이의 유비성을, 정확히는 아니지만, 어느 정도 제약하거나 한정하는 주석이 동반된다는 것이다. 이렇게 제약된 모형 도메인 내의 물체들이 행동하는 본질적인 방식들에 대한 서술들이 이론적 개체들로 이전될 때, 이 서술들이 바로 이론 구성에 대한 논리학적 그림[2]의 공리들에 대응된다.

(2) 그러나 우리 논의의 목적상[3] 더 중요한 점은 이론 구성에 대한 이 논리적 그림이 우리가 가장 중요하게 관심을 가져야 할 사실, 즉 관찰 가능한 현상에 대한 "이론적" 설명을 고안하는 과정이 현대 과학의 머리에서 완전히 새로 태어난 것이 아니라는 사실을 분명하게 보지 못하게 한다는 것이다. 특히, 이것은 모든 상식적인 귀납적 추론[4]이

---

2   [옮긴이] 위에서 설명한, 이론 구성을 엄격한 논리 체계를 세움으로써 하려는 시도를 가리킨다.

3   [옮긴이] 본 논의의 목적은 이 절의 처음에 언급된 내적인 '에피소드'가 무엇인가를 밝히는 것이다.

4   [옮긴이] 여기서 셀러스는 "상식적인 귀납적 추톤(common–sense inductive inferences)"을

관찰된 모든 A′가 B였다, 따라서 (아마도) 모든 A′는 B다

또는, 그 통계적 대응물에 속하는 것은 아니라는 것을 분명하게 보지 못하게 하고, 이른바 "가정–연역적" 설명이 과학의 정교한 단계에만 국한된다고 잘못 생각하게 만든다.[5] 실제로, 내가 곧 설명하겠지만, 과학은 상식과 연속적이며, 과학자가 경험적 현상을 설명하려는 방식은 지능이 동튼 이래로 평범한 사람들이 그들의 환경과 동료들을 이해하려고 시도한 방식을 정교화한 것이다. 현재 내가 강조하고자 하는 것은 이 점이며, 이론적 화법과 관찰적 화법의 구분이 내적 에피소드와 관련된 개념들의 논리와 관련되어 있다고 주장하려고 한다. 내가 "관련되어 있다involved in"라고 말하는 이유는 이러한 개념들이 이론적 개념들이다라고 말하는 것은 역설적이고, 실제로 적합하지 않기 때문이다.

52. 이제 "내적 에피소드"라는 표현에 대해 어떤 빛이 비추어졌다고 말해도 공정하다고 생각한다. 나무 조각의 가연성을, 말하자면 나무가 불에 탈 때 비로소 드러나는 '숨겨진 불타오름'으로 간주하는 것은 분명 범주 오류지만, 그렇다고 해서 우리가 세계 속에서 일어난다고 가정하는 모든 비관찰적(관찰 불가능한) 에피소드가 그런 범주 오류의 산물이라고 말할 수는 없다. 예를 들어, 우리 주변의 공기 "안에" 수많은 분자가 있고, 관찰 가능한 공기의 비활동성에도 불구하고, 이 분자들이 검증 가능한 격동적인 에피소드 안에 참여하고 있다고 말하는 것은 전혀 부적절한

논리학 책에서 말하는 '귀납법(induction)'보다 넓은 의미로 사용한다.
5   [옮긴이] 이 말은 "상식적인 귀납적 추론"이 "가정–연역적 설명(hypothetic–deductive explanation)"을 포함하는 넓은 개념이라는 것을 암시한다.

"안에"의 사용이 아니다 ─ 물론 이 사용은 자체의 논리적 문법을 가지고 있지만. 분자들이 공기 "안에" 있다는 의미는 공기가 분자들의 "집합이다"라는 의미로 설명되어야 하며, 이것이 다시 이론적 화법과 관찰적 화법 사이의 관계의 논리로 설명되어야 한다는 것은 분명하다.

　잠시 후에 이 주제에 대해 더 논의할 것이다. 그동안 우리의 신화적 조상들로 돌아가자. 그들의 라일적 언어를 풍부하게 하게 하는 두 번째 단계가 이론적 화법의 도입이라는 것을 가는 것이 독자들을 놀라게 하지 않을 것이다. 따라서 우리는 라일적 언어를 사용하는 동물들이 방법론적 정교함 없이, 관찰 가능한 특성이 유사한 사물들이 왜 인과적 특성에서 다른지, 그리고 인과적 특성이 유사한 사물들이 왜 관찰 가능한 특성에서 다른지를 설명하기 위해 거칠고, 개략적이며, 모호한 이론들을 만들어낸다고 상상해 볼 수 있다.

XIV. 방법론적 행동주의 대 철학적 행동주의[1]

53. 이제 우리 신화에서 중심이 되는 에피소드에 다다르고 있다. 이 신-라일적Neo-Rylean 문화에서 이제 한 천재가 등장한다고 가정해 보자. 그를 존스라고 부르자. 그는 한때 혁명적이었으나 이제는 흔해진 심리학의 행동주의 운동에서 무명의 선구자이다. 여기서 내가 염두에 두고 있고 정식화하려고 하는 것은 방법론적 입장으로서의 행동주의임을 강조하고자 한다. 왜냐하면, 이 용어로 알려진 역사적 복합체에서 중심적이고 지도적인 주제는 심리학이라는 과학을 어떻게 구축할 것인가에 대한 특정 개념 또는 개념들의 집합이다.

철학자들은 때때로 행동주의자들이 우티의 일반적인 심적 개념이 겉으

---

1   [옮긴이] 본 장은 행동주의에 대해서 설명하고, 특히 방법론적 행동주의에 대해서 논한다. 목적은 심적 현상을 설명하기 위해 이론적 개체를 도입하는 준비 작업을 하기 위해서이다. 심리학에서 사용하는 모든 개념이 겉으로 드러난 행동과 관련된 기본 어휘만을 이용해 명시적으로 정의되어야 한다는 강한 행동주의적 요구는 과도하다. 그 방법론적 정교함으로 다른 과학들에 깊은 인상을 준 물리학은 그 개념들에 이와 같은 제한을 두지 않으며, 화학도 화학 물질의 관찰 가능한 성질과 행동으로 명시적으로 정의할 수 있는 개념들을 이용하여 구축되지 않았다. 행동을 중심으로 한 관찰 어휘를 출발점으로 삼되, 그 위에 이론적 개념들을 도입하여 설명 범위를 넓혀 나간다는 보다 방법론적인 요구는, 일부 심리학적·행동주의적 개념들을 이론적 개체로 도입하는 생각과 충분히 양립할 수 있다.

로 드러난 행동으로 분석될 수 있다는 아이디어를 강하게 지지한다고 생각해 왔다. 하지만 행동주의가 종종 특정한 형이상학적 편견으로 특징지어져 왔지만, 이는 이미 존재하는 심리학적 개념의 분석에 관한 입장이 아니라 새로운 개념의 구성에 관한 입장이다. 방법론적 입장으로서 행동주의는 상식적인 심적 화법의 논리적 분석에 관한 어떠한 입장도 가지지 않으며, 우리 각자가 자신의 심적 상태에 대해 특권적인 접근을 가지고 있다는 것도 부정하지 않고, 이러한 심적 상태가 믿음, 궁금함, 의심함, 의도함, 소망함, 추론함 등의 상식적 개념으로 적절하게 기술될 수 있다는 것도 부정하지 않는다. 우리가 자신의 심적 상태에 대한 이러한 특권적 접근을 "내성introspection"이라고 부르되, 눈으로 외부 상황을 보는 것처럼 "내부"에서 일어나는 일을 "보는" "수단"이 있다는 함의를 피한다면, 내가 사용하는 의미에서의 행동주의는 내성이라는 것이 존재한다는 것을 부정하지 않으며, 적어도 일부 주제에서는 꽤 신뢰할 만하다고 말할 수 있다. 행동주의 관점에서 '내성'의 본질적인 점은 우리가 상식적인 심적 개념의 용어로 내성한다는 것이다. 행동주의자는 상식적인 심적 화법에 많은 지식이 포함되어 있고, 이를 통해 가설을 구성하고 테스트함으로써 미래에 더 많은 지식을 얻을 수 있다는 것을, 누구나 그래야 하듯, 인정하고, 그러한 심리학을 "과학적"이라고 부르는 것이 완전히 정당하다는 것을 인정한다. 하지만, 그는, 그 자신의 관점에서, 인간 유기체의 관찰 가능한 행동에 대한 자신만의 과학적 설명을 개발하는 과정에서 심적 화법을 단지 발견적인 용도 이상으로 사용하지 않고, 그의 개념을 "바닥에서부터" 구성하려고 제안한다.

54. 그러나 과학적 행동주의가 상식적인 심리학적 개념이 겉으로 드러난 행동과 관련된 개념으로 분석될 수 있다는 입장 — 일부 철학자들이 유지하고 있으며 '분석적' 또는 '철학적' 행동주의라고 불릴 수 있는 입장 — 이 아닌 것이 분명하지만, 행동주의가 행동주의적 심리학의 개념은

그렇게 분석 가능해야 한다는 아이디어를 강하게 지지한다고 종종 생각되었다. 이 말을 오해의 소지 없게 보다 정확하게 표현하자면[2] 행동주의는 적절하게 도입된 행동주의적 개념은 겉으로 드러난 행동과 관련된 기본 어휘로부터, 가장 넓은 의미의 명시적 정의를 통해, 구축되어야must be built 한다는 아이디어를 강하게 지지한다고 종종 생각되었다. 즉, 행동주의자는 "일상생활의 심적 개념이 겉으로 드러난 행동으로 정의되는지와 관계없이 내가 사용하는 개념은 그렇게 되도록 할 것이다"라고 말할 것이다. 그리고 행동주의적 경향을 가진 많은 심리학자들이 개념 형성에 대한 이 엄격한 프로그램을 강하게 지지한다는 것은 인정해야 한다.

이제 나는 이렇게 이해된 행동주의적 프로그램은 과도하게 제한적이라고 말하는 것이 합리적이라고 생각한다. 건전한 과학적 절차의 본질에 속하는 그 어떤 것도 이러한 자기 부정을 요구하지 않는다는 것은 분명하다. 그 방법론적 정교함으로 다른 과학들에 깊은 인상을 준 — 사실, 과도하게 인상을 준 — 물리학은 그 개념들에 이와 같은 제한을 두지 않으며, 화학도 화학 물질의 관찰 가능한 성질과 행동으로 명시적으로 정의할 수 있는

---

2 [옮긴이] "오해의 소지 없게 보다 정확하게 표현하자면"은 "to put things right-side up"의 번역이다. 이 표현은 컵의 마시는 면이 바닥을 향하고 있을 경우(즉, 거꾸로 되어 있을 (upside down) 경우), 이를 올바른 방향인 위로 향하게 하는 것을 말한다. 여기서는 잘못된 상황을 올바르게 바로잡는다는 뜻으로 비유적으로 사용되었다. 여기서는 "행동주의적 심리학의 개념은 겉으로 드러난 행동과 관련된 개념으로 분석될 수 있다"라는 주장을 오해 없이 올바로 해석하고 있다. 상식적 심리학의 개념들은 일반인들이 보통 사용하는 개념들, '믿음', '욕망', '고통', '의도', '생각', '지각' 등과 같은 단어들로 표현되는 개념들을 지칭한다. 행동주의적 심리학의 개념은 '자극-반응(stimulus-response)', '강화(reinforcement)', '행동 성향(behavioral disposition)' 등을 지칭한다. 그런데, 이 개념들이 "겉으로 드러난 행동과 관련된 개념으로 분석될 수 있다"라고 하면 오해의 소지가 있다는 것이다. 그래서 셀러스는 이 말을 "적절하게 도입된 행동주의적 개념은 겉으로 드러난 행동과 관련된 기본 어휘로부터, 가장 넓은 의미의 명시적 정의를 통해 구축되어야 한다"라고 보다 정확하게 표현한다.

개념들을 이용하여 구축되지 않았다. 내가 말하고자 하는 요점은 이제 명확해졌을 것이다. 모든 개념이 겉으로 드러난 행동과 관련된 기본 어휘를 이용하여 도입되어야 한다는 행동주의적 요구는 일부 행동주의적 개념들이 이론적 개념으로 도입될 수 있다는 생각과 양립할 수 있다.[3]

55. 행동주의 심리학의 이론적 용어들은 겉으로 드러나는 행동으로 정의되지 않을 뿐만 아니라, 신경, 시냅스, 신경 충격량neural impulses 등으로도 정의되지 않는다는 점을 주목하는 것이 중요하다. 행동주의적 행동 이론은 행동의 생리학적 설명이 아니다. 이론적 개념과 명제가 행동 현상을 성공적으로 설명하는 능력은 이러한 이론적 개념을 신경생리학의 개념과 동일시identification하는 것과 논리적으로 독립적이다. [진짜] 중요한 것은 — 이것은 논리적으로 합당한 것이다 — 인간 유기체의 특정 측면을 다루는 각 특수 과학이 어떤 규제적 이상regulative ideal, 즉 정합된 체계coherent system라는 이상의 개념틀 안에서 작동하여 각 학문의 성취가 그 개념틀 안에서 이해 가능한 위치를 점해야 한다는 점이다. 따라서 행동주의자의 업무 중 일부는 새롭게 드러나기 시작하는 인간 유기체의 전체적인 그림에 관심을 기울이는 것이다. 성급한 동일시 경향을 억제한다면, 통합을 시도하는 사변적 연구들에서 상당한 발견적 가치를 얻을 수 있을 것이다. 최근까지는 행동 이론에서의 신경생리학적 추측이 특히 결실을 맺지 못했지만 말이다. 인간과 그의 행동에 대한 전체적인 과학적 그림이 도래하면, 행동 이론의

---

3   [옮긴이] 여기서 두 가지 아이디어가 서로 양립한다는 말은 다음과 같이 이해될 수 있다: '모든 행동주의적 개념은 외형적 행동과 관련된 기본 어휘로 도입되어야 한다'라는 말이 모든 개념이 오직 그러한 어휘로만 도입되어야 한다는 것을 의미하는 것은 아니다. 예를 들어, '분자'는 화학에서 이론적 개념이다. 이는 관찰 가능한 화학 반응을 통해 도입되었지만, 그러한 관찰로 완전히 환원될 수는 없다. 이와 마찬가지로, 행동주의적 개념도 행동적 틀을 사용하여 도입될 수 있지만, 이론적 개념으로도 도입될 수 있다.

개념과 해부학적 구조의 기능과 관련된 개념 간에 일부 동일시identification가 수반될 것이라는 점은 논란의 여지가 없겠지만, 행동 이론이 처음부터 그것의 모든 개념에 대해 생리학적 동일시를 시도해야 된다고, 즉 행동 이론의 개념이 처음부터 생리학적이라고 가정해서는 안 된다.

우리는 사실상 이론적 용어들의 논리(또는 "방법론")의 두 차원을 구별해 왔다: (a) 이론이 이론화하는, 선택된 현상을 설명하는 데 있어 그들의 역할; (b) 우리가 "전체 그림"이라고 부르는 것 안에 통합될 후보 이론으로서의 역할. 이 역할들은 해당 논리의 일부이며, 따라서 이론적 용어들의 '의미'이기도 하다. 따라서, 어느 시점에서든, 개략적이든 구체적이든, 이론의 용어들이 합리적으로 통합되는 방식들이 이 용어들의 논리적 힘의 일부가 된다. 그러나 내 논의를 위해, 이 두 역할을 내가 순수 이론적 개념이라고 부르는 것과 이 개념들이 다른 전문 분야의 개념들과 가지는 관계에 대한 가설들 간의 구분 문제로 간주하는 것이 유용할 것이다. 우리가 말할 수 있는 것은, 과학자가 특정 이론이 다른 전문 분야의 이론과 통합되는 방식에 대해 추측하기 힘들어하는 만큼, 그 이론의 개념들이 순수 이론적 개념과 더 가깝다는 것이다. 예를 들어, 화학은 전기적 또는 자기적 현상이 발견되기 전에 화학 현상을 설명하기 위한 정교하고 성공적인 이론을 발전시켰는데, 그것은 화학자들이 나중에 전자기 이론의 개념틀에 속하는 개념들과 동일시한, 순수 이론적 개념으로서 발전된 것이라고 생각할 수 있다.

XV. 사적 에피소드의 논리: 생각[1]

56. 방법론적 행동주의에 대한 너무나도 간략한 설명을 확보한 상태에서, 우리의 가상적 조상들로 다시 돌아가 보자. 우리는 이제 그들이 자신과 동료들을 묘사했던 이 라일적 언어가 **행동주의적 언어**이기는 하지만, 엄밀하게는 행동주의 심리학의 비이론적 어휘에 제한된 행동주의적 언어라는

---

1   [옮긴이] 본 장에서 셀러스는 '존스의 신화'를 통해 내적 에피소드(생각)에 대한 개념이 어떻게 성립하는지 그 논리를 그려 보인다. 존스는 동료들이 소리 내어 말할 때뿐 아니라, 아무 언어적 출력도 없을 때도 지능적으로 행동한다는 사실에 주목하고, 겉으로 드러난 발화는 어떤 내적 에피소드에서 시작된 과정의 결과라는 이론을 제안한다. 이때 그는 겉으로 드러난 언어 행위를 그대로 모형으로 삼아, '내적 발화(inner speech)'라는 내적 에피소드들을 가정한다. 발화 에피소드의 의미를 생각 에피소드의 의미로 설명하지만, 그렇다고 해서 발화의 의미를 생각의 지향성으로 분석하는 것은 아니다. 오히려 의미론적 어휘의 주된 사용처는 여전히 겉으로 드러난 언어 에피소드를 특징짓는 데 있으며, 내적 에피소드는 그런 공적 발화들을 모형으로 삼아 도입되는 이론적 개체이다. 생각과 같은 내적 에피소드 개념은 처음부터로 상호 주체적긴 개념으로 도입되는 것이며, 각자가 자신의 생각에 대해 갖는 특권적 접근(보고 권한)도 이러한 상호 주체적 지위 위에 세워진 사용법의 한 차원이다. 따라서 내적 에피소드의 '사적 성질'도 절대적인 것이 아니다. 왜냐하면, 생각·인상 같은 내적 에피소드 개념의 논리 속에는 처음부터 "겉으로 드러난 행동이 그 에피소드들의 증거가 된다"라는 것이 전제되어 있기 때문이다. 기체의 관찰 가능한 행동이 분자 에피소드들의 증거라는 사실이 분자 화법의 논리 자체에 들어 있는 것과 같이.

것을 알 수 있는 입장에 있다.[2] 이제 존스가 동료들이 지능적으로 행동한다는 사실을 설명하기 위해 하나의 이론을 발전시킨다고 가정해 보자.[3] 그는 그의 동료들의 행동이 겉으로 드러나는 언어 행위와 연결되어 있을 때, 비유적으로 말해 "소리 내어 생각할 때"뿐 아니라, 감지할 수 있는 언어적 출력이 전혀 없을 때도 지능적으로 행동한다는 것을 발견한다. 존스는 이 현상을 설명하기 위해, 겉으로 드러난 발화는 특정한 내적 에피소드로 시작된 과정의 결과일 뿐이라는 이론을 제시한다. 그리고 겉으로 드러난 언어적 행위로 귀결되는 사건들을 시작하는 에피소드들에 대한 그의 모형으로 겉으로 드러난 언어적 행위 그 자체를 사용한다고 가정해 보자. 다시 말하면, 모형의 언어를 사용하면, 이 이론은 겉으로 드러난 언어적 행동이 "내적 발화"로 시작되는 과정의 귀결이라는 것이다.

존스가 "내적 발화"라고 말하는 것을 언어적 심상과 혼동하지 않은 것이 필수적이다. 물론 존스는 그의 동료들처럼 아직 이미지의 개념조차 가지고 있지 않다.

존스의 이론이 취할 일반적인 방향은 쉽게 알 수 있다. 이 이론에 따르면, 지능적이고 비습관적인 지적 행동의 진정한 원인은 "내적 발화"이다. 따라서, 배고픈 사람이 겉으로 "여기에 먹을 수 있는 것이 있다"라고 말하고 그것을 먹기 시작할 때, 그의 배고픔을 감안할 때 그의 먹는 행동의 진정한—이론적—원인은 이 문장의 겉으로 드러난 발화가 아니라 "내적 발화"이다.

---

2   [옮긴이] 본 문장의 원문은 다음과 같다. "(…) not only a behavioristic language, but a behavioristic language which is restricted to the non-theoretical vocabulary of a behavioristic psychology." 이를 직역하면 다음과 같다. "그들이 사용한 라일적 언어는 단순히 행동주의적 언어일 뿐 아니라, 행동주의 심리학의 비이론적 어휘에 한정된, 행동주의적 언어이다." 그러나 이 직역은 오해의 소지가 있어 본 번역문으로 번역했다.

3   [옮긴이] 다시 말하면, 행동주의 심리학의 비이론적 어휘에 제한된 협소한 행동주의가 아닌, 이론적 개체도 도입할 수 있는 일반적인 행동주의 정신을 따라 이론을 발전시킨다는 말이다.

57. 존스 이론에 대해 첫 번째로 주목해야 할 점은, 이 이론이 발화 에피소드speech episdoes를 모형으로 삼아 구축되었기 때문에, 의미론적 범주의 적용 가능성을 이 내적 에피소드들로 가져온다는 것이다. 따라서 존스가, 그의 동료들처럼, 겉으로 드러난 발화가 이것이나 저것을 의미하거나, 이것이나 저것에 관한 것이라고 이야기했던 것처럼, 이제 그는 이러한 내적 에피소드가 이것이나 저것을 의미하거나, 이것이나 저것에 관한 것이라고 말한다.

두 번째로 기억할 점은, 비록 존스의 이론이 모형을 사용하지만, 그 이론이 모형과 동일한 것은 아니라는 것이다. 모형에 기반한 모든 이론이 그렇듯이, 이 이론도 모형에 대한 주석을 포함한다. 이 주석은 이론적 개체들과 모형의 개체들 간의 유비성analogy에 대해 어느 정도 명확한 제한을 가한다. 따라서 그의 이론이 "내적 발화"에 대해 이야기할 때, 이 주석은 해당 에피소드들이 숨겨진 혀의 움직임이나 이 "내적 발화"에 의해 생성된 어떤 소리도 아니라는 점을 서둘러 덧붙인다.

58. 이제 내 이야기의 일반적인 흐름은 명확해졌을 것이다. 따라서 이제 핵심 요점들을 매우 간단하게 설명하겠다:

(1) 존스가 발전시킨 이론은 다양한 다른 발전을 허용하는 이론의 싹이라고 생각해야 한다. 우리는 그것을 고전 철학자들이 만들어 낸 정교한 형태들 중 어느 것에도 고정해서는 안 된다. 따라서 이 이론은 "내적 발화"를 별개의 실체separate substance의 기능이라고 주장하는 소크라테스적 또는 데카르트적 형태를 취할 필요가 없다. 원시인들은 인간이 두 개의 분리된 사물들로 구성되어 있다고 생각할 만한 이유가 있었을지도 모르지만.

(2) 존스가 이러한 담론적 개체를 생각이라고 불렀다고 가정해 보자. 우리는 그가 도입한 생각의 개념들이 "관찰되지 않은", "비경험적", "내적"

에피소드의 개념틀임을 즉시 인정할 수 있다. 왜냐하면 이러한 측면에서 그것들이 물리 이론의 입자와 에피소드들과 비교하여 손색이 없기 때문이다. 이러한 에피소드들이 언어를 사용하는 동물들 "안에" 있는 것은 마치 분자 충돌이 기체 안에 있는 것과 같고, 유령"이 "기계" 안에 있는 것과는 다르다. 그것들은 **이론적**이라는 단순한 의미에서, 즉, 관찰 용어로 정의될 수 없다는 점에서 "비경험적"이다. 또한 그것들이 **도입된** 것으로서 관찰되지 않은 개체들이라는 사실이 존스가 그것들이 존재한다고 가정할 만한 좋은 이유가 없음을 의미하지 않는다. 그것들의 "순수성"은 형이상학적 순수성이 아니라, 말하자면, **방법론적** 순수성이라고 할 수 있다. 우리가 보아왔듯이, 그것들이 생리학적 개체들로 도입되지 않았다는 사실이 후의 방법론적 단계에서, 말하자면, 그러한 것으로 "드러날" 가능성을 배제하지 않는다. 따라서, 이 생각들이 계산 기계와 같은 방식으로 기능하는 대뇌 피질의 복잡한 사건들과 "동일시"될 수 있다고 가정하는 것이 이미 합리적이라고 말하는 사람들이 많이 있다. 물론, 존스는 그런 생각을 가지고 있지 않다.

(3) 이 이론이 겉으로 드러난 발화가 "내적 발화"로 시작되는 과정의 귀결이라고 가정하지만, 이것은 겉으로 드러난 발화가 "내적 발화"와 맺는 관계가 자발적 동작이 그 의도와 동기와 맺는 관계와 같다는 것을 의미하는 것은 아니다. 물론 겉으로 드러난 언어적 사건이 목적을 위한 수단으로 생산될 수 있다. 그러나 겉으로 드러난 언어적 에피소드가 생각을 **표현한다**고 해석하는 것을 도구의 사용에 빗대어 해석하면 언어와 생각 모두의 해석에 심각한 오류가 발생할 수 있다. 따라서 내가 스케치한 존스의 이론은 겉으로 드러난 발화를 습득하는 과정에서 생각할 수 있는 능력이 습득되며, 겉으로 드러난 발화가 확립된 후에만 "내적 발화"가 겉으로 드러남이 없이 발생할 수 있다는 아이디어와 완벽하게 부합된다는 점을 잊지 말아야 한다.

(4) 이 이론은 의미론적 용어로 특징지을 수 있는 겉으로 드러난 발화

에피소드의 발생을, 동일하게 의미론적 용어들로 특징지을 수 있는 생각으로 설명한다고 해서, 겉으로 드러난 발화가 "의미를 가진다"는 아이디어가 생각의 지향성 개념으로 분석된다는 것을 뜻하지 않는다. 겉으로 드러난 언어적 에피소드를 의미론적으로 특징짓는 것이 의미론적 용어들[4]의 주된 사용법이며, 의미론적으로 특징지어진 겉으로 드러난 언어적 사건들이 이 이론에 의해 도입된 내적 에피소드의 모형으로 사용된다는 것을 잊어서는 안 된다.[5]

(5) 존스 이야기의 첫 번째 에피소드의 결말에 도달하기 전에 한 가지 최종 포인트를 언급하고자 한다. 이론적 담론discursive 에피소드 또는 생각이 내적 에피소드로 도입된다고 하더라도—이것은 그것이 **이론적** 에피소드로 도입된다는 것을 다른 말로 표현한 것임—그것이 **직접 경험**으로 도입된 것은 아니라는 점을 강조하지 않을 수 없다. 독자에게 상기시키고 싶은 것은 존스는, 그의 신-라일적 동료들과 같이, 아직 이 직접 경험이라는 개념을 가지고 있지 않다는 점이다. 그리고 그와 그들이 내 신화의 두 번째 에피소드 과정에서 이 개념을 획득하게 되더라도, 한 이론적 목적으로 도입된 내적 에피소드—생각—가 다른 이론적 목적으로 도입된 내적 에피소드, 즉 직접 경험의 부분 집합이어야 한다고 가정할 사람들은 이들 중 철학자밖에 없을 것이다.

59. 이제 이것이 결말이 다가왔다. 나는 여러 차례 생각과 관련된 개념이

이론적 개념이라고 말하는 것은 매우 오해의 소지가 많지만, 이들의 지위는 이론적 화법과 비이론적 화법의 대조를 통해 밝힐 수 있을 것이라고 제안했다. 우리는 이제 왜 그런지 정확히 알 수 있는 위치에 있다. 왜냐하면, 우리의 가상적 조상인 존스가 겉으로 드러난 언어적 행동이 생각의 표현이라는 이론을 개발하고, 그의 동료들에게 서로의 행동을 해석하는 데 이 이론을 사용하도록 가르치고 나면, 이 언어를 자기 서술에 사용하는 것은 아주 간단한 일이기 때문이다. 따라서 톰이 딕을 관찰하면서 이 이론의 언어로 "딕이 'p'를 생각하고 있다"(또는 "딕이 p라고 생각하고 있다")라는 문장을 사용할 수 있는 행동적 증거를 가지고 있을 때, 딕도 같은 행동적 증거를 사용하여 이 이론의 언어로 "나는 'p'를 생각하고 있다"(또는 "나는 p라고 생각하고 있다")라고 말할 수 있다. 그리고 이제 딕은 자신의 겉으로 드러난 행동을 관찰하지 않고도, 이 이론의 언어를 사용해 신뢰할 만한 자기 서술을 할 수 있도록 훈련될 수 있게 되었다. 그렇게 되는 것이 필연적인 것은 아니었겠지만. 이 훈련은 다음과 같이 일어난다: 딕의 행동적 증거가 이론적 진술 "딕이 p라고 생각하고 있다"를 강력히 지지할 때 딕이 "나는 p라고 생각하고 있다"라고 하면 이 발화를 칭찬하고, 그 증거가 이 이론적 진술을 지지하지 않을 때 딕이 "나는 p라고 생각하고 있다"라고 하면, 그 발화에 부정의 눈길을 줌으로써 훈련이 일어난다.[6] 우리 조상들은

---

6   [옮긴이] 딕의 자기 서술 능력은 다음과 같이 학습된다. 딕은 처음에 자신의 겉으로 드러난 행동을 관찰하면서, 존스의 지시에 따라 "나는 p라고 생각하고 있다"라는 문장을 특정한 행동 상황에서 말하도록 훈련받는다. 존스는 딕의 행동이 이론적 진술 "딕은 p라고 생각하고 있다"를 정당화할 만큼 충분한 증거를 보일 때, 딕이 "나는 p라고 생각하고 있다"라고 말하면 이를 칭찬하고, 그렇지 않을 때는 못마땅한 반응을 보이며 사용을 억제한다. 이렇게 반복된 학습을 통해 딕은 언제 이 문장을 사용하는 것이 옳은지에 대한 언어적 규칙을 숙달하게 된다. 이후에는 실제로 자신의 행동을 관찰하지 않아도, 과거의 훈련을 통해 행동과 함께 일어났던 이론적 개체(내적 언어 행위, 사고)가 발생할 때 그 규칙을 자동적으로 적용하여 "나는 p라고 생각한다"라고 말할 수 있게 된다.

각자가 자신의 생각에 대해 가지고 있는 특권적 접근에 대해서 말하기 시작한다. 순전히 이론적 용도를 가진 언어로 시작된 것이 보고reporting 역할을 얻게 되었다.

내가 보기에, 이 이야기는 우리가 생각과 같은 내적 에피소드와 관련된 개념이 본질적으로 양전자 개념이 상호 주체적인 것과 같이,[7] 상호 주체적임을 이해하는 데 도움을 준다. 또한 이 이야기는 이 개념들의 보고 역할 — 각자가 자신의 생각에 대해 특권적인 접근을 가진다는 사실 — 이 이 개념들의 상호 주체적 지위에 기반하고 이를 전제로 하는, 이 개념들의 사용법의 한 차원을 구성한다는 것을 이해하는 데 도움을 준다. 나의 신화는 언어가 본질적으로 상호 주체적 성취이며, 상호 주체적 맥락에서 학습된다는 사실 — B. F. 스키너(21), 카르납(7), 비트겐슈타인(22)과 같은 현대 언어 심리학에서 강조된 사실 — 이 "내적 에피소드"의 "사적 성질"과 부합된다는 것을 보여주었다. 이 신화는 또한 "사적 성질"이 "절대적 사적 성질"이 아니라는 것을 분명히 보여준다. 왜냐하면, 이 신화는 이 개념들이 각자가 행동적 증거로부터 추론을 끌어내는 데가 아니라, 보고하는 데 사용될 수 있다는 것을 인정하면서, 겉으로 드러난 행위가 이 에피소드들의 증거라는 사실이 이 개념들의 논리 자체 안에 내재해 있다는 것을 주장하기 때문이다. 기체의 관찰 가능한 행동이 분자 에피소드들의 증거라는 사실이 분자 화법의 논리 자체에 내재된 것과 마찬가지로.

즉, 내면의 '감지'나 '자각' 없이도, 공동체의 언어 규칙에 따라 겉으로 드러난 발화의 이론적 대응물이 작동할 때 자기 서술 발화를 산출하는 규칙적 언어 행동 체계가 형성된 것이다.

7   [옮긴이] 양전자(positron)의 개념이 상호 주체적이라는 말은 이것이 기본적으로 사람들에게 공유된 소유물이라는 뜻이다. 이것은 양자역학의 쿼크(quark)나 고전역학의 중력중심 (center of gravity) 같은 개념도 마찬가지이다. 누군가가 이 개념을 제안하고 이것을 테스트할 때, 다른 사람들이 이를 가져다 그의 사용을 검증하게 되면, 이것은 우리의 개념이 되는 것이다.

XVI. 사적 에피소드의 논리: 인상[1]

60. 이제 우리는 직접 경험과 관련된 개념들의 지위 문제를 해결할 준비가 되었다.[2] 첫 번째 단계는 생각의 개념틀에 속하는 내적 에피소드

---

1   [옮긴이] 본서의 마지막 장에서 셀러스는 '붉은 삼각형의 직접 경험', '인상' 같은 직접 경험 개념이 주어진 것이 아니라, 과학 이론의 분자나 질량처럼 이론 속에서의 역할로 규정되는 이론적 개체로 설명한다. 이를 위해 먼저 'p임을 보는 것'을 생각의 개념틀에 속하는 내적 인지 에피소드로 분석했던 앞선 논의를 불러오고, 존스의 신화를 감각 지각에까지 확장하여, 'p라고 보는' 내적 상태가 'p라고 보고하는' 공적 발화를 모형으로 도입된 이론적 에피소드임을 보여준다. 존스의 지각 이론에서 인상은 '빨간 삼각형 조각'과 같은 모형을 가진 지각자의 상태로 도입되며, '빨간 삼각형의 인상'은 단지 '표준 조건에서 빨간 삼각형 물체에 의해 야기되는 무엇'이라는 한정 묘사구가 아니라, 분자 이론의 '질량'처럼 다른 이론적 술어들과 관찰 언어와의 관계를 통해 내재적으로 규정되는 개념이다. 이처럼 인상 개념은 본질적으로 상호 주체적이며, 각자의 인상에 대한 특권적 접근과 '나는 붉고 삼각형인 인상을 갖고 있다'라는 보고 용법은 이 상호 주체적 틀을 전제로 하는 사용법의 한 층위일 뿐이다. 마지막으로 셀러스는 감각 자료 이론가가 '감각 내용'과 '감각 필드'라고 부르며 상식적 세계에서 '주어진 것'으로 간주했던 개별자들이 사실은 지각적 유기체에 대한 이상적인 미시적 행동 이론에서나 상정될 법한 이론적 개체의 스케치에 가깝다고 지적하면서, 본래 이 개념들이 존스식 이론적 구성을 통한 취함(taking)의 산물임에도 불구하고, 그것을 지식보다 선행하는 자료(datum)로 오해한 것이 바로 '주어진 것의 신화'의 핵심이라고 결론짓는다.

2   [옮긴이] 여기서 직접 경험에 관한 개념들의 지위라 함은 '붉은 삼각형의 직접적 경험', '직접 경험', '인상'과 같은 표현으로 암시되는 개념들이 분자 화법에서의 분자처럼 이론 안에서의 역할로 그 정체가 규정되는 이론적 개체인가 아니면 경험론자들이 말하는

중에 탁자가 갈색이라는 것을 보는 것, 피아노가 음이 맞지 않음을 듣는 것 등과 같은 지각들perceptions이 포함된다는 것을 상기하는 것이다.[3] 존스가 이 개념틀[생각의 개념틀]을 도입하기 전까지, 우리의 가상적 조상들이 지각적 에피소드들에 대해 가지고 있던 유일한 개념은, 예를 들어, 표준 조건에서 물체를 보는 문맥 속에서 만들어내는 겉으로 드러난 언어적 보고였다. 존스 이론에서는 무언가가 그러함을 보는 것Seeing that something is the case은 주시하면서 무언가가 그러하다고 보고하는 것을 모형으로 하는 내적 에피소드이다. 내가 딕이 탁자가 녹색이라고 보고했다고 말할 때, 내가 그가 보고한 내용의 진리성에 나를 구속시키는 것과 같이, 내가 딕에 대해서 그가 탁자가 녹색이라는 것을 보았다saw라고 말하는 것은 부분적으로 딕에게 '이 탁자는 녹색이다'라는 아이디어를 귀속시키고 이 아이디어를 지지하는 것을 의미한다는 것을 이전 절로부터 상기하기 바란 다.[4] 이 점에 대한 자세한 설명은 16절 이하[16~18절]를 참조하라.

원래의 라일적 개념틀the originally Rylean framework을 내적 지각 에피소드inner perceptual episodes를 포함하도록 확장함으로써,[5] 내가 22절 이하[22~23절]

주어진 것인가 등을 지칭한다. 이 문제가 21~22절에서 정식화된 내적 경험의 문제이다.

3 [옮긴이] 독자는 여기서 왜 셀러스가 직접 경험에 관한 개념들의 지위 문제를 다루기 위해 지각이 생각의 개념틀에 속하는 내적 에피소드의 하위 개념임을 상기하는 것이 이 문제를 해결하는 첫 번째 단계라고 주장하는지 의아하게 생각할 수 있다. 셀러스는 16~18절에서 지각, 즉, 'p임을 보는 것(seeing that p)'을 설명할 때, 이것을 진리 개념 아래에서 파악되는 하나의 내적 에피소드로 보았다. 이러한 지각 에피소드들은 생각의 개념틀에 속하며, 단순한 감각이나 감각 인상이 아니다. 그런데 그 사실을 상기하는 것이 직접 경험에 관한 개념들의 지위 문제를 해결하는 데 어떻게 도움이 된다는 것일까? XVI장에서의 셀러스의 논증은 매우 복잡하고, 많은 것이 생략되어 있어 오해할 가능성이 큼으로 셀러스가 무슨 이야기를 왜 하는지를 예리한 눈으로 살펴보아야 한다.

4 [옮긴이] 'p를 보고하는 것'과 'p를 보는 것'은 두 경우 모두 p의 내용을 지지(endorsement)한다는 점에서는 같지만, 그 지지가 일어나는 개념적 체계의 층위는 서로 다르다. 'p라고 보고한다' 는 것은 p를 공적으로 단언하는 행위이다. 'p라고 본다(seeing that p)'는 그러한 단언을 정당화하거나 가능하게 만드는 내적 인지 상태(inner cognitive state)이다.

에서 제기했던 내적 경험 문제에 대한 처음 문제 설정the original formulation of the problem of inner experience과 다시 연결될 수 있게 되었다. 왜냐하면 나는 이 개념틀 내에서 질적이고 존재적인 보임의 언어the language of appearing에 대한 이전 설명을 쉽게 재구성할 수 있기 때문이다. 이제 우리의 역사적 소설의 마지막 장으로 넘어가자. 이제 우리의 조상들은 더 이상 라일적인 언어를 사용하지 않는다.[6] 하지만 여전히 이 언어는 인상, 감각, 또는 느낌과 같은 것들, 즉 철학자들이 "직접 경험"이라는 이름 아래 묶는 항목들에 대한 언급이 포함되어 있지 않다. 우리는 "붉은 삼각형의 인상"이라는 구절이 저기 붉고 삼각형인 물체가 있다는 아이디어 — 다음 상황들에 공통인 — 외에 "지각자의 상태"와 같은 것을 의미할 수밖에 없는 지점에 도달했다는 점을 상기할 필요가 있다[7]:

(a) 그가 저기 있는 물체가 붉고 삼각형임을 본다;

(b) 저기 있는 물체가 그에게 붉고 삼각형으로 보인다;

(c) 그에게 저기 붉고 삼각형인 물체가 있는 것처럼 보인다.

---

5   [옮긴이] 원래의 라일적 개념틀은 공적 언어만 있고, 생각이나 인상과 같은 내적 에피소드의 개념이 없는 개념틀을 말한다. 셀러스는 이미 XV장에서 생각이라는 사적 에피소드 개념을 원래의 라일적 개념틀에 도입했다. 그리고 본 절을 시작하면서 지각이 생각의 하위 개념임을 상기하라고 말하면서, 이 생각의 개념틀이 내적 지각 에피소드도 포함한다고 말했다. 이 문장은 그 생각의 틀에 지각이라는 것을 추가하여 라일적 틀을 확장했다는 말이 아니라, 원래의 라일적 개념틀에 내적 지각 에피소드가 포함된다는 것을 상기시킨다.

6   [옮긴이] 애초의 공적 라일적 언어에 지각을 포함하는 내적 생각 에피소드 개념이 추가됨으로써 이제 그 언어는 더 이상 라일적 언어가 아니다.

7   [옮긴이] 셀러스는 여기서 처음으로 "지각자의 상태(the state of a perceiver)"라는 표현을 도입한다. 따라서 "붉은 삼각형의 인상"이라는 구절이 "지각자의 상태"와 같은 것을 의미할 수밖에 없는 지점에 도달했다는 것을 상기하라는 말은 셀러스의 논의가 그런 단계에 도달했다는 것을 독자들이 추론할 수 있다는 것을 말한다. 그런데 '환각'이라는 현상은 사람들에게 익숙한 현상이고, 이를 설명하는 것은 "지각자의 상태"를 언급하는 길밖에 없다는 것도 이해하기 어렵지 않다.

우리가 직면한 문제는 다음과 같다. 한편으로는 인상 등이 이론적 개체라고 말하는 것이 터무니없어 보인다. 그러나, 다른 한편으로는 인상을 이론적 개체로 해석하는 것만이 이러한 개체들이 존재한다는 아이디어가 지니는 긍정적 내용과 설명력을 해명하고, 우리가 어떻게 그런 아이디어에 이르게 되었는지를 이해할 수 있는 유일한 희망처럼 보인다. 내가 방금까지 제시해 온 생각들에 대한 설명은 이 표면적 딜레마를 어떻게 해결할 수 있는지를 시사한다.

이 딜레마는 다음과 같이 해결될 수 있다. 존스가 거칠고 개략적인 형태로 감각 지각에 대한 이론the theory of sense perception을 발전시킨다고 가정하면서 신화를 계속 이어가 보자. 감각 양식 중 일부의 경우 오늘날 놀라울 정도로 섬세하고 복잡한 담론 양식을 발전시켰다. 그러나 존스의 이론은 그러한 담론 양식을 발전시키는 첫 번째 효과적인 단계가 되기 위해서 그렇게 잘 정리되어 있거나 정밀할 필요는 없다. 따라서 우리는 직접 경험에 관한 우리의 일상 언어의 논리에 빛을 비추기 위해 이 신화적 이론에 최소한의 특징만 부여할 필요가 있다. 이러한 관점에서 보면, 나의 신화의 주인공이 인상이라고 부르는, 신체의 다양한 부위(내가 우리의 문제를 제기한 특정한 형태를 추적하기 위해, 특히, 눈)에 물체들과 [물리적] 과정들이 영향을 미친 최종 결과물인 내적 — 이론적 — 에피소드들의 부류를 상정하는 것으로 충분하다.

61. 몇 가지 중요한 포인트들을 바로 명시할 수 있다:

(1) 이 이론에 의해 도입된 개체들은 지각하는 주체의 상태들이며, 개별자들의 부류a class of particulars가 아니다. 상식적 세계의 개별자들은 책, 페이지, 순무, 개, 사람, 소음, 번쩍임 등과 같은 것이며, 그것들이 존재하는 공간과 시간 — 칸트가 비실체無物/Undinge라고 말한 — 이라는 점은 아무리 강조해

도 지나치지 않다. 우리가 인상이 개별자로 도입된다고 가정하게 되는 것은 생각의 경우처럼 이 근원 이론이 모형을 이용하여 공식화되기 때문이다. 이번에는 이 모형이, 표준 조건에서 발생할 때 그들의 물리적 원천의 지각 특성을 공유하는 "내적 복제물들inner replicas"의 도메인이다. 이 모형은 지각자 "안에서"의 복제물들의 발생을 지칭하며, 복제물들의 지각들을 지칭하는 것이 아니라는 점을 아는 것은 중요하다. 따라서, 빨간 삼각형의 인상에 대한 모형은 빨갛고 삼각형인 복제물이며, 빨갛고 삼각형인 복제물을 지각하는 것seeing of a red and triangular replica이 아니다. 후자의 대안은 인상이 개별자가 아니라는 점을 인지하는 장점은 있다. 하지만, 이것은 이론의 공식화에서 모형의 역할을 오해하여 모형의 개체들이 개별자라면 모형을 통해 도입된 이론적 개체들도 개별자여야 한다고 잘못 가정함으로써 주석의 역할을 간과한다. 그리고 후자의 대안은 모형을 빨갛고 삼각형인 복제물을 보는 것으로 간주하여, 인상의 언어에 생각의 언어의 논리를 몰래 집어넣는 결과를 가져온다. 왜냐하면, 보는 것[지각하는 것]seeing은 생각의 개념틀과 결부된 인지적cognitive 에피소드이며,[8] 이를 인상의 모형으로 삼는 것은 인상을 생각에 동화시키고 생각을 인상에 동화시키는 것에 도움을 주고 이에 대해서 편안하게 생각하는 데 기여한다. 이것은 내가 이미 지적한 바와 같이 생각과 인상에 대한 고전적 설명이 가지고 있는 많은 혼돈들의 원인이 된다.

(2) 인상이 이론적 개체라는 사실은 그것들이 내재적으로 특징지어질 수 있다는 것을 이해할 수 있게 해준다.[9] 다시 말하면, 인상을 "이러이러한

---

8   [옮긴이] 셀러스에게 "붉고 삼각형인 복제물을 보는 것"은, 인지적 에피소드이다. 왜냐하면 그것은 이미 '빨강'과 '삼각형'이라는 개념을 적용하는 행위, 즉 개념적 적용을 포함하기 때문이다.

9   [옮긴이] 인상을 내재적으로 특징짓는 문제는 셀러스가 본서에서 처음부터 끝까지 관심을 가지고 고민하는 문제이다. 셀러스는 16절에 처음, 경험의 내재적 성격에 대해서 언급한다:

상황에서 빨갛고 삼각형인 물체를 바라보는 것을 표준 원인으로 갖는 그런 종류의 개체” 또는 “빨갛고 삼각형인 물체가 있다고 보이는 상황들에 공통인 그런 종류의 개체”와 같은 한정 묘사구 이상으로 특징지어질 수 있다는 것을 이해할 수 있게 해준다. 이론의 술어들은 이론이 설명하는 관찰 가능한 현상에 적용되는 술어와 논리적으로 연관되어 있기 때문에 의미를 갖지만, 이론의 술어들은 이러한 관찰 술어들로 묘사되는 성질들에 대한 한정 묘사구의 약어가 아니다. 예를 들어, 기체의 분자 운동 이론이 분자가 질량을 가진 것으로 말할 때, “질량”이라는 용어는 “이런 조건을 만족하는 성질”이라는 형식으로 표현되는 한정 묘사구의 약어가 아니다. 따라서 “빨간 삼각형의 인상”은 단순히 “표준 조건에서 빨갛고 삼각형인 물체에 의해 야기되는 유형의 인상”을 의미하는 것은 아니다. 빨간 삼각형의 인상들에 대해 이것들이 표준 조건에서 빨갛고 삼각형인 물체에 의해 야기되는 그런 종류에 속한다는 것이 참 — 논리적으로 참 — 이긴 하지만.

(3) 만약 이 인상 이론이 진정한 논리적 방식으로 발전되었다면, 아원자 subatomic 입자의 본질적 성질들이 아원자 이론의 근본 원리들에 의해 “암묵적으로 정의된다”라고 말할 수 있는 것과 같이, 인상의 본질적 성질들이 이론의 공리들에 의해 “암묵적으로 정의된다”라고 말할 수 있을 것이다. 왜냐하면, 이것은 이론적 용어의 의미를 알기 위해서는 (a) 그것이 다른 이론적 용어와 어떻게 연관되는지, (b) 이론 체계 전체가 관찰 언어와 어떻게 연결되는지를 알아야 한다는 것을 다른 방식으로 표현한 것일 뿐이기 때문이다. 그러나 내가 지적했듯이, 우리의 원시 행동주의자는

“내가 “x가 지금 나에게 초록색으로 보인다”라고 말할 때, 나는 나의 경험이, 말하자면 내재적으로(그 자체로서), 즉 경험으로서, x가 실제로 초록색이라는 것을 보는 참된 경험과 구별되지 않는다는 사실을 보고한다. 셀러스는 본서의 마지막 부분에서 드디어 인상을 이론적 개체로 도입함으로써 인상의 내재적 성격을 설명할 수 있게 된다고 말한다.

그의 이론을 교과서 스타일로 공식화하지 않는다. 그는 그것을 모형을 이용하여 공식화한다.

이제 모형 개체들은 내재적 성질들을 실제로 가지고 있는 개체들이다. 예를 들어, 그것들은 빨간 삼각형 조각들이다. 따라서 이 이론이 인상의 내재적 특징들을 물리적 물체와 [물리] 과정의 익숙한 지각적 성질들로 규정하는 것처럼 보일 수 있다. 물론, 만약 그렇다면, 이 이론은 궁극적으로 정합성을 결여할 것이다. 왜냐하면 그렇게 되면 이 이론은 분명하게 물리적 물체가 아닌 인상에 우리의 논의가 타당하다면 물리적 물체만이 가질 수 있는 성질[10]을 부여하기 때문이다. 다행히도, 이런 식의 생각은 모형의 익숙한 개체들과 도입되는 이론적 개체들 간의 유비성을 제약하고 한정하고 해석하는 모형에 대한 주석이라고 부르는 것을 간과한 것이다. 따라서, 빨간 삼각형 인상의 모형이 빨간 삼각형 조각이기 때문에, 인상 자체가 빨간 삼각형 조각이라고 가정하는 것은 잘못이다. 말할 수 있는 것은 빨간 삼각형 인상이 깔끔하고 명쾌한 방식은 아니지만, 빨간 삼각형 조각과 유비적analogous이라는 것이다. 그 유비성의 본질적인 특징은 시각적 인상들이 서로 유사하고 다른 방식이 가시적 물체들의 색상과 형태가 서로 유사하고 다른 것과 구조적으로 유사하다는 것이다.

(4) 위의 마지막 요점으로부터 빨간 삼각형의 인상 개념이 "지시적 정의"를 통해서만 "내용"을 획득할 수 있는 "순전히 형식적" 개념, "논리적 형식"의 개념이라고 결론지을 수도 있을 것이다. 철학자가 왜 이렇게 말하고 싶어 할 수 있는지, 그리고 그가 왜 직접 경혐과 관련된 개념이 **상호 주관적인** 한, 그것들이 "순전히 구조적"이며, 직접 경험의 "내용"이 소통 불가능하다고 결론지을 수 있는지 이해할 수 있다. 그러나 이러한 사고방식은 주어진

---

10   [옮긴이] 여기서 "물리적 물체만이 가질 수 있는 성질"은 앞서 언급된 "빨간 삼각형"을 지칭한다.

것의 신화의 또 다른 표현일 뿐이다. 왜냐하면 빨간 삼각형의 인상에 대한 이론적 개념은 어떤 이론적 개념보다 "내용이 없는 것"에 관한 한 더 하지도 덜하지도 않기 때문이다. 그리고 이런 이론적 개념들과 같이, 이 인상에 대한 개념도 관찰 가능한 사실의 언어와 논리적으로 연결된 개념틀에 속해야 하지만, 이론적 언어와 관찰 가능한 사실의 언어 사이의 논리적 관계는 "지시적 정의"라는 인식론적 허구와 아무런 관련이 없다.

(5) 존스의 이론에서 인상은 위에서 지적한 바와 같이 개별자가 아니라 지각자의 상태이다. 이러한 상태가 생리학적 상태로 도입되지 않는다는 것을 기억한다면(55절 참조), 세계에 대한 과학적 그림의 지위에 대한 성찰과 관련된 몇 가지 흥미로운 질문들이 제기된다(39~44절 참조). 그러나, 불행하게도, 이에 대해서는 지면 관계상 윤곽만 제시할 여유밖에 없다. 일부 철학자들은 과학의 발전에서 행동 이론의 모든 개념을 신경생리학적 이론으로 정의 가능한 용어들과 동일시하고, 다시 신경생리학적 이론의 용어들을 이론 물리학의 용어들과 동일시하는 것이 합리적이 될 것이라고 분명하게 예측할 수 있다고 생각했다. 이 예측의 두 번째 단계는 적어도 자명한 이치이거나 실수라는 것을 깨닫는 것이 중요하다. "물리 이론"을 "물리적 속성을 가진 모든 대상(동물 및 사람 포함)의 관찰 가능한 행동을 설명하기에 적합한 이론"으로 암묵적으로 재정의한다면 이는 자명한 이치 이다. 반면, "물리 이론"을 "물리적 대상의 관찰 가능한 행동을 설명하기에 적합한 이론"이라는 일반적인 의미로 이해한다면, 이것은 잘못된 것이라고 나는 믿는다.

예를 들어, 인상들이 전자기장과 어떻게 부합되는지를 묻는 것은 잘못된 질문을 하는 것이다. 이는 거시적molar 행동 이론의 개념틀을 물리적 물체의 미시적micro 이론의 개념틀과 섞는 것이다. 올바른 질문은 오히려 "인상들과 연관된 거시적 개념은 지각적 유기체sentient organisms의 미시적 이론에서 무엇에 대응되는가?"라고 묻는 것이다.[11] 그리고 나는 각자가, 감각 자료 이론가들이 상식적인 담론의 세계에서 (분석을 통해) 발견한다고 말하는 개별자들을 마주치는 것도 이 질문에 대한 답을 찾는 과정에서라고 믿는다 (23절 참조). 더 나아가, 나는 미시적 행동주의자가 이 개별자들을 특징지을 때 다음과 같은 말을 하게 될 것이라고 생각한다:[12] "사람에게 저기 빨간 삼각형 물체가 있는 것처럼 보일 때, 그 유기체가 반응하는 것은 (이 이론의 관점에서 볼 때) 바로 그러한 개별자들이다." 물론, 일상적인 의미에서 그러한 개별자들이 빨갛거나 삼각형이라고 말하는 것은 잘못된 것이다. 그러나 말할 수 있는 것은 다음과 같다:[13] 첫째, 상식적인 그림에서는 물체가 빨갛고 삼각형이고, 빨간 삼각형"의" 인상은 빨갛지도 않고 삼각형도 아니지만, 위에 언급한 [지각적 유기체의] 미시적 이론의 개념틀에서는 지각적 유기체sentient organisms에 대응되는 이론적 개체들은 두 가지 변량을 이용하

---

11   [옮긴이] 본 문단은 얼핏 보면, 거시적 층위와 미시적 층위를 뒤섞는 것을 비판하는 것처럼 읽힌다. 본문에서 "molar"와 "micro"를 이탤릭체로 표시하여 거기에 독자의 눈길이 가도록 했기 때문이기도 하다. 그러나 문맥을 살펴보면, 유기체에 대한 거시적 행동 이론의 개념틀을 물리적 물체에 대한 미시적 이론의 개념틀과 연결시키려는 것이 잘못이라는 것을 말하고 있다. 이 문단은 앞선 문단에서 "신경생리학적 이론의 용어들을 이론 물리학의 용어들과 동일시하는 것"이 잘못이라는 일반적 주장을 인상을 예로 들어 설명하고 있다. 인상과 같은 거시적 개념을 미시적 물리 이론의 전자기장 등과 연결시키려 하는 것은 오류이며, 지각적 유기체의 미시적 이론에서 말하는 어떤 것과 연결시켜야 한다는 것이다. 심리학(특히 행동주의)에서 'molecular'와 'molar'는 각각 '분자적 수준'과 '거시적 수준'을 가리키는 서로 대조되는 용어이다. 셀러스는 본서에서 'molecular' 대신 'micro'라는 용어를 쓰고 있다.

12   [옮긴이] 미시적 행동주의는 앞서 언급한 지각적 유기체(sentient organisms)에 대한 미시적 이론을 지칭한다. 그리고 여기서 말하는 "개별자"는 감각 자료를 지칭하는데, 셀러스는 이를 거시적 행동 이론에 속하는 것이 아니라, 미시적 행동 이론에 속하는 것이라고 본다.

13   지각적 유기체의 미시적 이론의 개념틀과 관련된 몇 가지 논리적 논점에 대해서는 『미네소타 과학 철학 연구(*Minnesota Studies in the Philosophy of Science*)』 제1권에 실린 Paul E. Meehl과 Wilfrid Sellars의 논문 「창발의 개념(The Concept of Emergence)」을 참고하기 바란다. 본 논문은 1956년 미네소타대학교 출판부에서 출간되었으며, 239~252쪽에 수록되어 있다.

여 규정할 수 있는 시공간 벌레Space-Time worms이다: (a) 단지 물질적 물체에
도 대응되는 이론적 개체들을 특징짓는 변량과 (b) 오직 지각적 유기체에
고유한 변량. 둘째, (b)의 변량들이, 이 새로운 미시적 개념틀에서, 상식적
개념틀에 속한 물체의 지각 가능한 성질에 대응되는 것이다. 이러한 진술들
이 바로, "물체는 실제로 색을 가지지 않으며, 색은 오직 지각자에게만
존재한다", 그리고 "물체의 보이는 표면이 빨갛고 삼각형임을 본다는 것은
빨갛고 삼각형인 감각 내용을 물체의 빨갛고 삼각형인 표면으로 착각하는
것이다"라는 아이디어가 가지는 실질적인 의미가 될 것이다. 이 두 아이디어
는 모두 명백하게 이상적인 과학적 개념틀에 근거하여 물체와 물체의
지각에 대한 상식적인 개념틀을 비판하는 사변적인 철학적 비판을 상식적
인 개념틀 자체 내에서 끌어낼 수 있는 구분들인 것처럼[14] 취급하고 있다(41
절 참조).

62. 이제 이야기의 마지막 장으로 넘어가겠다. 존스가 자취를 감추기
전에 인류에 대한 마지막 봉사로 그의 지각 이론을 동료들에게 가르친다고
가정해 보자. 이전 생각의 경우와 마찬가지로, 그들은 적절한 전제에서
이론적 결론을 도출하기 위해 인상의 언어를 사용하기 시작한다. (인상의
언어에서 이론적 진술에 대한 증거는 겉으로 드러나는 행동뿐 아니라
저기 붉고 삼각형인 물체가 있는 것처럼 보이는 것과 같은 내성 가능한 내적
에피소드도 포함할 것이다). 마지막으로 그는 그들이 이 언어를 보고하는
데 사용하도록 하는 훈련에 성공한다. 즉, 그는 이 이론에 따라 실제로

---

14   [옮긴이] 셀러스의 비판은 감각 자료 이론가들이 과학의 '미시 이론' 속에서나 자리
      잡을 법한 이 개별자들을, 마치 상식적(거시적) 개념틀에서 '주어진' 것인 양 혼동해
      버린다는 것이다. 정리하면, 셀러스는 "인상"이라는 거시적(심리·행동적) 설명 범주의
      개념과, 미시적 이론에서 상정되는 "개별자"를 엄격히 구분해야 한다고 한다. 이를
      혼동하는 것이 주어진 것의 신화의 원천이 된다.

붉고 삼각형인 인상을 가지고 있을 때, 그리고 오직 그럴 때만 "나는 붉고 삼각형인 인상을 가지고 있다"라고 말하도록 훈련시킨다.

다시 한번 이 신화는 특정한 내적 에피소드, 이 경우 인상에 관한 개념들이 주로 그리고 본질적으로 겉으로 드러나는 행동적 징후로 환원되지 않으면서도 상호 주체적일 수 있음을 이해하는 데 도움을 주며, 이 개념들의 보고 역할, 이 개념들의 내성에서의 역할, 각자가 자신의 인상에 대해 특권적인 접근을 가지고 있다는 사실이 이 개념들의 한 차원을 구성하며, 이 차원은 상호 주체적 담론에서의 이 개념들의 역할에 기반하고, 이를 전제하는 차원이라는 것을 이해하는 데 도움을 준다. 이는 또한 이 에피소드들의 "사적 성질"이 전통적인 수수께끼인 "절대적인 사적 성질"이 아닌 이유를 분명히 보여준다. 왜냐하면, 생각의 경우와 마찬가지로, 겉으로 드러나는 행동이 이러한 에피소드의 증거라는 사실이 이러한 개념들의 논리 자체에 내재해 있기 때문이다. 이것은 가스의 관찰 가능한 행동이 분자 에피소드의 증거라는 사실이 분자 화법의 논리에 내재해 있는 것과 같다.

우리의 조상들이 존스의 지도 아래 습득한 것은 그들이 이미 질적이고 존재적인 관찰의 언어로 말할 수 있는 것을 말할 수 있게 해주는 단순한 또 다른 "언어" — "표기상의 편의성" 또는 "코드" — 가 아니라는 점에 주목하라. 그들은 진정으로 다른 언어를 습득했다. 그러나, 이 언어는 공간과 시간에 있는 공공 물체에 대한 화법의 개념틀에 기반을 두면서도 자율적인 논리 구조를 가지고 있으며, 저기 붉고 삼각형인 물체가 있는 것처럼 보인다는 사실들에 대한 단순한 "코드"가 아니라 이 사실들에 대한 설명을 포함한다. 또한 우리의 "조상"들이 인상을 알아차리게notice 되었고, 인상의 언어가 그러한 것이 존재한다는 것을 "발견"한 것을 내포하지만, 인상의 언어가 이 개체들에 대한 선행된 알아차림noticing에 맞추기 위해 고안된 것이 아니라는 점에 주목하라. 분자의 언어가 분자에 대한 선행된 알아차림에 맞추기 위해 고안된 것이 아닌 것처럼.

그리고 존스의 정신은 아직 죽지 않았다. 왜냐하면, 감각 자료 이론가의 감각 내용과 감각 필드의 견고한 핵심이 바로 61절(5)에서 논의된 미시적 이론에서 말하는 개별자들이기 때문이다.[15] 감각 자료 이론가는 미시적 이론의 개념틀의 일반적인 윤곽을 구상하고, 심지어 그 일부 영역을 스케치하면서, 이를 보고 언어로 사용하는 것을 (그의 서재에서) 스스로에게 가르쳤다. 불행히도, 그는 이러한 개념들의 진리성을 잘못 위치시켰고, 철학자가 아니라면 용서될 수 있는 미숙함으로 경험적 지식의 개념틀에 대한 자기 자신의 창조적 확장을 기존 지식을 분석하는 것과 혼동했다. 그는 자신이 관찰할 수 있게 된 개별자들과 개별자들의 배열을 자료로 간주하고, 그것들이 처음부터 그 개념틀 안에 어떤 방식으로 존재해 왔던 선행하는 지식의 대상이라고 믿었다. 사실 그는 주어진 것given을 이야기할 때, 이미 무언가를 취하는taking 작용 속에서 그렇게 말하고 있었던 것이다.

63. 나는 신화, 즉 주어진 것의 신화를 죽이기 위해 신화를 사용하였다. 그러나 내 신화가 정말 신화일까? 독자는 존스를 동굴에서 나오는 불평과 신음에서부터 시작하여 거실, 실험실, 서재의 미묘하고 다차원적인 담론, 다시 말하면, 헨리와 윌리엄 제임스, 아인슈타인, 그리고 담론에서 탈피하여 담론을 넘어서는 아르케arché/궁극적 근원에 도달하려고 노력하는 가운데 모든 차원 중에서 가장 흥미로운 차원을 제공한 철학자들의 언어에 이르는 여정의 중간에 있는 인간 자신으로 인식하지 않을까?[16]

---

15   [옮긴이] 61절에서 논의된 미시적 이론은 지각적 유기체에 대한 현대적 미시적 이론을 지칭한다. 이 현대적 미시적 이론에서 상정하는 개별자들이 바로 감각 자료 이론가의 감각 내용과 감각 필드의 견고한 핵심을 이어받은 것이므로, 감각 자료 이론이 아직 죽지 않았다고 말한다.

16   [옮긴이] 헨리 제임스는 인간의 의식과 지각에 대한 주제들을 탐구한 소설가이고, 윌리엄

제임스는 실용주의와 마음 철학으로 유명한 철학자이자 심리학자이다. 이 결론 문단에서
셀러스는 거실에서의 담론을 헨리와 윌리엄 제임스의 언어와 연결시키고, 실험실에서의
담론을 아인슈타인의 언어와 연결시키고, 서재에서의 담론을 넘어서서 원형에 도달하려
고 했던 철학자들의 언어와 연결시킨다. 이 대응 관계는 거실에서의 담론은 일상 언어로
이루어지고, 실험실에서의 담론은 과학적 언어로 수행되며, 서재에서의 담론은 추상적인
철학적 언어로 수행된다는 것에 근거하고 있다.

참고 문헌

1. Ayer, A. J. *Foundations of Empirical Knowledge*. London: Macmillan, 1940.

2. Ayer, A. J. "The Terminology of Sense Data," in *Philosophical Essays*, pp. 66~104. London: Macmillan, 1954. Also in *Mind*, 54, 1945, pp. 298~312.

3. Braithwaite, R. B. *Scientific Explanation*. Cambridge: Cambridge University Press, 1953.

4. Broad, C. D. *Scientific Thought*. London: Kegan Paul, 1923.

5. Campbell, Norman. *Physics: The Elements*. Cambridge: Cambridge University Press, 1920.

6. Carnap, Rudolf. *Introduction to Semantics*. Chicago: University of Chicago Press, 1942.

7. Carnap, Rudolf. "*Psychologie in Physikalischer Sprache*," *Erkenntnis*, 3:107~42 (1933).

8. Carnap, Rudolf. "The Interpretation of Physics," in H. Feigl and M. Broadbeck (eds.), *Readings in the Philosophy of Science*, pp. 309~18. New York: Appleton–Century–Crofts, 1953. 이 선집의 글은 카르납의

Foundations of Logic and Mathematics, Chicago: University of Chicago Press, 1939의 pp. 59~69를 실은 것이다.

9. Chisholm, Roderick. "The Theory of Appearing," in Max Black (ed.), *Philosophical Analysis*, pp. 102~18. Ithaca: Cornell University Press, 1950.

10. Hempel, C. G. *Fundamentals of Concept Formation in Empirical Science*. Chicago: University of Chicago Press, 1952.

11. Linnell, John. "Berkeley's Critique of Abstract Ideas." A Ph.D. thesis submitted to the Graduate Faculty of the University of Minnesota, June 1954.

12. Paul, G. A. "Is there a Problem about Sense Data?" in Supplementary Volume XV of the *Aristotelian Society Proceedings*. Also in A. G. N. Flew (ed.), *Logic and Language*. New York: Philosophical Lib., 1951.

13. Price, H. H. *Perception*. London: Methuen, 1932.

14. Price, H. H. *Thinking and Experience*. London: Hutchinson's University Library, 1953.

15. Reichenbach, H. *Philosophie der Raum–Zeit–Lehre*. Berlin: de Gruyter, 1928.

16. Reichenbach, H. *Experience and Prediction*. Chicago: University of Chicago Press, 1938.

17. Ryle, Gilbert. *The Concept of Mind*. London: Hutchinson's University Library, 1949.

18. Sellars, Wilfrid. "Mind, Meaning and Behavior," *Philosophical Studies*, 3:83~94 (1952).

19. Sellars, Wilfrid. "A Semantical Solution of the Mind-Body Problem," *Methodes*, 5:45~84 (1953).

20. Sellars, Wilfrid. "Empricism and Abstract Entities," in Paul A. Schlipp (ed.), *The Philosophy of Rudolf Carnap*. Evanston, Illinois: Library of Living Philosophers (forthcoming). (Available in mimeograph form from the author.)

21. Skinner, B. F. "The Operational Analysis of Psychological Terms," *Psychological Review*, 52:270~77 (1945). Reprinted in H. Feigl and M. Broadbeck (eds.), *Readings in the Philosophy of Science*, pp. 585~94. New York: Appleton–Century–Crofts, 1953.

22. Wittgenstein, Ludwig. *Philosophical Investigations*. London: Macmillan, 1953.

스터디 가이드

로버트 브랜덤
Robert Brandom

다음은 피츠버그대학교에서 학부 상급 및 대학원 과정 학생들이 텍스트 속 나무들을 헤치고 나아가 셀러스의 숲을 꿰뚫어 볼 수 있도록 돕기 위해 수년에 걸쳐 작성된 노트다. 이 글은 이 자료를 어떻게 읽을지에 대한 첫 시도에 지나지 않으며, 이 에세이의 구조와 사상 전반에 대한 가장 일반적인 윤곽을 제시하는 데 목적이 있다. 이를 위해 철학적으로 흥미로운 여러 쟁점과 논의는 의도적으로 생략되어 있다. 특히, '빨간' 단락과 '초록' 단락의 구분[1]에서 어떤 철학적 의의를 찾으려는 사람들이 제기한 바 있는 진정으로 난해한 주제들은 피했다. 여기서 제시되는 정식화와 성격 규정은 최종적이거나 권위적인 해석을 내놓으려는 것이 아니라, 이 풍부하고 난해한 텍스트를 읽어 나가는 데 하나의 출발점을 제공하려는 것이다.

이러한 형식의 문서에 대한 발상과 결론 부분의 절들에 대한 주석은

---

1   [옮긴이] "빨간 문단"은 '멈춰서 깊이 숙고할' 문단을, "녹색 문단"은 '크게 고민 없이 읽을' 문단을 비유적으로 지칭한다. "빨간 문단", "녹색 문단"이라는 표현을 이런 의미로 쓴 것은 교통 신호에서처럼, 붉은색은 '위험·경고'를, 녹색은 '안전·진행'을 상징한다는 것에 근거한다.

1970년대 프린스턴에서 대학원생으로 있을 때 로티Richard Rorty가 유사한
목적을 가지고 배포한 유인물에서 비롯되었다. 존 맥도웰John McDowell과
다니엘 매크베스Danielle Macbeth의 많은 제안과 개선에 대해 감사한다. 셀러
스가 무엇을 말하고 있는지(또 무엇을 말해야만 하는지)에 대해 그들의
코멘트가 상당한 이견을 드러낸 이슈—특히, "보인다" 화법이 2차 성질sec-
ondary qualities의 존재에 대한 보고와 어떻게 관련되는지에 얽힌 미묘한
문제들과, 과학적 실재론에 결부된 다양한 주장 및 입장들—에 대해서는
내 해석을 고수했다. 남아 있는 오류는, 누락에서 비롯된 것이든 잘못
해석한 것에서 비롯된 것이든 모두 전적으로 나의 책임이다.

용례:「경험론과 마음 철학」의 절 번호는 [ ] 괄호로 표시한다: [36].
이 가이드의 절 번호를 인용할 필요가 있을 경우에는 [[ ]] 괄호를 사용한다:
[[36]].

제 I 장
감각 자료 이론의 모호성
[1]~[7]

제1절 셀러스는 자신의 과제가 '주어진 것의 개념틀the framework of given-ness' 전체를 공격하는 데 있다고 선언한다. 그러나 이것은 우리가 추론 없이, 전형적으로 지각을 통해, 도달하는 판단과, 추론의 결론으로 도달하는 판단 사이의 구분을 무너뜨리려는 것이 아니다. 실제로 이 에세이의 긍정적인 작업 중 하나는 비추론적 보고를 이해하는 방식을 제시하면서, 그것이 셀러스가 "주어진 것의 신화the Myth of the Given"라고 부르는 일련의 철학적 입장들로 슬그머니 빠져들어 가지 않도록 하는 것이다. 감각 자료 이론은 셀러스가 우선적으로 겨냥하는 표적이지만, 그것이 중요한 이유는 단지 '주어진 것'에 대한 호소appeal to givenness의 대표적이고 영향력 있는 사례이기 때문이다. 우리는 이러한 호소가 더 은밀한 형태로 나타나는 다양한 경우들을 식별할 수 있어야 한다.

이 도입부 절들에서 주어진 것의 신화는 앎의 주체들knowers에 대한 비인식적 사실non-epistemic facts이 이들에 더한 인식적 사실epistemic facts을 함의할 수 있다는 아이디어의 형태로 제시된다.[2] 앎의 주체에 대한 인식적

2 　　[32]절의 토대주의 논의는, 비록 토대를 이루는 것이 [감각 자료가 아니라] 인식적 사실이라고 이해한다 해도, 그 사실을 알 수 있는 능력이 추론 능력과 일반적인 경험적

사실은 우선 먼저 누군가가 무엇을 알고 있는 것에 대한 사실이다(물론 셀러스의 맥락에서는 각자가 단순히 믿는 것 역시 '인식적' 사실이라는 것을 알게 되겠지만). 데카르트의 중요한 혁신 중의 하나는 마음을 인식론적 관점에서 정의한 것이었다: 어떤 상태가 심적 상태라는 것은, 그 상태에 있다는 것이 곧 그 상태에 있다는 사실을 아는 것을 함의한다는 것이며(투명성, 무지를 배제함), 그 상태에 있다고 믿는 것이 그 상태에 있다는 것을 함의한다는 것이다(무오류성, 오류 가능성을 배제함). 마음은 우리가 **직접적으로** 아는 것의 영역인데, 여기서 '직접적'이라는 것은 단지 비추론적이라는 의미가 아니라 마음에서 일어나는 일들이 무지나 오류의 가능성을 배제하는 방식으로 우리에게 주어진다는 강한 의미이다. (데카르트의 생각은, 만약 어떤 것이 **중개적으로**mediately, 즉 그것의 표상representation들을 통해 알려진다고 한다면, 반드시 어떤 것 — 일종의 '표상' — 은 **직접적으로** 알려져야 한다는 것이다. 그렇지 않으면 무한 퇴행infinite regress에 빠지게 되기 때문이다.) 셀러스는 마음에 대한 이러한 데카르트적 설명이 인식적 항목과 비인식적 항목의 구분, 그리고 그것들이 여러 종류의 설명에서 맡는 역할들에 대한 혼동에서 비롯된 것이라는 것을 보여주려고 한다.

가장 잘 알려진 형태의 "주어진 것의 신화"는 지각력sentience과 사고력sapience의 구분을 흐리는 것으로 나타난다. 이것은 한편으로 단순히 깨어 있음awake(우리가 개념을 파악하지 못하는 동물들과도 공유하는)이라는 의미에서의 자각과 다른 한편으로 그 자체로 하나의 지식 형식이 되거나, 그러한 자격을 갖춘 판단들을 정당화해 줄 잠재력을 지님으로써 지식을 내포하는 자각 사이의 구분이다. "빨간 삼각형의 감각이 경험적 지식의 전형적인 예이다"라는 아이디어[7]는 이러한 혼동의 전형적인 사례다. '주어진 것의

<hr>

개념 습득과 독립적이라고 생각한다면 여전히 '주어진 것의 신화' 입장을 취할 수 있음을 보여준다.

신화'는 두 가지 성질을 지닌 일종의 **자각**awareness이 존재할 수 있다는 아이디어다. 첫째, 이 자각은 어떤 종류의 **지식**을 가지고 있는 것 자체이거나 그런 지식을 가지고 있음을 함의한다. 이 지식은 다른 사물에 대한 지식은 아닐지라도, 최소한 각자가 그 상태 또는 그런 종류의 상태에 있다는 지식 — 각자가 단지 그 상태에 있다는 사실만으로 소유하는 지식이다. 둘째, 이 자각은 그러한 류의 자각을 가지는 능력, 즉 그러한 상태에 있을 수 있는 능력은 어떠한 개념의 습득도 전제하지 않는다는 것을 함의한다. 곧, 전형적으로 언어 학습을 통해 개념 사용법을 파악하고 숙달하는 것과 상관없이, 그 전에 그러한 자각이 가능하다는 것을 함의한다.[3] 셀러스의 비판적 논증의 결론은 [앞에서 언급한 자각의] 이 두 가지 성질은 양립할 수 없다는 것이다: 오직 명제적으로 내용이 있는 것만이, 따라서 개념적으로 정립된 것만이 정당화의 근거로 작용할 수 있으며(또는 정당화를 필요로 하며), 지식의 근거가 되거나 지식을 구성할 수 있다. 데이비드슨은 이 생각의 다른 표현으로 "믿음을 정당화하는 이유가 될 수 있는 것은 오직 다른 믿음뿐이다"라는 슬로건을 이용한다. 셀러스는 이 슬로건을 "믿을 수 있는 것을 지지하는 이유가 될 수 있는 것은 다른 믿을 수 있는 것뿐이다" 로 바꿈으로써 더 잘 표현될 수 있다고 생각했다. 여기서 '믿을 수 있는 것들believables'은 가능한 믿음possible belief의 내용이 될 수 있는 것들, 즉 명제적 내용을 지닌 것what is propositionally contentful이다.[4]

---

3   맥도웰이 지적하듯이, "주어진 것의 아이디어는 이유의 공간, 즉 정당화나 보증의 공간이 개념적 영역(conceptual sphere)을 넘어 더 넓게 확장된다는 생각이다"(*Mind and World* [Cambridge, Mass.: Harvard University Press, 1994], p. 7). 즉, 주어진 것은 그것이 개념적 능력의 행사를 필요로 하지 않는 방식으로 주어지더라도, 그 자체로 정당화의 근거로 기능할 수 있다는 생각이다.

4   셀러스의 수정안은 명제적 내용을 지니되 믿음이 아닌 것들도 인식론적 정당화 근거로 사용될 수 있게 한다. 예컨대, 사실이 이러한 역할을 할 수 있다.

셀러스는 명제적 내용성propositional contentfulness, 즉 지식의 후보라는 의미에서 인식적인 것을, 그가 "이유를 제시하고, 요구하는 게임game of giving and asking for reasons"이라고 부르는 것에서 수행하는 역할을 통해 이해한다. "어떤 에피소드나 상태를 앎knowing으로 특징짓는 것은 그것에 대한 경험적 서술을 하는 것이 아니라, 그것을 이유의 논리적 공간, 곧 각자가 말하는 것을 정당화하고 정당화할 수 있는 공간에 위치시키는 것이다."[36] 무언가를 지식의 후보로라도 삼는다는 것은, 그것이 **추론**에서 전제와 결론으로 쓰일 수 있는 잠재적 역할에 대해서 말하는 것이다. 셀러스에게 있어 인식적 사실의 핵심적 특성은 이의 표현이 **규범적 어휘**의 사용을 요구한다는 것이다. 따라서 무엇을 지식의 후보로 삼는다는 것은 동시에 그것의 **규범적 지위**normative status에 대한 문제를 제기하는 것이다. '주어진 것의 신화'는 결국 "윤리학에서의 자연주의적 오류naturalistic fallacy — 곧, 이다is로부터 ~야 한다ought를 끌어내려는 시도 — 와 일맥상통한 것으로" 드러난다.[5] 이것은 지식에 대해 말하는 것은 필연적으로 각자가 **취한 입장**(개념적으로 정립된 명제적 내용)에 대해 말하는 것이며, 각자가 여러 가지 의미에서 입장을 취할 자격이 있는지에 대해서 말하는 것이기 때문이다.

제2절 여기서 셀러스는 한편으로 감각함sensing의 작용[6] 또는 에피소드와, 다른 한편으로 그 작용의 내용, 감각된sensed 것, 즉 감각 내용sense content이라

---

5   "인식론적 사실을, 비록 '원리적으로라도', 비인식론적 사실로 남김없이 분석할 수 있다는 생각은 (⋯) 근본적인 오류이며, 이는 윤리학에서 소위 '자연주의적 오류'와 같은 부류의 실수이다."[5]. 이 주제는 셀러스의 초기 저작에서부터 이미 등장한다. 예컨대 J. Sicha, ed., *Pure Pragmatics and Possible Worlds: The Early Essays of Wilfrid Sellars* (Reseda, Calif.: Ridgeview Publishing, 1980)에 재수록된 "A Semantic Solution to the Mind–Body Problem"을 참고하라.

6   [옮긴이] 작용(act)의 개념에 대해서는 본서 I장 옮긴이주 6을 참조하라.

불리는 것을 구분한다. 예컨대 누군가 분홍 코끼리를 환각할 때, 그렇게 하는 것이 바로 감각함이며, '녹색 노트웨이 쥐 환각'이 아니라 '분홍 코끼리 환각'이라 부르게 만드는 것이 감각 내용이다. [정상적인] 일상적 지각에서는, 감각된 내용은 감각된 외부 대상과 엄밀히 구분해야 한다 (반면, 환각의 경우 외부 대상이 아예 존재하지 않는다).

제3절 이제 데카르트 모델에서 감각 내용의 감각함sensing of sense contents이 지식과 정당화의 토대로서 얼마나 적합한지 검토해 보자.

지식의 토대에 대한 일반적 아이디어는 다음과 같이 요약할 수 있다. 우리의 믿음이 지식을 구성하려면 단순히 참인 것만으로는 부족하고, 정당화justified되어야 한다 — 운 좋은 추측은 지식의 자격이 없다. 하나의 주장 또는 믿음은 이것과 추론적으로 연결된 다른 주장이나 믿음을 정당화할 수 있다. 즉, p라는 주장에 대한 확신이 정당하고, 그로부터 q가 도출될 수 있다면, q라는 주장에 대한 확신도 정당하다고 할 수 있다. 이것을 말하는 것은 정당성이 상속될 수 있는 메커니즘을 말하는 것이다. 그러나 모든 정당화된 입장들이 그 지위를 다른 입장들로부터 추론적으로 상속받을 수 있는 것은 아니다. 상속 메커니즘[7]에게 [이것이] 전달할 무엇인가를 주기 위해 긍정적 정당화 지위를 획득하는 또 다른 메커니즘이 반드시 존재해야 한다. 만약 p_1이 p_2로부터 정당함의 지위를 상속받고, p_2가 p_3로부터 정당함의 지위를 상속받고, 이렇게 계속 그 지위를 상속받는다면, 두 가지 문제에 봉착한다:

---

7   [옮긴이] 여기서 말하는 상속 메커니즘은 추론적 상속 메커니즘을 가리킨다. 즉, p라는 주장이 정당화되어 있고, p로부터 q가 추론 과정을 통해 도출된다면, q는 그 추론을 매개로 p의 정당화를 '상속'받아 정당화된다는 메커니즘을 뜻한다.

어느 시점에서 어떤 주장이 반복된다면 (m< n이므로 어떤 p_n이 이전의 p_m과 동일해진다면,) 그 '정당화'는 순환적circular이 된다.

혹은

반복이 전혀 일어나지 않는다면, 무한 퇴행이 발생한다. 이때 각 p_n은 정당화되지 않은 '정당화자justifier'라는 비정상적인 지위를 갖게 된다. 즉, 각 p_n은 이것은 무한히 많은 다른 주장이 정당화되기 전까지는 정당화되지 않는다.[8]

결론적으로, 어떤 믿음이 정당화될 필요 없이without aving to be justified 정당한 상태being justified가 되는 어떤 방법이 있어야 한다. 우리는 '정당화'라는 말이 가질 수 있는 두 가지 의미를 구별해야 한다. 하나는 지위(정당화된 상태being justified)[9]를 지시하고, 다른 하나는 그 지위의 획득에 이르는 과정

---

8   이 논증은 명백히 여러 면에서 지나치게 단순화되어 있다. 물론 정당화는 단일 진술일 필요는 없다. 그러나, 전제들의 집합이 허용되더라도 이에 대응하는 딜레마가 발생한다. 또한 이 논증은 전제들에 대한 퇴행과 여러 면에서 유사한 방식으로 추론에도 퇴행[옮긴이*]이 존재하며, 이 두 종류의 퇴행이 복잡하고 중요한 방식으로 상호 작용할 수 있다는 사실을 간과하고 있다.
    [옮긴이*] 브랜덤이 말하는 "추론에 대한 퇴행(regress on inferences)"은 단지 "전제가 끝없이 필요해지는" 문제만 있는 게 아니라, "그 전제로부터 결론을 끌어내는 추론 방식 자체도 정당화하려고 들면, 그 정당화 역시 또 다른 전제와 또 다른 추론을 필요로 하게 되고, 그게 다시 무한 퇴행의 구조를 만든다"라는 뜻이다.

9   [옮긴이] "without having to be justified"는 "정당화될 필요 없이"로 번역된다. 이것은 정당화 과정을 거쳐야 할 필요가 없다는 것을 말한다. "being justified"는 "정당한 상태"이다. "being justified"도 문맥에 따라서 "정당화 과정을 거친 상태"를 의미할 수도 있지만, 보통 영어에서는 "justified"라는 과거분사가 "already possessing justification"(이미 "정당화 지위를 가진")이라는 형용사의 의미로 자주 쓰인다. 번역에서는 "being justified"를 "정당한 상태"로 번역한다.

(정당화justifying)을 지칭한다.[10] 따라서 이 논의의 결론은, '정당화'를 정당화 과정을 가리키는 의미로 이해하여 어떤 믿음을 정당화하는 방식 말고도, 그 믿음이 긍정적 정당화 지위를 획득할 수 있는 다른 방식이 반드시 있어야 한다는 것이다. 추론적 상속 외에 이 인식적 지위를 얻기 위한 비추론적 획득 메커니즘이 필요하다.

지금까지는 무난하다. 데카르트는 이 상각 방식을 통해 **기본적 믿음**이라 부를 만한 일종의 주장이나 믿음이 있고, 이것이 다른 믿음들의 정당화 지위가 추론적으로 흘러나오는 원천의 역할을 하며, 나머지 모든 믿음의 토대를 이룬다고 결론지었다. 이 결론은 논리적으로 반드시 도출되는 것은 아니나,[11] 셀러스는 이를 문제 삼지 않는다.[12] 데카르트는 더 나아가,

---

10   이는 셀러스가 "악명 높은 '함(ing)/됨(ed)' 모호성"이라 부르는 것의 사례다[24]. (또한 [[35]] 참고.)

11   [옮긴이] 이 말은 브랜덤이 각주에서 자세히 설명하듯이, 기본적 믿음이라는 부류가 있다는 것이 무한 퇴행을 방지하기 위한 충분조건이기는 하지만, 필요조건은 아니라는 말이다.

12   [32]절을 보라. 이 논증은, 있는 그대로 보면, 정당하지 않은 양화사 전도(quantifier inversion)에 근거하고 있다.[옮긴이*] 토대주의적 퇴행 논증(foundationalist regress argument)으로부터 즉시 따라오는 것은 기껏해야 각각의 정당화 사슬에 대해, (다른 믿음에 의존하여) 정당화될 필요 없는 정당화된 (긍정적인 정당화 지위를 가지는) 믿음이 존재한다는 것뿐이다. 여기에서 어떤 특정한 종류의 믿음, 즉, 각 정당화 사슬에 대해 그 종착점 믿음이 특정한 믿음의 종류에 속하는 그런 종류가 있다는 것은 따라오지 않는다.[옮긴이**] 어떤 맥락에서 정당화를 필요르 하는 믿음이, 다른 맥락에서는 '정당화되지 않은 정당화자(unjustified justifier)'로 기능할 수도 있다.[옮긴이***] 예를 들어보자: 매 분마다 그 시점에 어딘가에 아이를 낳고 있는 여인이 있다. 이것은 참이다.[옮긴이****] 그러나, [이로부터] 어떤 여성이 있어, 매 분마다 그 시간에 출산을 하고 있다는 것은 따라오지 않는다. 만약 그것이 정말로 따라온다면, 우리는 그 여성을 찾아내어 출산을 멈추게 함으로써 인구 과잉 문제를 해결할 수 있을 것이다!

    [옮긴이*] 양화사 전도는 논리식. 예를 들어, $\forall x \exists b P(b,x)$에서 두 양화사의 순서를 바꾸어 $\exists b \forall x P(b,x)$로 만드는 것을 가리킨다. 해당 논리식의 구성에 따라 이 양화사 전도가 논리식의 의미를 바꿀 수도 있고 (위의 예), 바꾸지 않을 수도 있다. 전자의 경우를 타당하지 않은 양화사 전도라고 한다.

그 기본적 믿음들이 확실하지 않다면(궁극적 긍정적 정당화 지위를 가지지 않는다면), 그것들에 기초해 추론되는 어떤 믿음도 그럴듯할 수조차 없다고 보았다(루이스C. I. Lewis가 『마음과 세계 질서*Mind and the World Order*』에서 언급했듯이). 데카르트는 철학에 결정적인 인식론적 전환을 가져왔는데, 적어도 칸트 이전까지는 이것이 주체적 전환과 혼동되었다.[13]

[옮긴이**] 각 정당화 사슬의 종착점으로서 (비추론적으로) 정당화된 어떤 믿음이 존재한다는 진술은 다음과 같은 논리식으로 표현될 수 있다:

$$\forall x \exists b\,[C(x) \rightarrow B(b) \land \mathrm{Terminal}(b,x) \land J(b)]$$

C(x): x는 정당화 사슬(chain of justifications)이다. B(b): b는 믿음이다. Terminal(b,x): 사슬 x의 종착점이 b이다. J(b): b는 비추론적 정당화 지위(positive justificatory status)를 갖는다. 위 논리식은 참이다. 여기서 믿음 b는 각 정당화 사슬에 따라 결정되는 개별 믿음이다. 그런데 데카르트가 한 말은 다음과 같이 표현될 수 있는 것이다. 기본적 믿음(basic beliefs)이라고 부를 수 있는 특별한 종류의 믿음, 즉 다른 모든 믿음들의 토대를 이루는 그런 믿음이 있다. 이것은 논리식으로 다음과 같이 표현될 수 있다.

$$\exists b \forall x\,[C(x) \rightarrow B(b) \land \mathrm{Terminal}(b,x) \land J(b)]$$

위 논리식은 참인 논리식의 양화사 전도로서 참이 아니다. 어떤 믿음 b가 존재해서 항상 모든 정당화 사슬 x에 대해, $B(b) \land \mathrm{Terminal}(b,x) \land J(b)$를 만족시킨다는 것과 각 정당화 사슬 x에 대해, $B(b) \land \mathrm{Terminal}(b,x) \land J(b)$를 만족시키는 개별 믿음 b가 존재한다는 것은 전혀 다른 말이다.

[옮긴이***] 여기서 "맥락"은 앞선 문장에서 말한 정당화 사슬을 지칭한다. 두 개의 맥락 A와 B를 상정해 보자. 맥락 A가 회의주의적 철학 토론일 경우, "나는 지금 테이블을 보고 있다"라는 믿음은 인식론적으로 정당화되어야 하는 주장이다. 왜냐하면 가령 "지금 꿈꾸고 있는 것은 아닌가?", "환각이 아닌가?" 같은 철학적 의심이 제기되기 때문이다. 반면, 맥락 B가 일상적인 대화 상황일 경우, 누군가가 "나는 지금 테이블을 보고 있어"라고 말하면, 이를 비추론적인 정당화 지위를 가지는 진술로 간주하는 것이 타당하다. 즉, 같은 믿음이라도 철학적 문맥에서는 정당화가 필요하고 일상적 문맥에서는 정당화자(justifier) 역할을 할 수 있다. "정당화 지위"는 고정된 속성이 아니라, 담론 상황 속에서 규정되는 기능적 개념인 것이다.

[옮긴이****] 세계 인구 통계에 따르면 전 세계에서 초당 약 4.3건의 출산이 발생한다(즉, 매 분당 4.3×60≒258건). 따라서 각 분당, 전 세계 어딘가에는 반드시 "출산 중인 여성"이 존재한다는 말은 통계적으로 참이 된다.

13   [옮긴이] 인식론적 전환은 지식을 정당화의 문제로 파악하려는 관점이다. 사람들이 인식론적 전환을 주체적 전환과 혼동했다는 것은, 데카르트가 지식이 전적으로 개인의 심적 상태에 의존한다고 말한 것에서 비롯된 오해라는 뜻이다. 그러나 이는 데카르트가

이러한 오해는 데카르트가 자신의 인식론적 전환을 전개하는 독특하고 필수적이지 않은 방식에서 비롯된 것이다 왜냐하면, 그는 마음을, 마음의 인식론적 지위의 관점에서, 즉 주체의 무오류성과 국소적 전지성이 미치는 범위 내에 속함으로써 자기 자신에게 가장 잘 알려진 것으로 정의했기 때문이다. 이 인식론적 정의가 바로, 그 내용이 문장처럼 구조화된 사건들(예컨대 '비엔나는 오스트리아의 도시다'라는 생각)과 그 내용이 그림처럼 구조화된 사건들(예컨대 녹색 원 안의 붉은 삼각형을 본다고 상상하거나 보이는 것)을 동화시킨 동기가 된다.

지금까지 논의한 내용을 바탕으로, 감각 내용의 감각함sensings of sense contents을 지식의 토대로 삼는 과정을 살펴보면 대략 다음과 같다.

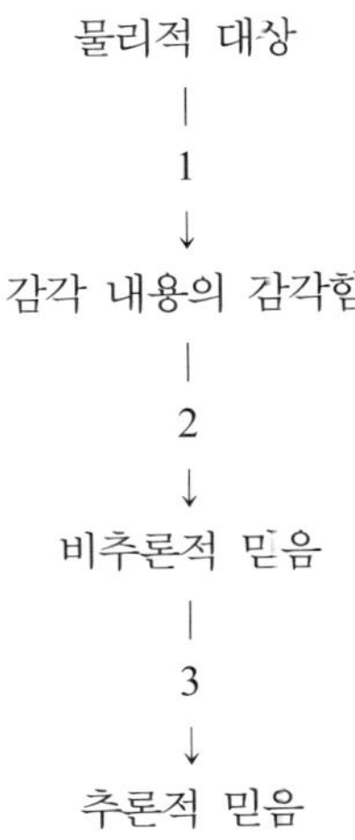

일반적인[정상적인] 지각 사례에서, 내 앞에 팔각형 모양의 면을 지닌 빨간 물체가 있기 때문에 나는 '빨간색·팔각형'이라는 감각 내용에 대한

자신을 표현한 독특한 방식에서 비롯된 오해이다. 칸트는 인식론적 전환이 주체적 전환일 필요는 없음을 분명히 하여 이러한 혼동을 해소했다.

감각함을 가진 나를 발견한다. 그런 감각 내용을 가졌기 때문에 내 앞에 빨간색 팔각형 물체가 있다는 비추론적 믿음을 갖게 된다. 그리고 이 믿음(다른 믿음들과 함께 작용할 수도 있다)이 있기 때문에 내 앞에 정지 신호판이 있다는 추론적 믿음이 정당화된다.

여기서 주목해야 할 것은 '때문에because'의 성격이다. 첫 번째 '때문에'(화살표 1)는 인과적 개념으로 이해될 수 있는데, 이는 지각의 신경생리학을 공부하는 이들이 다루는 종류의 인과관계일 것이다. 따라서 비규범적 용어로 서술 가능한 개별적 사실 간의 관계를 나타낸다. 이것은 사실상의 관계로서 비인식적nonepistemic 관계다. 반면 마지막 '때문에'(화살표 3)는 셀러스가 '인식적epistemic'이라고 부르는 관계를 가리킨다. 이는 추론적 개념으로서, 반복 가능한 추상 개체인 문장적 구조를 가진 믿음(또는 믿을 만한 것)들 간의 관계를 기술한다. 즉 이것은 원인causes이 아니라 이유reasons 의 문제이다. 이러한 정당화 관계는 자연적인 것이 아니라 규범적인 것이며, 이에 대해 최종적으로 판단하는 이는 경험적 과학자가 아니라 논리학자나 인식론자이다.

문제는 중간 관계(화살표 2)가 어떤 종류의 관계인가 하는 것이다. 이것이 첫 번째 인과적 관계와 같은 상자에 포함되는가, 아니면 세 번째 추론적 관계와 같은 상자에 포함되는가? 감각 내용의 '감각함'과 (잠재적으로 토대적인) 비추론적 믿음 사이의 관계는 어떻게 이해되어야 하는가? 바로 이 지점에서 인식적인 것과 비인식적인 것, 즉 인과의 언어로 기술된 개별자들과 이유의 언어로 기술된 믿을 만한 것들 사이의 구별이 비로소 중요해진다.

감각 내용의 감각함을, 개별자인 감각 내용과 이를 지각하는 주체 사이의 비인식적 관계로 이해한다고 가정해 보자. (이것이 결국 셀러스 자신이 지지하는 입장이다.) 그렇다면 감각 내용의 감각함이 어떻게 어떤 주장 ― 예컨대 비추론적 믿음 ― 을 함의하거나 정당화할 수 있는지 이해하기 어려워진다. 왜냐하면 추론의 전제가 될 수 있는 것은 오직 문장적 구조를 가진 것뿐이고, 비인식적으로 기술된 개별자는 아니기 때문이다. 이러한 이유로, 감각 내용과 지각자 사이의 비인식적 관계로 이해되는 감각함은 추론적으로 상속되는 정당화가 거슬러 올라갈 궁극적 근거로 삼기에 적합하지 않다. 그러한 감각함의 발생은 어떤 주장에 대한 입장을 수반하지 않으므로, 아무것도 믿지 않으면서 또한 아무것도 알지 못한 채 그 감각함을 가질 수 있다. (무언가를 아는 것은 긍정적 정당화 지위를 필요로 하므로) 따라서 감각함을 토대로 내세우려는 토대주의자는 감각 내용의 감각함을 지각 주체에 대한 인식적 사실로 간주할 수밖에 없다. 그렇다면, 그렇게 감각되는 그 개별자는 어떤 자리를 차지하게 되는가?

제4절과 제5절 감각 자료 이론가는 감각함sensings을 인식적 비추론적 믿음epistemic noninferential beliefs으로 취급할 수 있다. 이 믿음들로부터는 추론이 이루어질 수 있고 정당화 지위가 상속될 수 있으므로, 감각함은 토대적 기능을 수행할 수 있다. 감각되는 심적 개별자들(감각 자료, 즉 일종의 감각 대상으로 간주되는 감각 내용)이 여전히 [고유한] 역할을 갖도록 하기 위해, 이 이론가는 다음과 같이 말할 용의가 있어야 한다. "원초적 관념은 [어떤 주체가] 감각 내용 x가 성질 F를 지닌다고 믿는 것이다. 감각 내용 x를 감각한다는 것은 그것이 어떤 (무엇이든) 특성 F를 지닌다고 믿는 것이다. 개별자인 감각 내용은 바로 이러한 인식적 감각함epistemic sensing의 지향적 대상intentional object이다."[14] 이 분석에서 주목해야 할 중요한 점은, 감각 내용 x가 성질 F를 가지고 있다고 믿는다' 식의 인식적 개념이 출발점으로서 전제될 뿐, 소위 사전에 이해된 것으로 전제되는, 감각 내용을

---

14   [옮긴이] 여기서 "원초적 관념"이란 감각 자료 이론가라면, 자신의 기본 출발점으로 삼아야 할 개념을 지칭한다.

감각한다는 비인식적 개념(주체와 감각 내용, 둘 다 개별자, 사이의 관계 개념)으로 그런 인식적 개념들이 설명되어 있지 않는다는 점이다. 실제로 셀러스는 그런 인식적 개념을 비인식적 개념으로 환원하는 것이 원칙적으로 불가능하다고 본다. 다만 그의 논증은 이 점에 의존하지 않는다.

제6절 여기서 한 가지 더 고려해야 할 점이 제시된다. 주어짐의 옹호자들이 상정하는, 물리적 세계와의 수동적 인과관계에 놓이는 능력은 경험이나 훈련을 통해 획득해야 할 것이 아니다. 적절한 유형의 유기체는 깨어 있는 것만으로도 그 능력을 자연스럽게 가진다. 그러나 'x는 F이다'라는 형태의 믿음을 가질 수 있다는 것은 반복 불가능자unrepeatables 또는 개별자particulars를 반복 가능자repeatables 또는 보편자universals 아래에 분류하는 능력을 전제한다. 분류 능력은 부류의 경계를 무엇으로 정할지 경험과 훈련을 통해 배워야 하므로, 이 능력은 후천적으로 획득된 것으로 여기는 것이 자연스럽다. 이 생각 방식은 감각 자료 이론가가 주장하고, 주장할 자격이 있기를 바라는 상충하는 삼 명제를 야기한다:

A. 'S가 빨간 감각 내용 x를 지각한다'는 'S가 x가 빨강이라는 것을 비추론적으로 믿는다(또는 안다)'를 함축한다.
B. 감각 내용을 지각하는 능력은 습득된 것이 아니다.
C. 'x는 F이다'라는 형태의 분류적 믿음을 가질 수 있는 능력은 습득되는 것이다.

만약 A를 포기하면, 감각 내용의 감각함은 비인식적 사건이 되어 지식이나 비추론적 믿음의 논리적 필요조건은 될 수 있지만, 충분조건이 될 수는 없다. 이 길을 따르면 각자는 [4]와 [5]에서 전개된 [감각함을 인식적 비추론적 믿음으로 취급할 수 있다] 생각을 포기해야 한다. 만약 B를 포기하면,

감각 자료 이론가는 우리가 유아일 때 고통이나 배고픔, 가려움 등을 느끼려면 연습이 필요하다고 주장하거나, 그러한 느낌이 감각함이 아니라고 주장해야 한다. 그러나 그렇다면 감각함이란 무엇인가? 만약 C를 포기하면, 어떤 보편 개념이 선천적(획득되지 않은, 타고난, 내장된)이고 어떤 개념이 그렇지 않은지에 대해 설명해야 한다. 이것은 촘스키 같은 현대의 선천론자들이 주장한 것보다 훨씬 더 많은 것을 요구한다. 문법 형식뿐 아니라 빨강이나 큰 같은 내용적 개념들도 선천적이어야 하기 때문이다. A는 '주어진 것의 신화'의 한 형태이며, 셀러스는 결국 이를 포기할 것이다. 그 후 그는 생각과 감각, 그리고 지식의 기원(인과의 차원과 정당화의 차원 모두)에 관해 새로운 설명을 우리에게 제시해야 (그리고 제공하게) 될 것이다.

제7절 셀러스의 진단은, 아직 "주어진 것의 개념적 질병conceptual illness of givenness"에 대한 치료법은 아니지만, 이 질병이 두 가지 서로 다른 생각 방식이 혼동된 데서 발생한다는 것을 보여준다. 첫 번째 생각 방식은 지각과 경험적 정보의 획득을 과학적으로 설명하려는 시도에서 파생된 것이고, 두 번째 생각 방식은 위 [3] 논의에서 살펴본 데카르트적 모델에 대한 토대적 인식론적 설명foundational epistemological account을 제공하려는 시도에서 파생된 것이다:

1. 인간(및 짐승)에게 학습이나 개념 형성의 어떤 사전 과정 없이도 발생할 수 있는 "빨강의 감각" 또는 "C#의 감각" 같은 특정 내적 에피소드가 존재한다는 아이디어. 이런 에피소드들이 없으면, 예를 들어, 물리적 물체의 마주 보는 면이 빨간색이고 삼각형이라는 것을 보거나, 특정 물리적 음이 C#임을 듣는 것이 어떤 의미에서는 불가능할 거라고 여겨진다.

2. 어떤 항목이 예컨대 빨강 또는 C#임을 비추론적으로 아는 것non-inferential knowing인 내적 에피소드들이 존재하며, 이 에피소드들이 다른 모든 경험적 명제의 증거가 됨으로써 경험적 지식의 필요조건을 제공한다는 아이디어.

첫 번째 종류의 에피소드들은 개별자들로 구성되며, 이들이 수행하는 인과적 역할에 의해 구분되는 개별자들로 이루어진다. 두 번째 종류의 에피소드들은 문장처럼 구조화된 주장들로 구성되며, 이들은 추론적 또는 정당화 역할에 의해 구분되는 주장들로 이루어진다. 셀러스는 [45]부터 이 두 '종species'이 속하는 내적 에피소드에 대해 설명할 것이다. 그는 첫 번째 종류를 '감각 인상sense impressions'이라 부르고, 두 번째 종류를 '생각thoughts'이라 부르며, 각각이 수행하는 역할을 상세히 밝힐 것이다. 마지막으로, 그는 생각과 인상이 인간의 지식에서 어떻게 연관되는지를 설명할 것이다. (지금까지 나는 셀러스가 지식에 대해 말하는 곳에서 믿음에 대해서 말했는데, 이것은 비추론적 믿음의 정당화 혹은 보증 문제는 아직 논의되지 않았다는 것을 강조하기 위함이다.)

이 두 가지 사고방식을 결합한 결과는 "빨간 삼각형에 대한 감각이 바로 경험적 지식의 전형paradigm이라는 아이디어"이다. 이 아이디어는 셀러스가 지적한 바로 그 서로 연관된 "난점들"에 걸려든다:

· 우리는 해당 감각을 (삼각형처럼 구조화된) 일종의 개별자로 보아야 할까, 아니면 (문장처럼 구조화된) 일종의 믿음으로 보아야 할까?
· 이런 종류의 경험적 지식을 가질 수 있는 능력은 경험에 의해 습득되는 것인가, 아니면 경험에 선행하는 것인가?
· 이 기초적 지식은 우리의 나머지 지식들에 비해, 인과의 질서에서 우선하는가, 아니면 정당화와 증거의 질서에서 우선하는가?

제 II 장
다른 언어?
[8]~[9]

제8절 이번 절과 다음 두 절(원문에서는 모두 제9절로 표시되어 있다)은 어떤 점에서 보면, [본서의 중심 논의에서 벗어난] 부차적 논의이다. 중심 논의는 [10]에서 다시 이어진다. 이 부차적 논의는 이후 더 다룰 몇 가지 중요한 아이디어를 도입하기 위해 삽입된 것이다. 여기에서 주제는, 셀러스가 감각 자료 이론에 대해 구성한 딜레마, 즉 감각 내용이 비인식적으로 기술 가능한 개별자인가 아니면 오직 인식적으로만 기술 가능한 문장적 구조를 가진 전제인가 하는 딜레마를 피하기 위해 감각 자료 이론이 취할 수 있는 한 가지 가능한 형태이다. 즉, 이 문제에 대해 비인식적 접근을 완전히 버리고, 토대적 비추론적 믿음의 입장을 채택할 수도 있다는 말이다. 따라서 아이어Ayer는 감각 자료의 지각함이라는 화법이 주체에게 사물이 어떻게 보이거나 ~인듯하다look or seem는 화법과 등가라고 보고, 거기에서 파생된 것으로 본다. 그러한 제안은 세 부분으로 이루어져 있다:

(a) 나머지 경험적 믿음들의 정당화 근거를 이루는 비추론적 믿음들의 한 부류가 존재한다. [이것은 위 [[3]에서 시사했듯이 무한 퇴행 논증에 대응하기 위한 충분조건이지만, 그 대응을 위한 필요조건은 아니다.]

(b) 어떤 현상에 대한 세 단계의 중첩된 서술. 먼저, 상식적인 진술부터 보자. 나는 내 앞에 빨간 삼각형이 있다고 착각할 수 있다. 그러나 빨간 삼각형이 있는 것처럼 보인다는 것에 대해서는 착각할 수 없다. 다음으로, 실체화하는 단계가 있다. 주체는 실재에 관해 오류를 범할 수 있으므로 보임이 실재와 구분되어야 하지만, 무한 퇴행의 문제를 피하기 위해서는 보임에 대해서까지 착각할 수는 없다는 데카르트 원리를 적용한다. 마지막으로, 토대에 대한 주장이 나온다. (a)에서 언급된 비추론적 믿음들의 부류는, 지각 보고perceptual report를 위해 사용되는 문장들에 의해 표현되는 믿음들로 구성되어 있다. 이 문장들은 그 앞에 특수한 연산자를 가지고 있다. 예를 들어, "지금 내게는 … 처럼 보인다", "지금 내게는 … 인듯하다", "지금 내게는 마치 …인 것처럼 드러난다"와 같은 연산자.

(c) "S가 F(예: 빨강이고 삼각형임)인 감각 자료를 가지고 (자각하고) 있다"는 형태의 문장들은 정의상 "S가 보기에 자신이 F인 무언가를 감각하고 있는 듯하다"라는 형태의 문장과 등가이다. 이러한 이해하에서는 감각 자료라는 개별자는 존재하지 않는다. 이에 반하는 인상을 주는, 표면적으로 지시적인 단칭어들은 "비가 온다it is raining"의 'it'처럼 문맥적으로 해석되어야 한다.

제9절 여기서 셀러스는 이 접근법에 대한 한 가지 사실을 살펴본 뒤에 이 접근법에 대한 딜레마를 공식화한다. 이 사실은 단지 일반적 보임generic lookings에 관한 것이다. 즉, 어떤 것은 몇 개의 변이 있어 보이는지 결정되지 않아도 다각형처럼 보인다라고 할 수 있다. 그러나 어떤 것도 그것이 가지고 있는 변의 개수가 명확히 특정되지 않으면 다각형일 수 없다. (이러한 대비는 [17]에서도 다룰 것이다.) 따라서 [8절에 언급된] (c)에서 주장된 등가성에 따라 도입된 감각 자료 화법에서 허용되는 추론들은, 감각 자료를

개별자로 간주하는 감각 자료 이론가의 화법(이 화법에서는 위에서 말한
'추가적 특정화로의 추론'이 가능함[15])어 의해 허용되는 추론들과 같지
않다. 결국 이 '코드'는 오해의 소지를 안고 있다.

　　제9절의 추가절[16] 이 딜레마는 [감각 자료 화법을 코드로 보는 접근법에
대해] 더욱 심각한 난점을 드러낸다. 만약 감각 자료 화법이 단지 하나의
코드에 불과하다면(오해를 일으키지 않는 한) 그것은 중복적이다. 그렇다
면 무슨 의미가 있는가? 그것은 인듯함seeming이나 보임appearance에 대해
아무것도 설명해 주지 못한다. 이를 설명하려면 이것은 특정한 종류의
개별자, 즉 감각 자료와의 관계에 의해 보임을 설명하는 보임의 이론이어야

15　[옮긴이] 브랜덤이 쓴 9절([[9]])은 매우 압축되어 있어 이해하기 쉽지 않다. 특히 "추가적
　　특정화로의 추론"이라는 구절이 무엇을 말하는지 분명하지 않다. 문맥상 직전에 나오는
　　문장 "어떤 것도 그것이 가지고 있는 변의 개수가 명확히 특정되지 않으면 다각형일
　　수 없다"를 지칭하며, 거기에서 "추가적 특정화로의 추론 가능성"이 매우 암묵적으로
　　암시되고 있다. 역자는 브랜덤 교수와 이 메일 서신을 주고받음으로 그의 의도를 이해하게
　　되었다. 이 구절은 다음과 같이 이해될 수 있다. 감각 자료 이론가가 (a) 감각 내용을
　　개별자로 다룰 때, "이 감각 자료는 다각형이가"라고 말하면, 이것으로부터 이 감각
　　자료는 어떤 정확한 수의 변을 가진다고 추론할 수 있다. 이것은 개별자의 성질이다.
　　그런데 이 감각 자료 화법을 (b) 일상적인 보임 문장을 코드화한 "다른 언어"라고 볼
　　때는 특정한 변의 수에 대한 생각이 없이 "이것은 다각형으로 보인다"라고 말할 수
　　있다. 즉, "이것은 다각형으로 보인다"에서 "이것은 어떤 특정한 수의 변을 가진다"를
　　추론할 수 없다. 이 보임 문장은 일반적 보임을 표현하는 문장이기 때문이다. 그러면
　　딜레마가 발생한다. 즉, (a)의 경우와 (b)의 경우에 동일한 추론을 할 수가 없다. 그런데
　　(a)와 (b)를 등가라고 가정했다. 등가인 두 개로부터 동일한 추론을 할 수 없다는 것이
　　딜레마를 야기한다. 결국 감각 자료에 대한 "다른 언어" 이론은 자체 내에 모순을 내포하고
　　있는 이론이다.

16　[편집자] 원서에는 이 절이 '9절'로 표기됨으로써 앞의 '9절'과 중복되어 있다. '스터디
　　가이드'에서 브랜덤은 이 중복된 절을 "9 bis'로 토기한다. "bis"는 '두 가지 추가 조항'이라
　　는 의미를 가진 라틴어로, 이미 '9절'이 존재혀는데 그 뒤에 새 조항을 번호를 다시
　　매기지 않은 채로 추가할 때 붙이는 표기 방식이다. 따라서 "9 bis"의 의미를 살려
　　"제9절의 추가절"이라고 표기한다.

한다. (셀러스는 [21]과 [22]절에서 [이러한] 이론적 설명에 관해 어떻게 생각하는지 밝히기 시작하며, 이 주제는 에세이 후반부([39]~[44])에서 더 깊이 다룬다.) 그런데 그런 보임의 이론을 고안하려고 하면 코드 이론이 피하려고 한, (1)의 생각 방식([7과 [[7]] 참조)을 다시 도입하게 된다.[17] [여기서] 우리가 얻을 수 있는 교훈은 (1)의 생각 방식이 완전히 틀린 것은 아니라는 점이다. 셀러스가 제시할 설명은 바로 그 보임의 이론을 제공하며, 올바르게 이해된 (1)과 (2)의 생각 방식을 수용하고 화해시킨다. 따라서 [8절에 언급된] (c)는 문제를 해결하는 방안이 아니다. 다만 그것과 연결된 가정 — (a)와 (b) — 을 검토할 기회를 준다. 셀러스의 결론은, 이 생각 방식이 이미 (b) 단계에서 사물이 인듯하다는 주장으로부터 사물이 실제로 어떠한지에 대한 주장을 추론할 수 있다는 가능성을 전제하고 있다는 것이다.[18] 그런데 (a)와 (b)가 주장하듯이 모든 경험적 증거가 궁극적으로는 사물이 인듯한 것how things seem에 기인한다면, 그러한 추론은 보임과 실재 사이의 귀납적 상관관계에 의해 경험적으로 정당화될 수 없다. 대안은 "일반적 물리적 대상과 지각자들에 대한 일상적 화법이 '저기에 빨갛고 삼각형인 표면을 지닌 물리적 물체가 있는 것처럼 보인다'라는 형태의 문장들로부터 (원칙적으로) 구성될 수 있다"는 정의적 환원definitional reduction 을 발견하는 것처럼 보인다.[19] (a)와 (b)에 대한 수용이 (c)에 대한 수용보다

---

17   [옮긴이] 여기서 (1)은 7절에서 말한 감각 자료 이론을 이루는 두 가지 생각 방식 중 첫 번째 생각 방식을 가리킨다. 이것은 지각과 경험적 정보의 획득을 과학적으로 설명하려는 시도에서 파생된 방식으로, 다음과 같이 말한다: 인간에게 학습이나 개념 형성의 사전 과정 없이도 발생할 수 있는 "빨강의 감각" 또는 "C#의 감각" 같은 특정 내적 에피소드들이 존재한다.

18   [옮긴이] "이 생각 방식(this line of thought)"은 8절에서 언급한 (a), (b), (c) 중 (c)를 제외하고 (a)와 (b)를 결합한 생각 방식을 지칭한다.

19   [옮긴이] "대안"이란 오직 '어떻게 보이는지'에 관한 주장들만을 전제로 삼아 '실제로 어떠한지'에 관한 주장들로 나아가는 추론을 정당화하기 위한 다른 방식을 말한다.

훨씬 널리 퍼져 있는 만큼, 이것들이 표현하는 견해가 왜 틀린 지, 이것들이 전제하는 [정의적] 환원이 왜 불가능한지 살펴보는 것이 중요하다. 이를 위해 셀러스는 '보인다looks' 또는 '인듯하다seems' 화법의 논리로 눈을 돌린다.

제Ⅲ장
"보인다"의 논리
[10]~[20]

제10절 [6]의 상충하는 삼 명제 딜레마에서 벗어나기 위해서는 "이 두 가지 아이디어([7]과 [[7]]의 (1)과 (2))를 검토하여, 각각에서 비판을 견뎌낸 요소들이 어떻게 상호 보완적으로 결합되어야 할지 결정하는 것"이 필요하다. 우선, 각 주체가 특권적으로 접근할 수 있으며 감각과 사고에 공통적인 속genus인 내적 에피소드를 생각해 보자.

(a) 논리 실증주의자들은 내적 에피소드의 존재가 상호 주관적으로 검증하거나 반증할 수 있는 것이 아니기 때문에 그러한 내적 에피소드가 존재한다는 것을 부정해 왔다. 이것이 바로 타인의 마음 문제와 역스펙트럼inverted spectrum이라는 전통적 문제의 원천이다. 이러한 검증 불가능한 가설을 받아들이지 않기 위해서는 [내적 에피소드가 존재한다는] (1)의 아이디어를 거부할 수 있다.

(b) 비트겐슈타인과 그의 몇몇 추종자들은 (2)의 아이디어, 즉 [내적 에피소드가 존재하더라도] 내적 에피소드가 추론 기반 지식의 전제가 될 수 있다는 아이디어를 공격해 왔다. 그 이유는 내적 에피소드가 사적이기 때문에 공적 담론과 언어 학습의 망을 벗어나 버리기 때문이다(상자 속 딱정벌레와 사적 언어 논증).

셀러스는 이 두 가지 모두에 동의하지 않는다. 우리는 첫 번째 논의를 나중에 '행동주의behaviorism'([54]~[55]) 제목 아래에서 다시 살펴볼 것이다. 타인의 마음 문제와 역스펙트럼의 가능성을 피하기 위해 거부해야 할 것은 내적 에피소드의 개념이 아니라, 주어진 것의 신화라는 점이 셀러스의 핵심 주장이다. 셀러스는 (b) 가 너무 강하고 동시에 너무 약하다고 논증할 것이다([45]~[47]). 너무 강하다는 것은, 내적 에피소드가 반드시 공적 담론의 망을 벗어날 필요가 없기 때문이다. 본서의 후반부는 내적 에피소드를 관측 가능하게 된, 이론적 실체theoretical entities로 생각하는 방법을 보여주는 과제를 수행한다. 너무 약하다는 것은, 내적 에피소드를 부정하는 것만으로는 (다음 절들에서 보듯) 셀러스의 적, 곧 주어진 것의 신화를 피하기에 충분치 않기 때문이다.

제11절 문제는 "*X*가 *S*에게 *F*처럼 보인다"라는 형태의 비추론적 믿음이, 역스펙트럼 문제나 '상자 속 딱정벌레' 문제를 피하기 위해 이러한 보임의 내재적 속성에 대해 말하기를 거부하더라도, 나쁜 의미로 주어진 것으로 간주될 수 있다는 점이다. 다시 말해, 무엇인가가 *S*에게 *F*처럼 보인다면 실제로도 *F*이다("감각 자료 추론")라는 것을 가정하지 않는다 하더라도(그렇게 가정하지 말아야 함, [21] 참조), 여전히 주어진 것의 신화에 빠질 수 있다. 이보다 교묘한 형태의 신화를 비판하기 위해, 셀러스는 '보인다' 화법이 개별자로서의 내적 에피소드와 가지는 관계와 무관하게 독립적으로 '보인다' 화법 자체의 관념을 고찰한다.

제12절 문제는 빨강으로-보인다가 개념적으로 (그리고 설명의 질서에서) 빨강-이다보다 앞서는가 하는 점이다. 즉, 정의하는 개념(*F*로-보인다)을 사용하는 법을 먼저 배우고, 나중에 정의에 의해서 정의되는 개념(*F*-이다)

을 사용하는 법을 배우는 방식으로 후자를 전자를 이용하여 정의할 수 있는가? 데카르트와 그의 전통은, *F*로-보인다 화법을 통해 주체들이 절대 틀릴 수 없는 일련의 진술을 구성할 수 있으므로 이 화법이 곧 지식의 토대이며, 따라서 오직 수정 가능한 추론적 믿음만을 표현할 수 있는 *F*-이다 화법보다 이 의미에서 선행한다고 보았다. 이것이 바로 데카르트 토대주의foundationalism의 핵심이다.

데카르트는 보임과 실재의 구별이 보임 자체에는 적용되지 않는 것처럼 보인다는 사실에 주목했다. 나는 어떤 것이 실제로 빨간지(또는 멀리 있는 탑이 정사각형인지)에 대해 착각할 수 있지만, 그것이 지금 나에게 빨간색으로 보이는지에 대해서는 똑같이 착각할 수 없다.[20] 의문을 제기하는 이로부터 "어쩌면 그 대상은 실제로 빨간색이 아니고, 단지 빨간 것처럼 보이는 것일 뿐일지도 모른다."라는 반박은 받아들일 수 있지만, "어쩌면 그 대상은 빨강인 것처럼 보이는 것이 아니다. 아마드 빨강인 것처럼 보이는 것처럼 보일 뿐이다."라는 추가적인 의심은 성립하지 않는다. 만약 '빨강인 것처럼 보이는 것처럼 보인다'면, 그것은 실제로 '빨강인 것처럼 보인다'는 뜻이다. 보인다looks, 듯하다seems, 나타난다appears 같은 연산자들은 반복 적용하면 효과가 사라진다. 일반적 술어 'F'에 대해 보임/실재의 대조는 *F*로-보인다 와 F 사이의 구별로 표시되지만, *F*로 보이는 것처럼 보인다와 *F*로-보인다 사이에는 대응하는 대조가 없다. 데카르트는 보임을 보이는 그대로일

---

20   나는 빨강이라는 말이 해당 물체가 그렇게 보이는 그 색을 나타내는지, 다시 말하면, 'red'라는 단어가 표현하는 속성이 해당 물체가 가지고 있는 것으로 보이는 속성인지에 대해서 착각할 수 있다. 그러나 그것은 별개의 문제다. 그것이 그렇게 보인다(like that)는 점에 대해서는 내가 착각할 수 없다. 여기서 '그렇게'라는 표현은 비교 용법이 아닌 용법으로 이해되어야 한다. 그것이 빨갛게 보인다(looks-red)는 것은 독특한 현상적 속성이며, 우리가 불편하게도 실세계 속성을 나타내는 단어와의 연관을 통해서만 우연히 식별해 낼 수 있는 속성이다.

뿐인[단지 보이는 대로 실재하는] 것들things that really are just however they appear"로 실체화했다. 그는 우리가 보임에 대해 표상함을 통해 매개적으로 아는 것이 아니라고 추론했다. 표상함은 잘못 표상할 가능성 — 즉, 사물이 실제로 어떠한지와 단지 그렇게 보이는지(혹은 그렇게 표상되는지) 사이의 구별이 생길 수 있는 가능성 — 을 만들어낸다. 오히려, 우리는 단순히 보임을 가짐으로써, 그것을 직접적으로 안다. 따라서 보임은 "사물이 어떻게 보이는지"(시각의 경우), 더 일반적으로 "어떤 듯한지seem"나 "어떻게 드러나는지appear"에 대해 비추론적으로 야기된 주장에 의해서 보고되는 개체들의 영역으로 생각되며, 지식에 대한 인식적으로 안전한 토대epistemologically secure foundation로서 이상적인 자격을 갖춘 것으로 간주된다: 이들에 대해서는 우리가 잘못을 범할 수 없다. 단순히 보임을 가지는 것(셀러스가 논의하는 변종 중 하나인 "F-하게 드러남being appeared-to F-ly")만으로도 어떤 것을 아는 것으로 간주된다. 물론 무엇인가가 F라는 것은 아니고, 적어도 무엇인가가 F로 보인다/인듯하다/로 드러난다를 아는 것으로 간주된다. 이로써 사물이 어떻게 보이고, 무엇인 듯하고, 어떠하게 드러나는지에 대한 지식을 출발점으로 삼아 사물이 실제로 어떠한지(보임 영역 바깥에서)에 대한 우리의 지식(그것이 존재한다면)을 어떤 방식으로든 구축함으로써 우리의 지식을 재구성할 가능성이 생긴다.

이 프로젝트는 F처럼-보인다 형태의 개념이 원칙적으로 F(혹은 F-이다) 개념을 파악하기 이전에 이미 이해 가능해야 함을 요구한다. 셀러스는 개념적 질서에 대한 언어적 실용주의자이다; 다시 말하면, 그에게 개념의 파악이란 단어 사용의 숙련일 뿐이다.[21] 따라서 그는 개념적 우선성의

21 　어떤 단어가 각자가 이를 통해 파악하는 개념이 되려면, 그 단어는 반드시 추론적 역할을 가져야 한다. 즉, 올바르거나 올바르지 않다고 평가될 수 있는 추론의 전제와 결론을 구성하는 데 활용될 수 있어야 한다. 따라서 '아야(ouch)'라는 단어를 사용하기

문제를 다양한 언어 게임의 상대적 자율성 문제로 전환하는 방법론을 체계적으로 적용한다. 그는 이 경우 데카르트가 반대로 생각했다고 논증할 것이다. '보인다' 화법은 독립적인 언어 층위를 이루지 못한다. 이것은 다른 언어 게임을 전혀 수행하지 않으면서 할 수 있는 언어 게임이 아니다. 'F로-보인다' 화법을 숙달하려면 이미 'F-이다' 화법을 사용할 줄 알아야 하며, 결국 'F로-보인다'는 'F-이다'에 기생parasitic함이 드러난다. 바로 이러한 실천적 의미에서, F-이다가 개념적으로 (셀러스는 종종 '논리적으로' 라고 말한다) F로-보인다에 우선prior한다.

제13절 데카르트식 설명의 질서(그리고 궁극적으로는 정당화의 질서)에서 활용을 검토 중인 정의는 다음과 같다.

x가 빨간색이다＝df. x가 표준적 조건하에서 빨갛게 보일 것이다.

셀러스는 이 주장을 '보인다' 화법의 개념적 우선권을 허용하지 않으면서, 그리고 주어진 것과 그것이 지지하는 토대주의에 힘을 보태거나 위로를 제공하는 것 없이, 정의상 참으로 인정하는 방식을 제시할 것이다.

제14절 문장은 보고(비추론적) 용도뿐만 아니라 (단순히) 사실을 진술하는(추론적) 용도로도 사용될 수 있다.[22] 신뢰할 만한 보고자들의 경우,

---

위해 요구되는 분별적 반응 성향(differential responsive dispositions)을 습득했다고 해서 그것이 개념을 파악한 것으로는 인정되지 않는다. 자세한 내용은 아래[[16]]을 보라.

22　여기서 셀러스의 용어는 다소 부자연스럽다. 비추론적 보고(noninferential reports)가 사실을 진술하는 영역(fact-stating line)에 속한다는 점을 부정할 이유가 없다. 보고가 참이라면 사실을 제대로 전달한다고 볼 수 있다. 바람직한 용법은, 비추론적으로 끌어낸 주장과 추론의 결론으로서 생겨난 주장을 구별하되, 이를 사실 진술 화법 내부의 구별로

각자가 x가 F라고 말하려는 성향이 있고, 그 조건이 우리가 아는 한 표준적인 상황이며, 각자가 그런 조건하에서 해당 성향을 보일 때 대개 x가 F인 경우가 많다는 사실, 이 세 가지로부터 x가 실제로 F라는 결론을 끌어낼 수 있다. (보고자가 이 모든 내용을 믿고 이해해야만 한다는 점이 셀러스의 이후 논증에서 결정적으로 중요하다.) 또한 보고자의 반응적 성향에 체계적 오류가 발생할 가능성을 이해하는 것은 보고의 실천과 **추론**의 실천 간의 관계에 새로운 차원을 도입한다. 여기서 셀러스는 넥타이 가게에서 일하는 어린 존의 예시적 우화를 도입한다.

제15절 부수적 믿음collateral beliefs[23]이 체계적인 오류가 일어날 가능성을 시사하는 경우, 주체는 이전에 길러진 분별적 반응 성향이 이끄는 대로 "x가 F이다"라고 보고하는 대신, 새로운 형태의 주장, 즉, "x가 F로 보인다(또는 F인 것 같다)"를 하게 된다. 물론 이것을 새로운 유형의 보고 — 특수한 종류의 개별자, 즉 감각 자료에 대한 보고 — 라고 간주하기가 쉽다. 이 보고는 자연스럽게 각 주체가 결코 틀릴 수 없으며, 비추론적으로 확인 가능한 최소한의 토대적 사실을 전달하는 것으로 여겨진다. 여기에는 구별할 두 가지 점이 있다. 첫째, 보고된 내용을 토대적 사실로 간주하는 것은 잘못이다. 왜냐하면, 해당 보고를 표현하는 데 필요한 개념들이 '보인다' 연산자와 유사한 개념을 이용하여 형성되지 않은 개념들에 의존한다는 것이 밝혀졌기 때문이다([32] 참고). 더하여, 이를 보고로 간주하는 것 자체가 잘못이라고 한다. 이 보고들이 어떤 것을 F라 부르려는 성향을

이해하는 것이다.

23   [옮긴이] 부수적 믿음은 예를 들어, 내가 저 멀리 있는 물체를 '사람이다'라고 인식하는 데 함께 작용하는, 거리, 조명, 안경의 상태, 착시 가능성 등에 대한 배경적 믿음을 가리킨다.

드러낸다고 해서, 곧바로 그것들이 보고자 자신이 그런 성향을 가지고
있다고 말하는 것으로 보기는 어렵기 때문이다. 셀러스는 두 번째 점에서는
다소 망설이지만, 첫 번째 점에 대해서는 확고히 고수한다.

제16절(들)[24] 셀러스의 대안적 분석은 비추론적 보고 사용의 두 가지
차원을 구별하는 데 달려 있다. 첫째, 각 보고는 어떤 신뢰할 만한 분별적
반응 성향differential responsive disposition이 발현된 결과다. 즉, 보고는 특정
환경에서 일정한 방식으로 행동하도록 훈련된 결과이다(빨간불이 켜지면
빨간 사각형을 쪼도록 훈련받은 비둘기처럼). 그렇다면, 무엇이든 빨간
것이 눈에 보일 때만 "저것은 빨갛다!"라고 외치도록 훈련된 앵무새와,
같은 상황에 처한 진정한 비추론적 보고자 간의 차이는 무엇인가? 단순히
분별적 반응 성향을 가졌다고 해서 개념을 소유하기에 충분하지 않다.
그렇지 않다면, 습한 환경에서는 녹슬고 건조한 환경에서는 녹슬지 않는
쇳덩어리도 습기와 건조라는 개념을 가진 것으로 간주되어야 할 것이다.
그렇다면 앵무새의 감지력sentience을 넘어, 개념을 적용하여 분별적으로
반응하는 것으로 구성되는 사고력sapience을 위해 무엇이 더 필요한가? 셀러
스의 답변은 보고의 두 번째 차원을 소환함으로써 주어진다. 이 답변은
반응이 이유의 공간에서 어떤 입장을 취하는 것, 곧 이유를 제시하고
요구하는 게임에 한 수手/move를 두는 것이어야 한다는 것이다. 진정한
비추론적 보고자는, 앵무새와 달리, 해당 보고["저것은 빨갛다"]가 수행하
는 추론적 역할을 숙달했다. 여기서 추론적 역할이란, 누군가 이 보고를
들었을 때 어떤 결론을 끌어낼 권리가 있는지, 무엇이 이 보고의 이유가

24　[편집자] 셀러스 원본의 9절과 16절은 둘 다 중복되었다. 하지만 브랜덤은 앞의 9절과
　　다르게 16절의 중복에 대해서는 따로 표기하지 않고, 'Section(s) 16'이라는 이름으로
　　복수형을 써서 둘 모두를 묶어 해설하고 있다.

되는지, 무엇이 이 보고와 양립 불가능하여 반대 이유가 되는지의 문제이다. 이 추론적 역할이란 곧, 보고자가 보고 행위라는 수행을 통해 단언을 함으로써 추론적으로 구성한 입장commitment의 내용에 관한 문제, 그 보고에 대해 그가 책임져야 하는 것에 관한 문제이다. 이 두 번째 차원에 대한 셀러스의 용어는 지지이다. 지지는 각자가 자기의 주장을 통해 언어적으로 어떤 입장을 취하는지(각자의 주장에 대한 추론적 결과) 또는 무엇에 대해 책임을 지는지(그 입장이 어떻게 정당화될 수 있는지)의 문제이다. 이 책임의 개념, 즉 각자가 다른 사람들에게 어떤 결론을 끌어낼 권리를 부여했는지, 어떤 결론을 스스로 받아들여야 할 의무를 지게 되었는지, 그리고 어떤 다른 입장들이 각자가 취한 입장을 취할 자격을 부여하는지의 개념은 언어적 행위에서 규범적 요소이다. 이 규범적 요소는 서술적 요소(반응 성향 같은)로 환원될 수 없는데, 이 규범적 요소의 불가환원성이 바로 인식적/비인식적 구별의 기저를 이루며, [5] 말미에서 말한 자연주의적 오류naturalistic fallacy에 대한 언급의 원천이다.

셀러스가 이해한 바에 따르면, 'x가 초록색으로 보인다'를 올바르게 사용할 수 있는 능력은 'x가 초록색이다'를 올바르게 사용하는 것을 학습할 때 획득한 동일한 반응 성향에 호소한다. 하지만 그 반응 성향에 따라 끌어낸 이 두 종류의 발화는 전혀 다른 추론을 뒷받침한다. 특히 넥타이 가게 우화는 "단지 초록색으로 보인다"라고 말할 때 우리가 두 가지 일을 동시에 수행함을 보여준다: 그것을 초록색이라고 부르고자 하는 (즉 그것이 초록색이라는 주장과 그에 따른 모든 추론적 결과 및 정당화 의무에 자신을 구속시키고자 하는) 비추론적, 분별적 반응 성향을 표현하는 것, 그리고 동시에, 주장에 대한 지지는 명시적으로 보류하는 것withholding이다. 왜냐하면, 관찰 상황에서 체계적 오류 가능성에 대한 부수적 믿음이 보고자 자신의 신뢰성, 즉 "X가 (전기 조명 아래서) 초록색 사물의 존재를 비추론적으로 보고할 성향을 보인다"라는 전제에서 "(아마도) 초록색 사물이 있다"

로 가는 추론의 올바름에 대해 가졌던 확신을 약화시켰기 때문이다.

각자가 '보인다'를 이용하여 무엇을 하는지에 대한 분석은, '보인다' 화법의 정정 불가능성을 설명한다. 각자는 어떤 것이 초록색인지에 관해 틀릴 수 있다. 그것은 각자가 지지하는 주장, 즉 각자가 취하는 입장이 잘못일 수 있기 때문이다. 예컨대 그 주장의 추론적 귀결이 우리가 독립적으로 알 수 있는 위치에 있거나 있게 된 다른 사실들과 양립할 수 없을 때가 그렇다. 그러나 어떤 것이 초록색으로 보인다고 말할 때는 주장을 지지하는 것이 아니라 오히려 그 주장에 대한 지지를 보류한다. 이런 보고자는 다른 이유들(예를 들어, 관찰 상황이 체계적 오류를 일으킬 수 있다는 의심)로 인해 그가 하기를 꺼리는 어떤 것 — 즉, 주장을 지지하는 것 — 을 하려는 성향을 드러낼 뿐이다. 따라서 이 보고자는 어떤 약속도 실제로 수행하지 않았으므로 틀릴 수 없다. 이것이 바로 보인다, 듯하다, 드러나다 연산자들이 반복되지 않는 이유다. 이 연산자들의 기능은 연산자의 범위 안에 들어온 문장에 대한 지지를 보류하고 있다는 것을 표현하는 것이다. 그러므로 'F로 보이는 것으로 보인다'와 'F로 보인다' 사이에는, 'F로 보인다'와 'F(이다)' 사이에 있는 것과 같은 의미 있는 대조가 존재하지 않는다. 왜냐하면 첫 번째 '보인다looks'가 이 화법이 암시하는 여러 의미 중에서 화자가 입장을 취할 수 있는 유일한 내용(무엇인가가 F라는 것some-thing's being F)에 대한 인정을 보류했기 때문이다. 두 번째 '보인다'가 추가로 보류할 것이 더는 남아 있지 않다. 그리고 'X가 F로 보인다'라는 주장은 명제적으로 내용이 있는 입장을 취하는 것이 아니라, 단지 그런 입장을 취할 수 있는, 철회 가능한 성향만을 표현할 뿐이므로, 그 입장이 올바른지 그른지에 대한 문제 자체가 발생하지 않는다.

이 문제에 대응하여, 셀러스는 데카르트가 깊은 인상을 받았던 보임 주장의 정정 불가능성을 설명한다. 그는 이를 단어 사용의 실천 관점에서 설명하는데, 그의 방법론적 언어 실용주의에 따르면, 단어 사용의 실천을 수행하는 것이 바로 관련된 보인다 개념을 파악하는 것에 다름 없기 때문이다. 그러나 이 정정 불가능성의 근원과 본질을 현실적이고 실용적이며 철저히 비형이상학적인 관점에서 살펴보면, 왜 그것이 우리의 (위험하고 수정 가능한) 경험적 지식 전반의 인식론적 토대로서 부적합한지도 분명해진다. 왜냐하면, 첫째, 사물이 단지 어떻게 보인다는 주장들의 정정 불가능성은, 그 주장들의 비어 있음, 즉, 그것들이 사실은 아무런 주장도 아니라는 사실을 반영할 뿐이다. 둘째, '보인다' 화법은 다른 어떤 언어 게임을 전혀 수행하지 않더라도 독자적으로 돌아가는 자율적 체계가 아니다. 이것은 오히려 사물이 실제로 어떠한지에 대한 위험한 경험적 보고 실천에 전적으로 기생할 뿐이다. 결국 데카르트는 보인다^{looks}, 듯하다^{seems}, 드러나다^{appears} 같은 연산자의 비반복성이 빚어내는 보임 주장의 정정 불가능성이라는 진정한 현상을 포착했으나, 그 본질을 잘못 이해함으로써 그것이 할 수 없는 인식론적 토대 역할을 수행할 수 있다고 오판했던 것이다.

"'보인다' 화법의 논리"에 대한 이 분석과 보임에 대한 인식적 접근의 정정 불가능성에 근거한 토대주의의 오류들에 대한 진단은, 데카르트주의에 대한 셀러스 비판의 건설적 핵심 내용을 이룬다. 이것은 결정타 논증으로 제시된 것은 아니다. 왜냐하면 '보인다' 화법이 어떻게 작동하는지에 대한 서술만큼만 설득력을 지닐 뿐이며, 언제든 다른 대안이 가능하기 때문이다.[25] 이 분석의 목적은, 그 유혹의 본질을 회피하지 않고 설명하되 데카르트

---

25   "'보인다' 화법의 논증 전개 방식에는 흥미롭고 미묘한 질문이 많지만, 지면상 여기서 다룰 여유가 없다"[17]. 셀러스는 '보인다'의 한 가지 용법, 즉 일인칭 비추론적 사용에 초점을 맞춘다. 그러나 이 절에서 지적하듯, '보인다'는 삼인칭 용법, (단지) 사실을 진술하는 용법도 갖고 있다. 예컨대 S'가 "X가 S에게 F로 보인다"고 말할 때가 그렇다. 그의 분석은 이런 경우에도 그대로 확장 적용된다. S'가 이 진술을 할 때는 다음 두 가지를 동시에 수행한다: S에게 X가 F라고 비추론적으로 보고하려는 성향을 부여하고, X가 F라는 주장에 대한 자신(S)의 지지를 보류한다. 그런데 이 보고에 쓰인 단어들만으로는, S'가 S에 대해서 이 주장에 대한 지지를 하는 것으로 보는지 아닌지를 구분할 수

토대주의의 길을 따르고 싶은 유혹을 제거하는 데 있다.

제17절 (본 절의 생각의 흐름은 [22]에서 완성된다.) 이제 우리는 '보인다' 화법의 두–갈래 설명을 입증하기 위한 근거를 찾아 나선다. '보인다' 화법의 두–갈래 설명이란 이 화법이 특정 비추론적 보고를 하려는 분별적 반응 성향을 표현함과 동시에 그 보고에 대한 지지를 보류한다는 것이다. 두–갈래 설명에 대한 입증은 이 설명이 아니면, 이해하기 어려운 보임 화법의 특징들을 설명하는 형태로 제시된다. 다음 세 문장을 보자:

(i) 저쪽에 있는 사과는 빨갛다.

(ii) 저쪽에 있는 사과는 빨갛게 보인다.

(iii) 저쪽에 빨간 사과가 있는 것처럼 보인다.

없다. 즉, S'가 S에게 귀속시킨 성향이 곧바로 지지로 귀결되는지, 아니면 S에 의해 지지가 보류될 것인지를 판단할 수 없다는 의미다. 이런 구별을 분명히 드러내는 더 표현력이 강하고 정교한 용법들은 얼마든지 고안할 수 있다. (관점의 변경에 따라, '로 보인다'나 '인 것 같다'를 유의미하게, 반복적 또는 내장적으로 사용하는 예, 예컨대 "S'에게 X가 S에게 F로 보이는 것 같다(it seems to S' that X looks F to S)"를 생각할 수 있듯이.)

또한 조 캠프(Joe Camp)는 셀러스 식으로 설명하기에 더욱 도전적인 '보인다'의 추가 용법을 지적했다. 이는 'F(이다)'라는 대응되는 용법이 없이 스스로 사용되는 'F로 보인다'를 사용하는 경우이다. 예컨대 검안사가 눈에 산동제를 넣으면 나는 "사물이 흐릿하게 보인다(things look blurry)"라고 말할 수 있다. 여기서 '흐릿하다'는 사물이 실제로 가질 수 있는 상태가 아니라, 본질적으로 이미지나 표상에 관련된 표현이다. 이러한 용법을 중심적이고 전형적인 사례로 삼으면 비추론적 '보인다'의 용법이 나타남 자체의 내재적 속성을 보고하는 진정한 보고라는 생각을 다시 불러일으킬 수 있다. 그러나 셀러스주의자들은 이러한 '내재적' 용법을 오히려 중심적 용법에서 파생되어 나중에 가능하게 된 것이라고 설명할 것이다. 셀러스 자신은 이 군제를 다루지 않는다.

1963년 판 각주에서 셀러스는 'F로 보인다'와 'F인 것으로 보인다(looks to be F)'를 구분할 수 있다고 제안한다. 이것은 치졸름이 제시한 '나타나다(appears)'의 비–비교/비교(non–comparative/comparative) 용법 구분과 유사하다.

이들 문장은 모두 빨간 사과의 존재를 보고하려는 동일한 반응 성향을 표현할 수 있지만, 보고가 내포하는 지지(추론 결과에 책임을 지는) 범위는 서로 다르다. (i)는 사과의 존재와 빨갛다는 질적 특징을 모두 지지한다. (ii)는 사과의 존재만 지지한다. '보인다' 화법은 질적 지지를 명시적으로 취소한다. (iii)은 존재 지지와 질적 지지를 모두 명시적으로 취소한다. 따라서 "저쪽에 사실 사과가 없다"라고 주장하면, 이는 (i)과 (ii)와는 양립할 수 없으나 (iii)과는 충돌하지 않는다. "저쪽에 빨간 것이 아무것도 없다"라고 부인하면, 이는 (i)과만 양립할 수 없고 (ii)와 (iii)과는 충돌하지 않는다. 셀러스는 반응 성향에 체계적 오류 가능성이 있다고 의심될 때 지지를 보류하는 '보인다' 화법의 용법 설명을 통해, (i)~(iii)에서 드러나는 지지 범위의 차이를 모두 해명할 수 있음을 보인다. 그렇다면 이런 차이를 감각 자료 접근으로는 어떻게 설명할 수 있을까?

이 절에서 셀러스는 감각 자료 이론과 대조되는 자신의 설명이 지닌 또 하나의 미덕, 단지 일반적generic (보다 정확히 말해 단지 결정 가능한) 보임을 보고할 수 있다는 가능성을 지적한다. (이 현상은 이미 [9]에서 셀러스가 소개한 바 있다.) 예컨대 사과가 특정한 붉은 빛깔(진홍, 주홍 등)로 보이는 것 없이, 단지 빨갛게 보일 수 있다. 또 평면도형은 이것이 가지고 있는 것으로 보이는 특정한 변의 개수(예컨대 119변)가 없이도 여러 변을 가진 것으로 보일 수 있다. 그런데 '보인다' 진술을 마음의 눈앞에 F인 특정 개별자의 존재를 보고하는 것으로 이해한다면, 이 가능성(일반적 보임의 가능성)을 어떻게 설명할 수 있을까? 개별자는 본래 완전히 특정하다. 말馬은 셀러스가 말한 대로, 털이 '많아' 보인다고 말할 수 있지만, 특정한 개수의 털을 지니고 있다. 말이 어둡게 보인다고 말할 수 있지만, 말의 색깔은 갈색의 특정 음영(또는 여러 음영)이다. 그렇다면 어떻게 이런 일반적인, 단지 특정 가능한 보임이 가능한가? 셀러스의 설명은 지지 범위 개념을 사용한다. 우리는 평면도형에 대해, 오직 더 일반적 주장에 대해서만 지지할 (정당화 책임을 질) 의지가 있을 때, 이것이 '119개의 변을 가지고 있는 것으로 보인다'라고 하지 않고 '여러 개의 변을 가지고 있는 것으로 보인다'라고 말한다. 이것은 각자의 반응 성향들을 얼마나 신뢰할 것인가, 곧 각자가 자기의 반응 성향들이 얼마만큼의 인식적 신뢰epistemic credence를 받을 만하다고, 또는 유지될 수 있다고 느끼는지의 문제이다. 감각 자료 이론 — 무언가가 S에게 F로 보일 때 S 안에 F인 무언가가 있다고 말하려는 이론 — 에게는 특정 색상이 아니라도 무언가가 색채로 보일 수 있고, 특정 붉은 음영이 아니라도 빨갛게 보일 수 있다는 사실을 설명할 길이 없다. 반면 셀러스의 지지 범위 개념을 이용한 '보인다' 화법의 설명은 이 화법의 두 측면, '주어짐'을 도입하는 어떤 이론도 설명할 수 없는 두 측면을 설명해 준다. 이 두 측면은 질적 보임qualitative looking과 존재적 보임existential looking 사이의 지지 범위 구분과 단지 일반적인 또는 특정 가능한 보임의 가능성이다.

제18절 이 설명에 따르면, 각자는 먼저 빨간 물체를 보고하는 실천(즉 적절한 반응 성향을 갖추고, 그러한 보고를 통해 자신이 무엇을 지지하는지 이해하는 것)을 획득해야 하고, 그리고 나서야, 같은 반응 성향을 드러내되 지지를 더 신중히 조절하는 보고 방식을 배울 수 있다. 이전 절의 논증이 보여주었듯이, 요구되는 여러 가지 지지 방식의 숙달은 상당히 정교할 수 있다. 예를 들어, 존재적 보임과 질적 보임을 구별하고, 특정 가능성의 여러 단계를 구별할 줄 알아야 한다. 따라서 무언가가 언제 빨강으로 보이는지 알기 위해서는 빨강이다라는 것이 무엇인지를 이해하는 것은 물론, 그 밖에도 꽤 많은 것을 이해해야 한다.[26] 이 시점에서 [13]에서 우리가 문제 삼았던 [정의] 문장이 참인 것은 그것이 빨강–이다의 정의가 아니라 표준적 조건의 정의이기 때문이라는 것을 알 수 있다. 왜냐하면,

표준적 조건이란 바로 각자의 반응 성향을 신뢰할 수 있고 전적으로 지지해야 하는 조건을 가리키기 때문이다. 이러한 정의가 주어지면, 어떤 조건이 실제로 표준적인지 경험적으로 조사할 수 있다.

제19와 20절 이 절들에서는 관찰 개념을 숙달하는 데 필요한 여러 능력의 획득 문제 — 즉 [6]의 삼중 딜레마를 야기한 문제 — 로 돌아간다. 이제 우리는 이러한 능력들이 규칙적 반응 성향responsive dispositions과 추론적으로 지지를 조작하는 능력, 즉 각각 비인식적 기술과 인식적 기술과 결부되어 있다는 것을 알게 되었다. 지지가 **개념적으로** 내용이 있는 것으로서 자격을 갖추기 위해 요구되는 그 특정한 **추론적** 전개inferential articulation는 셀러스의 그림에 적어도 제한적 **전체론**limited holism을 도입한다. 다시 말해, 각자가 어떤 개념과 추론적으로 연결된 여러 다른 개념들을 가지고 있지 않으면, 그 개념을 가지고 있지 않다: "핵심적인 점은 예컨대 원초적인 개념(예컨대 **초록**)을 가지는 것도 이미 수많은 다른 개념들의 집합을 전제로 한다. 이것은 "관찰 가능한 사실에 관한 근본 개념들은 서로 간에 논리적 독립성(경험주의 전통의 특징)을 가진다"는 아이디어를 거부한다. 한편, 이 절들에서는 셀러스의 논증이 명확하거나 선형적인 방식으로 제시되지 않는다. 그 논증은 [33]~[37]에서 더 체계적이고 만족스러운 형태로 재구성되므로, 그곳에서 다시 논의할 것이다.

---

26 1963년 판에 추가된 각주에서 셀러스는 자신의 접근이 다음 구분과 양립 가능하다고 지적한다. 곧, '초록'이라는 단어의 사용법에 대응되는 원초적 개념(rudimentary concept) ('초록으로 보인다'를 사용할 줄 몰라도 가질 수 있는)과 '보인다' 화법을 숙달한 후에 가질 수 있는, 우리의 개념에 가까운 더 풍부한 개념을 구별할 수 있다고 한다. 이 관찰은 (맥도웰(McDowell)이 제안하듯) 2차 성질에 대응되는 개념을 연관된 '보인다' 어휘의 숙달을 필요로 하는 개념으로 간주할 수 있는 길을 열어준다. 논쟁의 여지는 있지만, 초록의 개념은 그런 성격이 있으므로 2차 성질이고 부피 있는 또는 사각형의 개념은 그런 성격이 없으므로 2차 성질이 아니다.

제Ⅳ장
보인다를 설명하기
[21]~[23]

제21과 22절 [17]에서 다룬 지지 범위의 문제가 [21]의 세 번째 문단[27]에서 다시 논의된다. 셀러스는 이제 "보임locking"과 "봄-seeing"이라는 사건들을 이용하여 이 [지지 범위] 설명을 재구성한다. 앞서 우리는 그 사건들에 의해 인과적으로 야기되는 보고들에 관해 논의한 바 있다. [22]의 첫 두 문단과 [21]의 세 번째 문단은, 어떤 현상이 설명될 수 있는 두 가지 방식의 구분에 대해서 예비적 설명을 제시한다

(i) 전적으로 관찰 가능한 것(비추론적으로 보고 가능한 것)만으로 정식화된 경험적 일반화로부터 연역하여 어떤 현상을 설명하는 방식. 이런 예로는 기체 샘플의 압력 변화를 법칙 $PV=kT$와 적절한 배경 조건으로 설명하는 것이다.

(ii) 관찰 불가능한 개체를 가정하고, 그 이론적 개체들을 포함하는 법칙 아래 현상을 포섭하여 설명하는 방식. 이런 예는 기체 분자와

---

27   [옮긴이] 여기서 [21]은 [22]의 오타로 보인다. [21]의 세 번째 문단에는 지지 범위에 대한 언급이 없고, [22]의 세 번째 문단에는 3가지 지각 문장들에 대한 언급이 나오고, 4번째 문단에 지나가면서 이들의 지지 범위에 대한 언급이 나온다.

그 상호 작용을 가정하는 기체 동역학 이론으로 압력 변화를 설명하
는 것이다.

다시 말하지만, 이 논의는 본론과 직접적 관련이 없고, ([39]~[44]에서
시작하는) 후반부에서 보다 상세히 전개될 논증에 대한 희미한 복선에
불과하다. 그럼에도 셀러스는, ([17]에서처럼) 지지 범위 분석을 통해 존재
적, 질적, 무조건부 '보인다' 진술[28]을 이해한 뒤에도 여전히 남는 중요한
질문을 제기한다. 즉, 이 세 가지 경우에 공통된 것은 무엇인가라는 물음이다.
그 답은 "빨강의 감각 인상sense impressions of red"이 될 것이다. 다만 이
답은 우리가 이 에세이의 마지막인 [62]에 도달하기까지는 이해할 수 없는
답이다.

　제23절 이 절에서는 무엇이 문자 그대로 '빨갛다'고 할 수 있는가 하는
문제를 다룬다. 셀러스의 주장은 오직 물리적 물체만이 문자 그대로 빨갛다
고 할 수 있으며, 파생적 의미에서가 아니라면, 정면이 빨갛다고 할 수
없다는 것이다. 현재의 논의는 감각의 우선성primacy of sense 및 속성 귀속의
문자성literalness of attribution에 대한 명확한 기준[29]이 제시되지 않아 충분치
않다. 여기에서도 뒤에 나올 논의, 즉 [60]~[61]에서 다룰 감각의 '빨강성'에

28　[옮긴이] 존재적(existential), 질적(qualitative), 무조건부(unqualified) '보인다' 진술은
　　세 가지 관찰 보고 형태, 즉, "There looks to be an F-object"(F 물체가 저기 있는 것처럼
　　보인다), "X looks F"(X가 F로 보인다), "X is F"(X는 F이다))를 지칭한다.

29　[옮긴이] "감각의 우선성"이란 감각(감각 경험)이 다른 인식 수단(기호, 개념, 언어
　　등)에 앞서 기본이 된다는 생각을 가리킨다. 즉, 우리가 '빨갛다'라고 말하기 이전에
　　실제로 감각적으로 빨강성을 먼저 경험해야 한다는 이론적 입장이다. "속성 귀속의
　　문자성"이란 '어떤 대상이 F이다'라고 말할 때 F 속성을 문자 그대로 대상에게 귀속시킬
　　것인가를 의미한다. 이를테면 "사과가 빨갛다"에서 "빨갛다"를 비유나 은유가 아니라
　　실제 색상 속성으로 귀속시킬 것인가를 말한다.

관한 논의가 예고되고 있다.

V장과 VI장([24]~[29])은 영국 경험론자들의 인상에 대한 논의를 제공한다. 이 논의는 셀러스 논의의 역사적 배경을 일부 보완해 주지만, 그의 논증 전개에 있어 핵심적이거나 필수적인 요소는 아니다.

제 V 장
인상과 관념: 논리적 쟁점
[24]~[25]

제24와 25절 '…의 감각sensation of…'의 지향성intentionality에 대한 논의. 셀러스는 데카르트가 감각과 생각을 동화시킨 것은 각각이 무엇'의of' 혹은 무엇에 '관한about' 것 또는 무언가를 '향한directed at' 것이라는 점 때문이라고 본다. 예컨대 빨간 삼각형이 실제로 존재하지 않아도 나는 빨간 삼각형'의' 감각을 가질 수 있고, 황금산이 실제로 존재하지 않아도 나는 황금산'의' 생각을 할 수 있다. 그러나 이러한 유사성은 피상적인 것에 불과하다. 두 경우의 관함성aboutness은 실질적으로 매우 다르기 때문이다. 또한 셀러스가 여기서 언급하지 않았지만, 두 현상을 동화시킨 중요한 동기는 감각 보고와 생각 보고가 지닌 정정 불가능성과 투명성, 즉 감각의 보고와 생각에 보고에 부여된 인식적 특권이다. 셀러스는 [24절 전반부에] 경험 개념에 적용되는 잘 알려진 '함/됨-ing/-ed 모호성'을 지적한다.

제 VI 장
인상과 관념: 역사적 쟁점
[26]~[29]

제26절 역스펙트럼 문제는 어떤 형태로든 '주어진 것의 신화'에 호소하지 않고는 제기될 수 없다.

제27절 경험론자 로크, 버클리, 흄에게 핵심적으로 중요한 인식론적 문제는, 우리가 완전히 **특정한**determinate 감각적 반복 가능자를 인식할 수 있다는 전제하에 어떻게 **특정 가능한**determirable 감각적 반복 가능자도 인식할 수 있게 되는가 하는 질문이다. 여기서 특정한/특정 가능한의 관계는 별도로 지정할 수 있는 구별 인자가 없다는 것을 제외하고는 종/속 관계와 비슷하다.[30] 색이 주된 예인데, 예컨대 "주홍"은 "빨강"이라는 특정 가능한 색의 한 단계 더 결정된 음영이며, "빨강" 역시 특정 가능한 색의 한 단계 더 특정한 음영이다.

30　[옮긴이] 속(genus)과 종(species)은 이들을 구분해 주는 별도의 구별 인자(differentiating factor)가 있다. 예를 들어 "조류"라는 속에 속하면서도 "맹금류(raptor)"와 "유조류(waterfowl)"를 나누는 기준인 발톱이나 부리 모양 같은 것이 구별 인자이다. '특정한 반복 가능자'(예컨대 주홍)와 '특정 가능한 반복 가능자'(예컨대 빨강)의 구분은 정도 차이로만 구분될 뿐이어서, 속성과 종을 가르는 독립적인 구별 인자가 없다.

제28절 영국 경험론자들은 "(…) 인간 정신이 어떤 특정한 유형들을 선천적으로 인식할 수 있는 능력을 갖추고 있으며, 실제로 우리는 단지 감각과 심상을 가짐으로써 그 유형들을 인식한다"는 것을 당연한 전제로 삼았다. 즉, 그들은 우리가 특정한 반복 불가능한 토큰token 감각 내용들을 인식할 수 있다고 할 때, 어떻게 그것들의 반복 가능한 유형들— 최대한으로 특정한 유형들조차 — 을 인식할 수 있는지에 대해서는 전혀 질문을 던지지 않았다.

제29절 이에 대항하여 셀러스는 자신이 '심리적 명목론psychological nomi-nalism'(상상할 수 있는 가장 좋은 명칭은 아님)라 부르는 견해를 제시한다. 이 견해에 따르면, 모든 반복 가능자(특정한 또는 특정 가능한)에 대한 모든 자각은 언어적 실천이므로, 언어의 획득과 작동을 설명할 때 이를 전제해서는 안 된다. 셀러스가 제안하는 것은 언어적·사회적 인식 이론이다. 그는 자각이라는 용어로 단순히 깨어 있음(잠들어 있지 않음) 이상을 의미한다: 그는 지각력sentience이 아니라 사고력sapience이라는 의미로서의 자각을 말한다. 즉 이것은 분류적 자각, 즉, 어떤 것을 어떤 것으로 자각하는 것이다. 그러나 모든 분류 작용이 곧 자각 작용인 것은 아니다. 앞서 〚16〛에서 지적했듯이 자극에 대해 분별적으로 반응하는 안정된 성향을 가진 사물은 자극이 야기하는 반복 가능한 반응을 함으로써 그 자극을 분류하는 것으로 생각될 수 있다. 예컨대 자기 환경 속에서 빨간 물체에 분별적으로 반응하도록 훈련된 앵무새는 셀러스가 말하는 종류의 자각을 드러내지 않는다. 이와 같은 자각, 즉 특히 개념적 자각은 깨어 있고 분류할 줄 아는 것 이상의 무언가를 필요로 한다.

제 VII 장
"의미하다"의 논리
[30]~[31]

제30절 언어 획득을 가능하게 하는 언어 이전의 자각prelinguistic awareness에 대해 말하며, 그 자각에 추론적 구조(셀러스는 '논리적logical'이라고 부르지만, 그것은 '개념적conceptual'의 1950년대식 용어이며, 개념적은 곧 '추론적inferential'이라는 뜻임)를 부여하는 설명을 하는 사람은 주어진 것의 신화를 수용한다.[31] 이런 개념적 자각conceptual awareness은 단순한 분류에 그치지 않고, 그 분류를 추론 속에서 의미 있게 만드는 것을 포함한다. 바로 이 지점에서 사실 진술이 이루어지고, 개별자particulars가 지칭되며, 보편자universals 아래 분류된다. 셀러스가 주어진 것의 신화에 반대하여 주장하는 설명에서는, 개념적 내용conceptual content은 추론적으로 전개in-ferentially articulated된다. 그러나 추론은 "이유를 제시하고 요구하는 게임

---

31 [옮긴이] 이 문장의 원문은 다음과 같다. "Anyone whose account of the prelinguistic awareness that makes language acquisition possible assigns it an inferential structure is committed to the Myth of the Given." 이 문장의 문장 구조가 평범하지 않아 번역하는 데 어려움이 있었다. 이를 "언어 획득을 가능하게 하는 언어 이전의 자각에 대해 말하며, 그 자각에 추론적 구조를 부여하는 설명을 하는 사람은 주어진 것의 신화를 수용한다"라고 해석하고 번역했다. "그 자각에 추론적 구조를 부여한다"라는 말은 그 자각이 추론의 근거 역할을 할 수 있다고 간주하는 것을 말한다. 옮긴이는 이 문장의 해석에 대해 스터디 가이드의 저자인 브랜덤 교수에게 이메일로 확인했다.

of giving and asking for reasons” 속에서만 일어나는 과정이며, 본질적으로 믿음을 전제한다. 이것은 주장에 대한 책임과 자격, 그리고 지지와 정당화justification가 작동하는 규범적 영역이다. 이것은 셀러스가 ‘인식적인 영역the epistemic’이라고 불러온 바로 그 영역이다. 주어진 것의 신화란 어떤 것이 주체에게 의미를 가질 때, 그것이 그 주체가 개념을 습득하거나 운용하는 것과 무관하게 이 규범적 영역에서 내재적으로intrinsically, 자연적으로naturally, 필연적으로necessarily으로 특정한 의미significance를 지닌다고 생각하는 것이다. 전통적으로 이해된 자각 작용, 즉 경험적 지식에 대한 궁극적 추론 근거로 기능하기에 충분한, ‘믿음과 같은’ 것의 존재를 함의하는 자각 작용은(그 자체가 지식을 구성하는지는 논외로 하더라도), 바로 그런 성질을 가지고 있어야 한다.

제31절 따라서 의미를 배우는 것을 이미 자각하고 있는 무언가를 언어 기호와 연관 짓는 것으로 이해해서는 안 된다. 그러나 그런 연관 짓기가 “‘rot’(독일어)가 ‘red’를 의미한다” 같은 문장을 자연스럽게 이해하는 방법 아닌가? 셀러스는 이 문장이 특정 가능하고 반복 가능한 성질에 대한 각자의 자각과 ‘rot’이라는 단어 사이의 연관을 표현한다고 이해하는 것 외에 어떻게 달리 이해할 수 있는가? 그의 답은, 이와 같은 의미 진술은 실제로 언급된 표현(예: ‘rot’)이 사용된 표현(예: ‘red’)과 동일한 개념적 기능적 역할을 수행한다는 것을 말한다는 것이다. “이러한 고려 사항들을 통해, 의미론적 진술 “‘빨강’은 빨강이라는 성질을 의미한다’가 참이라는 사실로부터, 단어 “‘빨강’이 빨간 물체들과 정확히 어떠한 방식으로 연관되어 있는지에 관해 아무런 결론도 끌어낼 수 없다는 것이 분명해진다.”

제 Ⅷ장
경험적 지식은 토대를 가지고 있는가?
[32]~[38]

제32절 또 다른 잘못된, 토대주의적 설명이 여기에서 제시된다. 셀러스는, 이것이 중요한 부분으로 판명되겠지만, 이 이야기의 한 부분만 동의하지 않는다. 토대주의란 다음과 같은 개별적 믿음들의 구조가 있다는 주장이다:

(1) 각 믿음이 비추론적으로noninferentially 획득된다.

(2) (1)의 믿음들은, 개별적이든 일반적이든, 어떤 다른 믿음을 전제하지 않는다.

(3) 이 비추론적 믿음들이 모든 사실적 주장에 대한 최종 항소 법원을 구성한다.

셀러스는 (1)과 (3)은 수용하되, (2)는 부정한다. 이 시점에서 그의 과제는, 어떠한 지식(믿음)의 조각도 — 실제로는 모든 믿음이 — 다른 지식이나 믿음으로부터 추론되지 않을지라도 그 다른 지식(믿음)을 전제할 수 있다는 것을 보이는 것이다. 고전 인식론 전통은 이 가능성을 제대로 검토하지 않았다. 셀러스가 거부하는 것은 이해 — 이 차원은 믿음을 형성하기 위한 필요조건이다 — 에 관한 일정한 계층 구조적 그림이다.[32] 그는 믿음의 본질과 획득에 관한 잘못된 토대주의와 분리된 정당화justification의 계층 구조적 그림에는 반대하지 않는다. 어떤 믿음이 다른 믿음들과의 추론적 연결을 파악하지 않은 채 가질 수 있는 믿음을 뜻한다면, 셀러스에게 비추론적 믿음이라는 것은 없다. 왜냐하면, 문장을 이해한다는 것, 명제적 내용을 파악한다는 것(믿음을 갖기 위한 필수 조건)은 그것[명제적 내용]을 이유들의 공간에 위치시키고 이유를 제시하고 요구하는 게임game of giving and asking for reasons 속에서 그것에 추론적 역할을 부여하여, 그것이 다른 어떤 다른 내용들을 함의하고 다른 내용들과 부합되지 않는다는 결론에 이르게 하는 것이기 때문이다. 어떤 보고나 믿음이 '비추론적noninferential'이라고 부를 수 있는 것은, 본질적으로 추론적으로 조직화된 내용에 대한 보고자의 입장이 이 경우에는 비추론적으로 야기되었다는 의미에서만, 다시 말하면, 다른 믿음이나 선언에 대한 반응이 아니라, 비언어적, 비인식적 환경적 조건에 대한 반응으로 야기되었다는 의미에서만 그렇다. 비추론적 믿음은 자율적 담론 층위discursive stratum를 이루지 못한다: 비추론적 보고만으로 이루어진 언어 게임은 있을 수 없다. (이 주장은 '보인다' 어법과 관련하여 했던 주장보다 더 강하다. 왜냐하면, 이 주장은 어떤 종류의 비추론적 보고 — 그것이 내적이든 외적이든, 보임이든 경험적 실재이든 — 에도 다 적용되기 때문이다.) 어떤 문장이 비추론적 용법을 가지려면, 어떤 다른 문장들이 반드시 추론적 용법을 가져야 한다. 왜냐하면, 문장이 표현하는 개념적 내용(믿어지는 것)은 필연적으로 추론의 전제이자 결론이 될 가능성을 갖기 때문이다. [따라서] 비추론적으로 획득된 믿음을 다른

---

32   [옮긴이] 이 문장은 "It is a certain hierarchical picture of understanding (at this level a necessary condition of believing) that Sellars rejects"를 번역한 것이다. 여기서 "at this level(이 차원에서는)"은 다음 문장에서 언급하는 정당화의 차원이 아닌, 믿음이 성립하기 전에 선행되어야 하는 이해(=개념적 이해/개념 숙달)의 차원을 가리킨다. 셀러스가 거부하는 것은 이해에 대한 계층 구조적 그림이고, 정당화의 계층 구조는 인정한다. 즉, 정당화의 계층 구조를 이해/개념 숙달의 계층 구조와 혼동하는 것을 거부한다.

믿음으로 이어지는 추론의 전제로 활용할 수 없다면, 그러한 믿음의 획득은
애초에 믿음(명제적 내용을 가진 어떤 것)을 획득한다고 할 자격이 없다.
이러한 추론주의적 그림에 따르면, 하나의 개념에 추론적으로 연결된
여러 다른 개념들을 가지고 있지 않으면, 해당 개념을 가질 수 없다. 그러나,
이것은 관찰 가능한 것들에 대한 표현들만으로 구성된 언어가 있을 수
없다는 것을 의미하지는 않는다.[33] 이것은 다음과 같이 설명될 수 있다.
관찰 가능한 것들에 대한 개념들은 비추론적인, 보고하는 용법을 가진
개념들이다. 이 개념들에 요구되는 바는 단지 비추론적 보고를 하기 위해
사용되는 그 개념들이, 다른 개념들의 비추론적 적용을 전제로 삼는 추론의
결론으로서, 추론적으로도 적용 가능해야 한다는 것이다.[34] 셀러스는 먼저

---

33   [옮긴이] 문장 (a) "이것은 관찰 가능한 것들에 대한 표현들만으로 구성된 언어가 있을
수 없다는 것을 의미하지는 않는다"는 얼핏 보면, 위에 언급된 문장 (b) "비추론적
보고만으로 이루어진 언어 게임은 있을 수 없다."와 충돌하는 것처럼 보인다. 그러나,
문장 (b)는 비추론적 문장들도 추론적 역할을 해야 한다는 것을 말하고, 문장 (a)는
언어의 어휘가 관찰 가능한 대상들만 지칭하는 언어가 있을 수 있다는 말이다.

34   [옮긴이] 이 문장은 언어 전체가 관찰 가능한 표현들만으로 구성될 수 있더라도 그
표현들은 여전히 추론적으로 조직화될 수 있어야 한다는 것을 말한다. 이것은 다음과
같은 추론으로 예화될 수 있다:

전제 1 (비추론적 보고): 저것은 잘 익은 딸기처럼 보인다.
전제 2 (일반 법칙): 잘 익은 딸기는 모두 빨갛다.
____
결론: 그러므로 저것은 빨갛다.

여기서 추론의 결론인 "저것은 빨갛다"에서는 red(빨강)라는 개념을 사용한다. 이것은
비추론적으로 직접 보고할 때에 사용한 것과 같은 개념이다. 즉, 관찰 어휘(이 경우
"빨강")가 비추론적 용도에만 묶여 있지 않고, 다른 문장들을 전제로 삼는 진정한
추론의 결론을 구성하는 데에도 사용할 수 있다. 이것의 함의는 다음과 같다. 만약
"저것은 빨갛다"가 순전히 감각적 보고에 불과해 개념적·추론적 내용이 전혀 없다면,
그것을 추론의 결론으로도 사용할 수 있어야 할 이유가 없었을 것이다. 추론 속에서
이 문장을 사용할 수 있다는 사실 자체가, 이 문장이 이미 개념적 내용을—"빨강"의

비추론적 믿음이 지니는 권위authority, 즉 다른 주장들을 정당화할 수 있는 능력에 대해 묻는다. 여기서 우선 문장 유형types과 문장 토큰tokens을 구분해야 한다. 유형은 반복 가능하고 다른 상황에서 토큰화될 수 있지만, 토큰은 반복 불가능하다. 이것은 특정한 상황에서 문장을 발화하거나 기록하는 것을 말한다. 예컨대 이 구분을 문장이 아니라 글자열에 적용한다면, "aeaaeea"라는 글자열은 두 개의 글자 유형과 일곱 개의 글자 토큰들을 포함한다. 이제 그것의 정당화가 문제되는 것은 바로 문장 토큰이라는 것을 알 수 있다. 왜냐하면, '2+2=4'나 'Red is a color' 같이 토큰화될 때마다, 정당화되는 문장들이 있지만, 특정 상황에서만 정당화되고 (따라서 참이 되고) 다른 상황에서는 정당화되거나 참이 되지 않는 문장들도 있다. 그러면, 유형이 아니라 오직 토큰만 정당화된다고 말할 수 있다. 이들은 '저 차는 빨갛다That car is red'나 '나는 지금 배고프다I'm hungry now'와 같다. 이들은 그 지칭자들이 실제 상황에 따라 결정되는 단어들을 가지고 있다. 이런 단어들을 "토큰—반사적token-reflexive 표현"이라 부른다.[35] 위 [32절 서두의] (1)~(3)에서 전제된 비추론적 믿음 중 상당수는 이런 토큰—반사적이다. 권위 또는 신뢰도(긍정적 정당화 지위)는 외재적extrinsic이거나 내재적intrinsic이다. 외재적 권위는 다른 어떤 것으로부터, 이 경우는 추론적 상속inferential inheritance을 통해 발생한다. 내재적 정당화는 '모든 총각은 결혼하지 않은 남성이다All bachelors are unmarried males' 같은 의미—분석적 진술에서처럼 유형과 연관될 수 있고, '이것은 빨갛다This is red'(또는 셀러스의 설명에 따른다는 전제하에, '이것은 빨갛게 보인다This looks red') 같은 토큰들과

개념을— 담고 있음을 보여준다. 비추론적 보고도 여전히 개념적이다. 즉, 그 내용은 원초적 "주어진 것"이 아니며, 규범적 역할을 지닌 선언(assertion)이다.

35   [옮긴이] "토큰—반사적 표현"은 토큰, 즉 발화 상황을 반영하는 표현을 말하는데, 발화 상황에 따라 지칭자가 결정되는 '나', '이것' 같은 표현을 지칭한다.

연관된다.

제33절 셀러스는 이제 내재적으로 신뢰할 만한 문장 유형과 내재적으로 신뢰할 만한 문장 토큰, 즉, 분석적 명제analytic claims[36]와 관찰 보고가 유사하다는 생각 방식을 고려한다. 이들은 모두 유형으로서 올바르게 토큰화되는 것이, 즉 모든 구성 표현의 사용 규칙에 따라 토큰화되는 것이, 이들이 참이 되고 정당화되는 것의 충분조건이 된다(따라서 단순히 믿음이 되는 것뿐 아니라 지식이 된다)는 점에서 유사하다. 셀러스는 규칙에 관한 이야기만 빼고는 이 모든 것을 모두 받아들일 수 있다. 그가 거부하는 아이디어는 분석적 명제가 서술적 정의discursive definition(언어 표현을 다른 언어 표현들을 이용하여 정의하는 것)에 의해 참이 되는 데 비해, 관찰 보고는 지시적 정의ostensive definition에 의해 참이 된다는 것이다. 지시적 정의는 우리가 '빨강'과 같은 용어들에 대해 줄 수 있는 유일한 종류의

---

36   콰인은 「경험론의 두 교리(Two Dogmas of Empiricism)」에서, 단어들의 의미만으로 참이라고 여겨지는 의미–분석적 진술(meaning–analytic claims)에 대해 "이 범주에 대응하는 실질적으로 식별 가능한 지위가 전혀 없다"는 실용주의적 이유를 들어 반대한다. 다시 말해, "모든 총각은 결혼하지 않은 남성이다"처럼 분석적이라고 간주되는 주장도 수정으로부터 결코 면제되지 않으며, 선험적으로 알려지지도 않고, "검은 개들이 있었다" 처럼 매우 일반적인 사실 진술과 전혀 달라 브이지 않는다는 것이다. 셀러스는 분석성 (analyticity)을 받아들이는데, 그는 이것을 "반사실적 견고성(counterfactual robustness)"이 라는 실용적 지위와 연결 지어 인정한다. 이러한 생각 방식은 우리의 개념들을 우리가 자연법칙이라고 여기는 것들과 긴밀히 결부시킨다(관련 논의는 『순수 화용론과 가능 세계들(*Pure Pragmatics and Possible Worlds*)』에 수록된 셀러스의 「법칙을 포함하며 법칙 없이는 상상할 수 없는 개념(Concepts as Involving Laws, and Inconceivable Without Them)」 및 『미네소타 과학 철학 연구(*Minnesota Studies in the Philosophy of Science*)』(ed. Herbert Feigl, Michael Scriven, and Grover Maxwell, vol. 2, pp. 225~308 (Minneapolis: University of Minnesota Press, 1958)에 실린 셀러스의 「반사실 조건부 명제, 성향, 그리고 인과 양태(Counterfactuals, Dispositions, and Causal Modalities)」를 보라). 이렇게 이해된 분석적 진술은 더 이상 수정 불가능하거나 선험적으로 알려진 것이 아니다.

정의이다. 이것은 표현을 그것이 적용되는 사물의 사례를 보여줌으로써 (빨강 물체를 지시하며) 정의하는 것이다. 순환 또는 무한 퇴행(이런 경우, 둘 다 어떤 정의도 내릴 수 없다)에 빠지지 않으려면 언어의 모든 표현을 서술적으로 정의할 수는 없다는 것을 보여주기 위해 보통의 토대주의적 무한 퇴행 논증을 적용할 수 있다. 따라서 언어에는 지시적 정의들이 반드시 있어야 한다. 이 정의들은 서술적 정의들처럼, 그들이 정의하는 표현들의 적절한 사용 규칙을 명문화한다. 그 규칙을 따르는 것이 분석적 명제가 참이 되는 충분조건이듯이 지시적 정의의 "규칙"을 따르는 것이 관찰 보고가 참이 되는 충분조건이 된다. (그런 규칙은 [13]의 정의처럼 보일 것이다.) 하지만 셀러스는 이 지점에서 동의하지 않는다. 각자가 초록에 대한 언어 이전의 자각에 대한 어떤 아이디어를 가지고 있을 경우 — 이런 경우를 상정하는 것은 주어진 것의 신화임 — 에만 '이것this', '이다is', '초록green'의 사용 규칙을 따르는 것을 상상할 수 있을 것이기 때문이다. 셀러스에게는 '초록'을 사용하는 것에 대한 규칙을 설정하는 지시적 정의를 말하는 것이 말이 안 된다. 왜냐하면, 그러한 규칙을 명시할 수 있는 언어가 애초에 존재하지 않기 때문이다. 지시적 정의는 실천을 확립하는 것이다; 실천들은 규칙적이지만, 규칙에 의해 지배되는rule governed 것은 아니다.[37]

제34절 비추론적 보고의 권위가 비언어적, 따라서 비개념적 자각의 에피소드에 기반하며 언어적 수행이 이를 표현한다고 보는 관점은 '주어진 것의 신화'의 한 버전이다. 셀러스 관점에서는 그런 에피소드가 마치 코끼리

---

[37] 이 구별[규칙적인 것과 규칙에 의해 지배되는 것 간의]과 실천(특히 언어적 실천)이 그 실천자들이 규칙을 '따른다'라고 할 수 없으면서도 어떤 의미에서 규범에 의해 지배될 수 있다고 말할 필요성은 셀러스가 그의 중요한 에세이 「언어 게임에 대한 몇 가지 성찰(Some Reflections on Language Games)」(『과학, 지각, 그리고 현실(Science, Perception, and Reality)』(London: Routledge & Kegan Paul, Ltd., 1963, 재판)에서 다루는 주제이다.

밑에 깔린 거북과 같다.

제35절 셀러스는 이제 대안적 관점을 제시한다. 그의 대안은 다음과 같은 관찰로 시작한다:

"초록색 물체가 있는 상황에서 발생하는 '이것은 초록색이다'라는 토큰은, 이 토큰이 특정 맥락에서 '이것은 초록색이다'라는 토큰들을 생산하려는 경향의 발현a manifestation of a tendency to produce일 때, 오직 그러할 때만, 관찰적 지식을 표현한다. 그리고 이 토큰들을 생산하려는 경향의 발현은 표준 조건하에서 초록색 물체를 바라보고 있을 때, 오직 그러할 때만 일어난다." 다시 말하면, 이 토큰은 신뢰할 만한 분별적 반응 성향의 표현이어야 한다. 그러나 광전지나 앵무새도 이 조건을 충족할 수 있다. 이것은 지금까지 관찰 보고의 반응 성향 부분만 규정되었다는 것을 보여준다. 인식적 차원, 즉 지지의 차원, 추론적으로 조직화된 입장을 취하고, 독특한 종류의 권위를 지닌 발화를 생성하는 차원을 포착하기 위한 조건을 추가하는 것이 남아 있다.

보고가 지식의 권위를 가지려면 단순히 신뢰할 수 있는 것뿐 아니라, 신뢰할 만하다고 간주되어야 한다. 사실, 셀러스는 이것을 보고자 자신이 알고 있어야 한다고 주장한다(이것은 아마도 너무 나아간 것이다): "관찰자는 '이것은 초록이다'라는 문장 토큰이 시각적 지각의 표준 관찰 조건하에서 초록색 물체의 존재에 대한 징후symptom라는 사실을 알고 있어야 한다." '정당화'는 '함/됨‒ing/‒ed'의 모호성을 띤다([24] 참조): 즉, 실용적 행위로서의 정당화와 규범적 지위로서의 정당화됨 간의 모호성이 있다. 셀러스는 각자가 정당화 활동에 개입하여 해당 주장이 권위와 인식적 특권을 가진다는 것을 확보하는 것이 가능할 때만 정당화 지위를 획득할 수 있다고 주장한다. 이렇게 실천을 지위보다 우선시하는 주장은 셀러스가 따르는 실용주의의 특정한 변형이다. 비추론적 보고자와 광전지 또는 "온도가 오를 때 '점점 더 따뜻해진다'라고 말하도록 훈련된" 앵무새의 차이는, 그들의 분별적 반응 성향의 신뢰성이나 범위에 있지 않다. 그 차이는 (이 입장이 도전을 받는 경우) 보고자가 취한 입장에 대해, 그에 대한 이유를 제시하여, 정당화함으로써 그 보고의 입장과 [보고에 의해] 주장된 권위를 구원할 수 있는 능력에 있다. 지금은 익숙해진 기본 요점은, 어떤 주장을 하는 것(믿음을 표현하는 것)으로 인정을 받으려면 보고자는 올바른 반응 성향을 갖추는 것뿐만 아니라 "이유를 제시하고 요구하는 공간" 속에 있어야 한다는 것이다. 여기서 추가로 제시되는 주장은, 비추론적 보고가 지식을 표현하려면(혹은 그 보고가 표현하는 믿음이 지식이 되려면), 보고자가 그 보고에 대한 이유를 제시함으로써 그 보고를 정당화할 수 있어야 한다는 것이다. 다시 말해, 그 입장을 추론의 결론으로 보여줄 수 있어야 한다는 것이다. 비록 그 입장이 원래 추론을 통해 생긴 것이 아니라 할지라도.

　여기서 말하는 추론은 '신뢰성 추론reliability inference'이라고 부를 수 있는 것이다. 각자는 어떤 것이 빨갛다는 비추론적으로 야기된 보고에 대해, 자신에게 빨강이라는 개념을 그 대상에게 비추론적으로 적용하려는 성향이 있음을 말하고, 그런 조건에서 자신이 빨간 사물에 대한 신뢰할 만한 보고자라는 것을 가리킴으로써 그 보고를 정당화한다. 자신이 신뢰할 만하다고 말하는 것은 곧 어떤 것을 빨갛다고 부르려는 성향이 있다는 사실에서 그것이 실제로 빨갛다는 결론으로 나아가는 추론을 올바른 추론으로 승인하는 것과 같다. 따라서 각자의 분별적 반응 성향의 신뢰성이, 그 보고가 그 성향의 발휘라는 것과 함께, 그 보고를 정당화한다. 즉, 그 보고에 대한 좋은 이유를 제공하는 것이다. 셀러스가 믿음이 진정으로 지식으로 인정받으려면 보고자가 그 믿음을 추론적으로 정당화할 수 있어야 한다고 주장함으로써, 그는 인식론적 내재주의epistemological internalism를 지지한다. 이는 인식론에서 더 최근의 경향인 신뢰성 외재주의reliabilist externalism와 어긋난다.[38] 신뢰성 외재주의자는 전통적 정당화 조건의 진정한 기능이 우연히 참인 믿음을 배제하는 것이라고 주장한다. 그렇다면, 믿음이 지식으로서 자격을 갖추었는지 평가하는 목적은 후보 믿음이 신뢰할 만한 믿음 형성 메커니즘, 다시 말하면, 보고자가 그 메커니즘이 신뢰할 만하다는 사실을 알든 모르든 간에, 진리에 도달할 가능성이 높은 메커니즘에서 비롯되었다는 사실만을 요구함으로써 충분히 달성된다. 이 관점에 따르면, 자신이 정당화할 수 있는 믿음을 형성하는 것은 수많은 신뢰할 만한 메커니즘 중 하나의 메커니즘일 뿐이다.

물론 셀러스의 관점에서는, 이런 생각 방식을 통해 추론적 정당화를 신뢰성 있는 믿음 형성과 통으로 맞바꿀 수 있다고 결론을 내리는 것은 잘못이다. 왜냐하면 우리가 하고 있는 일이 **믿음**을 형성하는 일, 곧 개념을 적용하는 일인지의 여부는 그것들이 지니는 고유한 추론적 전개—즉 이유를 주고받고, 정당화를 제시, 요구하는 게임에서 그 행위들이 맡는 역할—에 달려 있기 때문이다. 그러나 이러한 추론적 실천의 배경하에서조차, 왜 셀러스가 신뢰성 외부주의자의 제안을 거부해야 하는지는 분명치 않다. 왜 지식 **귀속자**attributor가 보고자가 신뢰할 만하다고 말하는 것, 그 지식 귀속자가 보고자가 어떤 대상을 '빨강'이라는 개념을 비추론적으로 적용하고자 하는 반응 성향으로부터 그 대상이 (아마도) 빨갛다는 추론을 지지하는 것으로 충분하지 않은가? 왜 보고자 자신이 자신의 비추론적 보고에 대한 추론적 정당화를 스스로 제시해야 하는가? (이 질문은 위 두 번째 단락 초반에서 괄호 안에 덧붙인 조건[이것은 아마도 너무 나아간

---

38   [옮긴이] 신뢰성 이론(reliabilism)은 믿음이 형성되는 메커니즘이 신뢰할 만하다는 것을 지식의 정당화 조건으로 간주한다. 신뢰성론자(reliabilist)는 이 이론을 옹호하며, 전통적 정당화 대신 신념 형성 과정의 신뢰성을 중시하는 학자다. 이들에 따르면, 예컨대 감광소자(photocell)가 '빨갛다'고 보고하도록 훈련된 메커니즘이 신뢰할 만하다면, 보고자가 빨간 대상이 실제로 빨간지를 알 필요가 없다.

것이다]의 배후에 있는 생각이다.)

제36절 위 논의의 교훈은, 참된 관점에 따르면 "다른 많은 것들도 알지 않으면 어떤 사실에 대한 관찰적 지식도 가질 수 없다"는 것이다. 이것은 관찰 보고가 어떤 의미에서 결국 추론의 결과라는 말이 아니라, 비추론적 보고라 할지라도 정당화되기 위해서는 정당화 가능해야 한다는 것이다. 잘못된 관점은 관찰 보고를 지식이 어떻게 획득되는지에 대한 인과적 서술causal description로 이해하려 한다. 그러나, "어떤 에피소드나 상태를 앎knowing의 에피소드나 상태로 특징지을 때, 우리는 그 에피소드나 상태에 대한 경험적 서술을 하는 것이 아니라, 그것을 이유들의 논리적 공간logical space of reasons에, 즉, 각자가 말하는 것을 정당화하고 정당화할 수 있는 공간에 위치시키는 것이다." 따라서 정당화—무엇이 정당화인지 아는 것이든, 정당화를 생산할 자격이 있는 것이든—와 무관한 모든 것은 비인지적 인과적 선행조건, 아마도 경험적 지식의 필요조건일 수는 있어도, 지식을 구성하는 조건은 아니다. 더욱이 이 일반적인 요점은 지식의 규범적, 인식적 지위에 국한된 것이 아니다—셀러스가 이점을 직접 언급하지 않지만. 그는 다음과 같이 말할 수도 있었다: 어떤 에피소드나 상태를 믿는, 개념을 적용하는, 또는 명제적 내용을 파악하는 에피소드 나 상태로 특징지을 때, 우리는 해당 에피소드나 상태를 경험적으로 서술하는 것이 아니라, 그것을 이유의 논리적 공간, 말하는 것에 대해 정당화하고 정당화할 수 있는 논리적 공간 안에 배치하는 것이다. 왜냐하면, 오직 추론적으로 조직된 것들만이 개념적 내용이 있기(따라서 믿을 수 있거나 주장할 수 있는 것으로서의 자격이 있기) 때문이다. 그러나 이전 절에서 보았듯이, 셀러스는 한 걸음 더 나아가, 주어진 관찰 상황에서 각자가 초록색 물체에 대한 신뢰할 만한 보고자임을 알지 않으면 어떤 것이 비추론적으로 초록이라는 것을 알 수 없다.

제37절 이 관점(셀러스가 지지하는 입장)은 무한 퇴행을 수반하는 것처럼 보인다. 왜냐하면, '이것은 초록색이다'라는 사실, "이것이 '이것은 초록색이다'라는 문장의 토큰이다"라는 사실과 같은 지식을 미리 알고 있지 않으면 '이것은 초록이다' 문장의 토큰이 신뢰할 만한 징후라는 지식을 어떻게 획득할 수 있었겠는가?[39] 셀러스의 답은, 이 세 가지 유형의 사실에 대한 지식을 동시에 획득할 수 있다는 것이다. 다만, 이 세 가지 중 어느 지식을 획득하기 전에 일어난 사건들과 관련된 사실들을 [지금] 알 수 있다는 것이 중요하다. 따라서 "이는 단지 존스가 그 특정한 사실들이 성립했다는 것을 지금 알고 있다고, 다시 말해, 기억하고 있다고 말하는 것이 옳다는 것만 요구할 뿐이다. 그 특정한 사실들이 성립했을 당시 존스가 그것들이 성립한다는 것을 알고 있었다고 말하는 것이 옳아야 한다는 것까지 요구하지 않는다. 따라서 무한 퇴행의 문제가 사라진다." 따라서 여섯 살 어린이는 네 살 때—불에 신뢰성 있게 반응했다는 의미로 —불을 보았다는 것을 [지금] 알 수 있다. 다만, 네 살 때 그 어린아이가 할 수 있는 것은, 불이 났음을 모르는 채, 앵무새처럼 "불이야"라고 말하는 것뿐이었다.[40] [네 살과 여섯 살 아이 간의] 중요한 차이는 반응 성향의 차이가 아니라 지지할 수 있는 능력endorsement capacity의 차이이다. 여섯 살짜리는 이유를 제시하고 요구하는 공간space of reasons에 진입했다; 그는 주장할 수 있으며, 권위가 있는 것으로 대우받는다; 그는 자신이 주장하는 바에 대해 책임을 진다. 이를 위해 그는 적어도 자신이 무엇을 주장하는지,

---

39 이 문제는 셀러스가 위 〖35〗에서 제시된 수정된 신뢰성 외재주의를 셀러스가 지지했다면, 맞닥뜨리지 않아도 됐을 문제라는 점에 주목하라.

40 셀러스는 1963년 판에서 이 점에 대해 논평하며, "사람은 그 사실이 발생했을 당시에는 개념화할 수 없었더라도, 과거의 사실에 대해 직접적(비추론적 의미에서) 지식을 가질 수 있다."라고 그의 생각을 밝혔다.

그리고 어떤 증거evidence가 그 주장을 할 수 있는 자격을 주었는지 말할 수 있어야 한다. 즉 그는 자신의 주장을 이해해야 한다. 그러나 이것만으로는 충분치 않다. 왜냐하면, 이 새로운 규범적 지위는 사회적으로 부여되기 때문이다. 어떤 비인지적non-epistemic 서술에 대해, 이 지위를 부여하는 공동체가 해당 개인이 책임 있고, 신뢰할 만하다고 여기면서 그것을 충분하다고 간주하지 않으면, 이 서술은 이 지위를 가지기에 충분하지 않다. 성년에 이르는 것과 처음으로 법적 계약을 체결할 수 있는 능력을 갖추는 것을 비교해 보라. 이 지위는 오로지 공동체의 인정을 통해 부여된다. 비록 어떤 미성년자가 21세 이상의 성인보다 약속을 더 충실히 이행할 능력이 있을지라도, 그들의 서명이 곧 법적 계약을 체결했음을 의미하지는 않는다. 이것이 바로 "빛이 전체에 천천히 스며든다"라는 의미다.[41] 각자는 어느 시점에 이르면 추론적·비추론적 행위를 충분히 익혀, 자신의 소리가 공동체로부터 주장을 하고, 입장을 취하고, 이유 제시하는 것을 의미하는 것으로 받아들여진다.

제38절 경험적 지식에 토대가 없다고 말할 수 있는 유일한 의미는, 어떤 의미에서 그 지식의 토대인 관찰 보고 자체가(추론 관계로는 아니지만,

---

41   [옮긴이] 이 인용문은 비트겐슈타인의 저술인 『확실성에 대해』(L. Wittgenstein, *On Certainty*, Eds. G. E. M. Anscombe and G. H. von Wright, German/English parallel text (Oxford: Basil Blackwell, 1969))의 명제 141의 일부로 나온다. 명제 141은 다음과 같다. "우리가 어떤 것을 믿기 시작할 때 그것은 하나의 단일 명제가 아니라, 명제들의 전체 체계이다. (빛은 전체에 걸쳐 서서히 밝아온다)." 이 인용문의 의미는 다음과 같다: 우리는 이해하거나 믿을 때, 개별로 고립된 단 하나의 명제부터 차례로 받아들이는 것이 아니다. 이해는 총체적으로 도착한다 — 명제들과 실천들의 전체 체계가 선명해질수록 각 부분이 의미를 갖게 되고(그 역도 마찬가지다). 이는 믿음과 확신이 서로 얽힌 그물망을 이룬다는 비트겐슈타인의 구상과 연결된다. 우리가 처음 파악하는 것은 단 하나의 명제가 아니라 하나의 거미줄(웹)이다.

이해의 영역이나 때로는 정당화의 영역에서는[42]) 다른 종류의 지식에 기반을 두고 있다는 것이다. 내적 에피소드이든 외적 사건이든, 관찰 보고는 언어의 독립된 층위stratum — 사람이 표현들의 추론적 사용을 아직 숙달하지 못했더라도 숙달할 수 있는 게임 — 를 구성하지 않는다. 즉, 셀러스는 [32]에서 검토된 토대주의적 주장 세 가지 중 오직 (2) 번만을 거부한다. 그러나 이러한 의미에서의 토대는 필요 없다: "경험적 지식이 합리적인 것은 그것이 토대를 가졌기 때문이 아니라, 모든 주장을(한꺼번에는 아니지만) 위태롭게 할 수 있는 자기 교정적 탐구이기 때문이다."

---

42   [옮긴이] "추론 관계로는 아니지만, 이해의 영역이나 때로는 정당화의 영역에서는"이라는 문장은 관찰 보고 A가 다른 종류의 지식 B에 의존하는 방식을 세 가지 관점, 즉, 추론, 이해, 정당화의 관점에서 바라보고 있다. 우선, A가 B에 의존하는 방식은 논리적 추론 관계(연역적 추론 또는 귀납적 추론)는 아니다. 그러나, A를 이해하기 위해서는 B가 필요하다. 예를 들어, "사과가 빨갛다"라는 보고 A를 이해하기 위해서는 "빨갛다"라는 개념과 그것을 어떻게 사용하는지에 관한 지스이 필요하다. 그리고 A를 정당화하는 데 사용되는 B가 있을 수 있다. 예컨대, "이것이 빨갛다"라는 보고 자체는 비추론적이지만, 지식 보고자로 인정받으려면 "왜 그렇게 말할 수 있는가? 라는 질문에 그 이유를 제시해야 하는데, 여기서 보고와 이유 간의 관계가 정당화 관계라고 볼 수 있다.

제 IX 장
과학과 언어의 일상적 사용
[39]~[44]

　제39~44절 여기서 셀러스는 자신의 과학적 실재론scientific realism을 간략히 제시한다. 그 이유는 과학을 반대 입장인 실증주의positivist 관점으로 보게 되면, 뒤이어 도입할 '내적 에피소드'라는 이론적 개체 개념이 정합성이 없어진다고 보았기 때문이다. 따라서, [42]에서는 "과학이 모든 것의 척도"라고 주장한다. 이것은 과학 용어로 표현된 주장들이 다른 어휘로 표현된 주장들에 비해 가지는 권위에 대한 견해이다. [43]은 실증주의를 간단히 설명한다. 실증주의자들의 체계에 따르면, 데이터가 정식화되고 실험의 결과가 표현되는 관찰 언어가 있다. 우리가 직접 아는 것은 오직 관찰 대상뿐이다(관찰 보고는 [33]의 'Konstatierungen'에 해당한다). 이 설명에 따르면, 이론 언어는 관찰을 체계화하고 예측과 통제를 쉽게 하기 위해 도입된다. 그러나 이론이 가정하는 대상들은 가상적이며, 단지 관찰을 표현하고 체계화하기 위한 계산적 장치이자 도구에 불과하다. 이론은 도구이며, 이론의 선언들은 그것이 가정하는 대상들의 존재를 함의한다고 받아들여서는 안 된다. 셀러스는 관찰 그 자체가 '주어진 것'이며 보고를 하는 데 사용되는 개념 학습의 산물이 아니라고 믿는 사람만이 이 실증주의적 그림에 끌린다고 지적한다. 일단 그 전제를 버리면, 이론적 대상 및 개념과 관찰 가능한 대상 및 개념의 구분에 대한 또 다른 생각 방식이 떠오르게 된다.

셀러스의 관점에 따르면, 순수 이론적 대상과 관찰 가능한 대상의 구분은 존재론적ontological이 아니라 방법론적methodological이다. 다시 말해, 이론적 대상과 관찰 대상은 서로 다른 종류의 사물이 아니며, 단지 우리가 그것들을 알게 되는 방식에서만 차이가 있을 뿐이다. 이론적 대상은 우리가 추론적 지식만을 가질 수 있는 대상이며, 관찰 가능한 대상은 비추론적으로 알 수 있는 대상이다. 이론적 개념은 우리가 추론의 결론으로만 적용할 수 있는 자격이 있는 개념이며, 관찰 가능자의 개념은 비추론적 용법도 가지는 개념이다. 그러나 추론적 인식적 접근만 가능한 대상과 비추론적 인식적 접근도 가능한 대상 사이의 경계는, 예를 들어 새로운 관측 기기가 개발되는 것 등에 따라 이동할 수 있다. 예컨대, 해왕성 궤도의 미세한 요동을 설명하기 위해 처음 가정되었을 때 명왕성은 순수 이론적 대상이었다; 그에 대해 우리가 할 수 있는 주장은 오직 추론의 결론이었다. 그러나 더 강력한 망원경이 개발되면서 명왕성은 관측이 가능해졌고, 비추론적 보고의 대상이 되었다. 명왕성 자체가 존재론적 변화를 겪은 것은 아니며, 단지 우리와의 관계가 변화했을 뿐이다. (이론적 개체에 대한 이러한 실재론이 과학을 다른 인지 활동보다 우위에 두는 과학 실재론을 자동으로 함의하는 것은 아니라는 점에 유의하라. 셀러스가 보통 이 두 가지 주장을 함께 논의하기는 하지만.)

이 관점에 대항하여 다음의 반론이 있을 수 있다:[43] 이론적 개체들의 존재론적 지위의 문제가 제기될 때, 그것들은 단지 현재 순간 아직 관측할 수 없다는 것을 제외하면 원리적으로 다른 일반 대상들과 다를 게 없다고 간주되지 않는다. 그것들은 훨씬 더 강한 의미에서 관측 불가능한 것으로

---

43   [옮긴이] 셀러스의 견해에 대한 반론은 이론적 개체들은 단순히 일시적 관찰 한계만의 문제가 아니며, 훨씬 더 강한 의미에서 본질적으로 관찰 불가능한 것이라고 주장한다.

여겨지는데, 즉 영구히 그리고 원칙적으로 관찰할 수 없는 대상으로 간주된다. 그러나 셀러스는 그런 의미로 관측 불가능한 것은 아무것도 없다고 부정한다. 관측 가능하다는 것이란 곧 비추론적으로 보고 가능하다는 뜻이다. 비추론적 보고 가능성이란, 보고자가 어떤 상황에서 대상을 향해 신뢰할 만한 분별적 반응 성향을 발휘함으로써(인과적 차원), 해당 개념을 적용할 수 있는 (추론적으로 조직화된 지지의 차원), 어떤 조건이 존재한다는 것과 보고자가 자신이 그렇게 하고 있다는 것을 아는 것만을 요구한다. 이런 의미에서, 적절한 훈련을 거친 물리학자는 버블 챔버에서 뮤 중간자$^{mu\ meson}$의 존재를 비추론적으로 보고할 수 있다. '관측'의 이런 의미에서는, 어떤 실재도 원칙적으로 관측의 범위를 벗어나지 않는다. (진정, 셀러스의 의미에서는, 규범적 어휘를 비추론적으로 적용하는 신뢰할 만한 분별적 반응 성향을 숙달한 자는 규범적 사실을 직접 관측하는 셈이 된다. 이런 의미에서 우리는 단지 누군가가 내는 소리뿐 아니라, 그들의 말, 그들이 말하고 있는 것 — 그 의미를 들을 수 있다고 말할 수 있다.)

우리가 관찰이 어떤 원초적인 형태의 선개념적 자각(코끼리 밑에 깔린 거북이) 위에 서 있는 것이 아님을 이해하고 나면, 어떤 관찰 보고가 다른 보고 보다 더 위험하며, [보고가] 도전받았을 때 우리가 때때로 이 보고를 추론할 수 있는 더 안전한 보고로 후퇴한다는 사실이 원래 보고가 기초적인 또는 최소한의 관찰들로부터의 추론의 산물이라고 생각하려는 유혹은 사라진다. 물리학자는 뮤 중간자의 존재 보고를 뒷받침하라는 요구를 받으면, 실제로 버블 챔버에 남은 독특한 갈고리 모양 증기 자국을 인용하여 자신의 주장을 정당화할 수 있다. 이 갈고리 자국은 또 다른 관찰 대상이며, 적절한 조건하에서 뮤 중간자의 존재를 추론해 낼 수도 있다. 그러나 그렇다고 해서 원래의 보고가 결국 추론의 산물이었다는 뜻은 아니다. 그 보고는 뮤 중간자, 갈고리 모양의 증기 흔적, 망막 상$^{retinal\ images}$ 등을 포함하는 함께 변하는 일련의 사건들에 더해 조율된 신뢰할 만한 분별적 반응 성향을 발휘한 결과다. 그것을 갈고리 자국이나 망막 상에 대한 보고가 아니라 뮤 중간자에 대한 보고로 만드는 것은 물리학자가 비추론적으로 적용하는 개념이 지니는 추론적 역할 때문이다. (예컨대 그것이 손가락보다 훨씬 작아야 한다는 것은 어떤 것이 뮤 중간자라는 것의 결과이다. 그러나 이것은 무엇이 '갈고리 자국'이라는 사실로부터는 결코 도출되지 않는다.) 물리학자가 비추론적으로 적용하는 개념이 뮤 중간자이고, 그리고 그가 충분히 신뢰할 만한 관찰자라면, 그 관찰이 옳은 경우에는 그것이 바로 그가 보는 것이다. 질문이 제기될 때 그가 후퇴하여 원래의 비추론적 주장에 대한 훌륭한 추론적 근거를 제공하는 갈고리 모양의 증기 흔적을 보고하는 것은 더 안전한 보고로의 후퇴이다. 더 안전하다는 의미는 그가 뮤 중간자보다 고리 모양의 증기 흔적에 대해 더 신뢰할 만한 보고자이며, 특정 형태의 증기 흔적을 신뢰성 있게 보고하는 데 필요한 훈련도 더 적고, 따라서 이는 더 널리 공유되는 기술이라는 뜻이다. 그러나 추론적 정당화가 주어질 수 있고 그 정당화에 대한 요구가 타당할 수 있다는 사실이, 원래의 보고가 비추론적(진정한 관찰)이라는 지위를 훼손하지는 않는다. 이는 내가 어떤 것을 '빨갛다'라고 보고한 주장을 뒷받침하기 위해 다양한 조건하에서 빨간 사물의 보고자로써의 나의 신뢰성을 거론하는 것이 원래 보고의 비추론성을 훼손하지 않는 것과 같다. 이 보고자로서의 신뢰성은, 내가 그것을 빨강으로 부르고자 하는 성향과 함께 원래 비추론적으로 지지된 주장이 추론될 수 있는 그런 신뢰성이다.

제 X 장
사적 에피소드: 문제
[45]

제45절 셀러스는 이 에세이의 나머지에서 다룰 문제 설정으로 시작한다: 저쪽에 있는 물체가 빨강이라는 것을 보는 경험(그것이 실제로는 빨갛지 않은데도), 빨강으로 보인다고 여기는 경험, 그리고 저쪽에 실제로 아무것도 없음에도 저쪽에 빨간 물체가 있는 것처럼 보인다고 생각하는 경험 간의 유사성 문제. 우리가 보았듯이, 이 유사성의 일부는 이들 경험이 모두 '저쪽 물체가 빨갛다'라는 명제를 포함한다는 것에 있다. 이 유사성에 더하여, 이 경험에는 다른 측면, 즉 많은 철학자가 인상impressions이나 직접 경험immediate experience의 개념으로 명료화하려 시도한 것이 분명히 있다. 이 문제에 대한 셀러스의 답은 [62]에 가서야 비로소 완전해진다.

다음으로 셀러스는 [32]~[38](그의 인식론적 논의의 핵심)을 요약한다. 우리가 이제 알게 된 것은, 우리가 그런 대상을 알아차렸기 때문에 개념을 갖게 된다기보다는, 오히려 알아차릴 수 있는 능력 자체가 이미 그 개념을 갖고 있어야 가능하며, 따라서 '알아차리는 능력'은 그 개념이 어디서 왔는지를 설명해 줄 수 없다는 것이다. 왜냐하면 무언가를 알아차린다는 것 — 단순한 지각력sentience이 아니라 사고력sapience의 평가와 관련된 의미로 그것을 자각한다는 것 — 은 그 대상에 개념을 적용하여 그것에 대한 비추론적 판단을 내림으로써 그것에 반응하는 것이기 때문이다. 그러므로

'초록' 개념을 갖기 전에는 초록색 대상을 알아차리거나 자각할 수 없다. 물론, 초록 개념을 적용하지 않는 다른 방식으로 초록색 대상에 분별적 반응을 보일 수는 있지만. 이 에세이의 제목은 「경험론과 마음 철학Empiricism and the Philosophy of Mind」이지만, 셀러스는 자신의 경험론에 대한 태도를 직접적으로 밝히지 않는다. 고전적 감각 자료 이론의 특징인 상충하는 삼 명제들을 논하면서 [6]에서 보인 언급들 때문에, 그가 경험론를 수용한다고 오해할 수도 있다. 왜냐하면, 그는 그곳에서 상충하는 삼 명제의 세 번째 요소[x가 Φ이다라는 형식의 사실을 아는 능력은 습득되는 것이다]에 대해 그것을 포기하는 것이 "경험론 전통의 주된 특징인 명목론적 성향을 훼손하게 될 것"이라고 관찰하는 것 이상은 하지 않으면서 세 번째 요소를 거부하는 옵션을 배제하기 때문이다([24]~[28]에서 이 성향을 더 자세히 논의한다). 그러나 이 발언을 셀러스가 여기서 소환하는 경험주의의 명목론적 성향들에 대한 지지로 해석하는 것은, 그 발언이 그의 논증에서 수행하는 역할을 오해하는 것이다. 셀러스가 자신의 목소리로 말하고 있는지 아닌지를 구분하기 어려운 경우가 종종 있는데, 이 경우는 그가 자신의 목소리로 말하고 있지 않은 경우 중 하나이다. 이 경험론의 주장을 고수하는 것은 고전적 감각 자료 이론가들이지, 셀러스가 아니다—비록 곧 이어지는 논의에서 드러나듯, 그는 사실상 경험론자들과 함께 " 'x는 F이다' 형식의 분류적 믿음을 가질 수 있는 능력은 습득된다"는 믿음을 공유하고 있기는 하지만 말이다. 사실 이 시점에서 우리는 에세이의 주요 과제 중 하나가 경험론의 해체라는 사실을 알 수 있다. 왜냐하면, 전통적 경험론은 비언어적·비개념적 자각에 의존하는데, 이 자각은 개념들이 형성되고 파악되는 추상화 과정의 원재료로 쓰이고 이 개념들의 바닥-레벨(비추론적 적용) 적용을 보증하는 역할을 한다고 간주된다([34]와 비교하라). 이 모든 그림이 바로 주어진 것의 신화에 본질적으로 의존한다. 반면 셀러스 자신의 관점은 그가 다른 곳에서 '합리론자'라고 기꺼이 부르는 입장이다:[44] 의식적 경험은 경험자가 이미 개념들을 보유하고 있음을 전제하며, 그 개념들의 획득을 설명할 수 없다. 그는 이 주장을 통해 『인간 오성 신론*New Essays*』에서 로크의 입장을 반박한 라이프니츠에 동조한다. 이후 에세이 전반에서 셀러스는 데카르트주의와 경험론 둘 다 '주어진 것의 신화'에 의존한다는 것을 인지한 후, 이 둘을 거부할 때, 마음 철학 이론이 내적 에피소드를 어떻게 이해할 것인가를 제시한다.

고전적 합리론자들(칸트 이전의)은 이성 이전의 동물들과 우리를 구별 짓는 의미에서의 자각이 개념들의 소유를 전제로 한다는 것을 어려움 끝에 깨닫고 이로부터 개념들을—모든 개념은 아닐지라도, 최소한 가장 기초적이거나 일반적인 개념들을—선천적인 것으로 보아야 한다는 결론을 내렸다. 셀러스는 그것이 꼭 그런 것은 아님을 보여준다. 그는, 사물에 대한 의식적 개념적 자각 능력을 얻기 위해 각각 따로 획득될 수 있는 다음의 두 가지를 어떻게 결합할지를 보여준다:

a) 사물들에 인과적으로 연동된, 신뢰할 수 있는 차별적 반응 성향
b) 그 사물들에 실제로 적용되는 개념들의 추론적 사용

그는 이 재료들로부터, 그 보고를 인과적으로 유발하는 대상들에 개념을 적용한 비추론적 보고를 어떻게 구성할 수 있는지 보여준다. 이러한 방식으로 그는 **빨강**과 **초록** 같은 개념들이, 빨간 사물과 초록 사물에 대한 선개념적 자각을 전제하지 않는 경로를 통해 어떻게 획득될 수 있는지를 설명할 수 있다(비록 그러한 것들을 변별할 수 있는, 그리고 그에 따라 그것들에 일관되게 차별적으로 반응하도록 학습할 수 있는 선개념적 능력은 요구되

---

44   예를 들어, 그의 중요한 에세이 「추론과 의미(Inference and Meaning)」에서.

지만). 이것은 그로 하여금, [6]에서 말하듯이 "'x는 F이다' 형식의 분류적 믿음을 가질 수 있는 능력은 획득되는 것이다"라는 것에 대해 경험론자들과 동의할 수 있게 한다(다만 [24]~[29]에서 보듯이, 그들의 '명목론적 성향'에 빠지지 않고도). 에세이의 나머지 부분에서 그는 '생각thought'과 '감각 인상 sense impression'이라는 개념들에 대해서도 대응되는 이야기[45]를 전개할 것이 며, 그 이야기의 마지막은 우리가 어떻게 그것들을 직접적으로(즉, 비추론 적으로) 인식할 수 있는 능력에 이르게 되는지이다.

이 시점에서 셀러스의 질문은 이렇다: 합리론적 '심리적 명목론psycho-logical nominalism'[46]이 옳다면(셀러스는 이것이 참이라고 주장한다), 우리는 '내적 에피소드'라는 개념을 어떻게 갖게 되었을까? 데카르트는 이 질문에 대한 답으로, 내적 에피소드를 가짐으로써 그 개념을 얻게 된다는 것이 만족할 만한 답이라고 생각했다. 그러나 이제 이것은 그것에 대한 우리의 알아차림(자각 또는 그것을 가지고 있다는 믿음)에 대한 충분조건으로서 거부되어야 한다. 왜냐하면 그것이 바로 주어진 것의 신화이기 때문이다. 경험론자들은 우리가 이미 어떤 방식으로든 자각하고 있는 생각과 인상으 로부터 추상화를 통해 생각과 인상의 개념을 얻을 수 있다고 생각했다. 이것 또한 주어진 것의 신화이다. "요컨대 우리는 내적 에피소드가 어떻게 존재할 수 있는지에 관한 일반적 문제와 맞닥뜨린다. 이 내적 에피소드는 각자 자신만 이 에피소드에 특권적 접근권을 가진다는 점에서 사적 성질pri-vacy과 원리적으로 우리 각자가 다른 사람의 에피소드를 알 수 있다는

---

45 [옮긴이] 셀러스는 앞서 '빨강'과 '초록' 같은 분류적 개념들이 선개념적 인식을 전제하지 않으면서도 어떻게 획득될 수 있는지에 설명했다. 차별적 반응 성향과 개념의 추론적 사용이 그것이다. "대응되는 이야기"는 '생각', '인상'의 개념도 유사한 방식으로 획득된 다는 뜻이다.

46 여기서 '명목론(nominalism)'이라는 용어는 앞 단락에서 사용된 의미 ([6]에서의 사용을 반영한)와는 상당히 다른 의미로 쓰이고 있다. [29]를 참조하라.

점에서 상호 주체성intersubjectivity을 결합한 것이다." 다시 말해, '나는 빨강으로 보이는 어떤 것을 보고 있다'라거나 '나는 비엔나가 오스트리아에 있다고 생각하고 있다'라는 형식의 보고들이 특정한 내적 사실들에 대한 신뢰할 수 있는 징후라는 것을 우리는 도대체 어떻게 알게 되었던 것일까? '이것은 빨갛다'와 같은 경우에는 귀납을 통해 경험적인 상관관계를 형성할 수 있지만, 이러한 내적 보고들에 대해서는 그러한 귀납이 불가능하다는 것을 고려할 때. 이 질문에 대한 해답이 바로 '존스 신화Jones myth'이다. 이것은 사실상, 데카르트와 경험론자들의 자기 입증적 비언어적 에피소드 개념과, [10]에서 약속된바 라일과 비트겐수타인의 반내적 에피소드 경향을 모두 포기하고 나면, 남는 유일한 해답이다.

셀러스는 "신화를 죽이기 위해 신화를 사용하였다"라고 말한다[63]. 그는 생각과 감각 인상을 이미 가지고 있었던 것으로 드러나는 어떤 공동체가, 어떻게 그런 개념들을 가지게 되었으며, 그리고 그 개념들을 비추론적으로 적용할 수 있게 되어, 처음으로 그러한 생각들과 감각 인상들을 알아차리고 자각하게 되었는지에 대한 이야기를 할 것이다. 이것은 명시적으로 하나의 신화로 제시된다. 셀러스는 실제로 사태가 그렇게 일어났다고 주장하는 것이 아니다. 즉, 우리가 정말로 라일적인 조상Rylean ancestors을 가졌거나, 우리의 개념을 어떤 원시적 천재 — 그 이름이 '존스'였는지는 중요하지 않다 — 에게 빚지고 있다는 주장을 하려는 것이 아니다. 셀러스의 실용주의pragmatism는, 개념적 우선성에 곤한 문제들을 언어의 서로 다른 층위들이 얼마나 자율적인가에 대한 문제들로, 다시 말해 어떤 언어 게임이 다른 언어 게임에 선행하거나 그것과 독립적으로 수행될 수 있는가에 대한 문제들로 환원해서 다루기를 요구한다. 따라서 마치 역사적이고 발달 과정을 따르는 이야기인 것처럼 서술하는 것은, 그러한 개념들 사이의 종속성과 전제 관계를 드러내는 하나의 방식인 것이다.

제 XI 장
생각: 고전적 관점
[46]~[47]

제46절 이전 단락에서는 설명되어야 할 인상이 실제로 존재한다(라일에 반하여)는 점을 밝혔다. 이번 단락에서는 같은 주장을 생각에 대해서도 반복하고 있다. 여기에는 특별한 논증이 제시되지는 않는다: 셀러스는 이러한 것들을 지워 버리듯 설명하는 것은 어렵다고 지적하며, 우리는 그러한 현상들을 받아들일 수 있는 이론기, 그것들을 부정해야만 하는 이론보다—다른 조건이 같다면—우월하다는 데 동의할 수 있다.

제47절 이 부분은 직접적으로 라일을 겨냥한 내용이며, 다음과 같은 주장들을 거부한다:

a) '특권적 접근privileged access'은 반드시 계외 없는 접근invariable access을 의미해야 한다는 주장. 셀러스는 이를 거부한다. 왜냐하면 종종 내가 그런 생각을 했다는 사실조차 인식하지 못했을 때도, 다른 사람이 내가 무슨 생각을 했는지를 알 수 있는 경우가 있기 때문이다.

b) 내성적으로 파악되는 생각은 단지 **조용한 목소리로 떠오르는** 언어적 심상에 불과하다는 주장. 즉, 머릿속을 스쳐 지나가는 단어들이 마치 들리거나 보이는 것처럼 '지각되는' 것에 지나지 않는다는 것. (이

점은 [56]에서 더 자세히 논의된다.)

우리는 셀러스가 제시하는 생각과 감각 인상에 대한 긍정적 설명을 이해하기 위해, 이러한 선입견들로부터 자유로워져야 한다.

제 XII 장
우리의 라일적 조상
[48]~[50]

제48절 셀러스는 '라일적인 조상들Rylean ancestors'이라는 개념을 도입한
다. 이들은 비교적 장기적인 성향적 특성을 가지고 있으며, 그에 대해
말할 수도 있다. 예컨대 믿음, 욕망, 희망, 두려움, 계획, 기분, 성격적 특성
등과 같은 것들인데, 이러한 범주의 정신 현상에 대해서는 라일의 설명이
꽤 잘 들어맞는다. (물론 우리는 그의 원자론적 접근에 대해 전체론적
보완 조건을 붙여야 할 것이다.) 그러나 라일은 경솔하게도, 이러한 정신
현상에 대해 성향적-행동적 설명을 성공적으로 제시한 것을 근거로 삼아,
이 방식으로 설명할 수 없는 다른 것들은 형이상학적이며 정당하지 않다고
간주했다. 셀러스는, 존스의 이야기를 통해, 그렇지 않다는 것을 보여줄
것이다. 셀러스는 성향과 에피소드의 구별을 근거로, 라일적 가정법 조건문
subjunctive conditionals을 갖는다고 해서 라일적인 조상들이 생각이나 경험에
대해 이야기할 수 있게 되는 것은 아니라고 주장한다.[47] 셀러스는 이제,

---

47   [옮긴이] 라일은 믿음, 욕망, 희망, 두려움, 계획, 기분, 성격적 특성 등 시간에 걸쳐
안정적으로 지속되는 경향성은 보통 다음과 같은 조건문으로 잘 표현될 수 있다고
보았다: '그는 그런 질문을 받으면 아마 이렇게 대답할 것이다.' '그녀는 위험을 피하는
경향이 있다.' '그는 사람들 앞에서 말할 때 불안해한다.' 이러한 문장들은 행동 패턴을
묘사하며, 내적 에피소드를 상정하지 않고 외부에서 관찰 가능한 정보만으로도 그

그들이 생각의 개념을 발전시키기 위해 어떠한 개념적 자원이 추가로 필요한지를 보여줄 것이며, 그 위에서 감각 인상 개념까지 어떻게 도달할 수 있는지도 밝힐 것이다.

제49절 문제는 다음과 같다. 라일식 언어Rylean language에 무엇을 추가해야, 그 언어를 사용하는 이들이 "서로와 자신에 대해 생각하고, 관찰하고, 느낌과 감각을 지닌(우리가 이들 용어들을 사용하는 것과 동일한 의미로) 동물로 인식할 수 있게 되는가?" (여기서 "우리가 이들 용어들을 사용하는 것과 동일한 의미로"라는 제약은 단지 성향적으로만 분석 가능한 심적 담론 요소들을— 대표적으로 믿음과 욕망 같은 명제적 태도를— 제외하기 위한 것이다. 이러한 것들은 심리적인 것이긴 하지만, 심적 에피소드에 해당하지 않는다.) 첫 번째 요구 사항은 의미론적 화법semantic discourse이다(이에 대해서는 [30] 참조). 의미론적 화법은 인식적epistemic 측면에 속한다. 이 의미론적 화법은 "언어적 행위의 원인과 결과에 대한 진술의 간단한 서술(약칭)"이 아니다. 이것이 그런 진술들을 우연적 결과들로 가질 수는 있을지라도. 의미론적 화법은 규범적 화법normative discourse의 일종이다. 즉, 표현이 어떻게 사용되어야 하며, 어떻게 적절하게 또는 올바르게 사용되는지를 논의하는 화법이다. 이것은 셀러스의 가장 핵심적인 아이디어 가운데 하나로, 그의 초기 에세이 거의 모두에 등장한다. ([51]과 [52]에서는 두 번째 요구 사항[이론적 화법]에 대해 다룰 것이다.)

사람의 성향을 추론할 수 있게 한다. 그러나 셀러스는 생각과 경험은 일시적으로 발생하는 에피소드적 성경을 지닌다고 보고, 성향 분석으로는 이 현상을 설명할 수 없다고 주장했다. 예를 들어, 특정 시점에 떠오른 생각, 순간적으로 느낀 고통, 스쳐 지나간 시각적 인상, 마음속에서 들려오는 멜로디, 어떤 사실을 갑자기 깨달은 경험 등은 특정 시점에 발생하는 심적 에피소드로서 지속적인 성향과는 다르다는 것이다. 따라서 그것들은 행동 패턴이나 조건문으로 환원될 수 없다.

제50절 "나의 당면 과제는 겉으로 드러난 행위도 아니고 언어적 심상도 아니며, 지향성의 어휘로 적절하게 지칭될 수 있는 내적 에피소드로서의 생각에 대한 고전적 아이디어와 지향성의 범주가 근본적으로 드러난 언어적 수행과 관련된 의미론적 범주라는 아이디어를 화해시킬 수 있는지 보는 것이다." 후자의 아이디어는 생각은 말에 대한 유비analogy를 통해 이해되어야 한다는 것이다. 그 의미는 이렇다: 우리가 생각의 의미나 내용에 대해 말할 때 사용하는 개념들은, 사실상 원래의 또는 '고향home'의 언어 게임, 즉 우리가 말하는 것에 대해서 이야기하는 언어 게임 속에서 수행하는 역할을 통해 이해된다는 것이다 — 우리가 생각하는 것에 대해서 이야기하는 게임이 아니라. (셀러스가 "안에 있는" 생각을 "밖에 있는" 말에 대한 유비/내면화로 이해해야 한다고 주장하는 것은, 더멋Dummett이 판단을 단언의 내면화로 이해해야 한다고 본 입장과 유사하다. 더멋은, 단언이 먼저이고 판단이 그것의 내면적 형태라고 보았지, 판단을 먼저 놓고 단언을 그것의 겉으로 드러난 표현으로 보는 방식은 받아들이지 않았다.[48])

---

48   Michael Dummett, *Frege's Philosophy of Logic* (New York: Harper and Row, 1973), p. 362.

제 XIII 장
이론과 모형
[51]~[52]

제51절 이 절에서는 이론적 언어에 대한 논의로 돌아간다. (이는 제IX장에서 "과학적 실재론Scientific Realism"이라는 제목 아래 다루어진 바 있다.) 이론적 화법은 일상적 경험 언어의 한 차원을 정교화한 것에 불과하다. 이론적 화법이 발생하는 한 방법은 모형과 주석을 통해서이다. 셀러스가 이 이야기를 꺼내는 이유는 "이론적 화법과 관찰적 화법의 구별이 내적 에피소드에 관련된 개념들의 논리에 관여한다"라는 점을 설명하기 위해서이다.

제52절 따라서 "라일적 언어를 확장하는 두 번째 단계는 이론적 화법의 도입이다." 이것이 중요한 이유는, 셀러스가 다음과 같이 주장하기 때문이다: "이론적 화법과 관찰적 화법의 구별이 내적 에피소드에 관련된 개념들의 논리에 관여한다."

제 XIV 장
방법론적 행동주의 대 철학적 행동주의
[53]~[54]

제53절 존스는 방법론적 행동주의methodological behaviorism(이 개념은 아래에서 명확히 설명되며, 셀러스는 이 입장을 지지한다)의 선구자이다.

제54절 행동주의자들은 자신들의 설명을 우리가 이미 사용하고 있는 개념들에 대한 분석으로 제시할 필요도 없고, 자신들의 이론적 개념을 명시적 정의를 통해 도입할 필요도 없다. 전자는 분석적 혹은 논리적 행동주의가 되고, 후자는 일종의 도구주의가 된다.[49] 이 둘은 모두 오류이다. 그 대신, 모든 개념은 겉으로 드러나는 행동에 관련된 기본 어휘를 바탕으로 도입되어야 한다는 행동주의적 요구는 일부 행동주의적 개념이 행동 관찰 어휘에 상응하는 이론적 개념으로 도입되어야 한다는 생각과 양립

---

49 [옮긴이] 전자를 분석적 행동주의라고 부르는 것은 자신의 이론을 우리가 이미 쓰는 심리 개념들(믿음, 욕망, 감각 등)의 의미 쿤석/정의로서 제시하기 때문이다. 예를 들어, "마음에 대한 모든 진술은 행동 진술로 분석적으로 환원된다"라고 하면 그게 분석적/논리적 행동주의 입장이다. 후자를 드구주의라고 부르는 것은 명시적 정의로 도입된 이론적 용어는 그 자체로는 새로운 사실을 말해 주지 못하고 단지 관찰 문장들을 간편하게 묶고 변형하는 "약어/도구" 역할단 하기 때문이다. 즉 이론적인 개념들을 이 경험적 현상을 조직화하고 예측하는 데 사용하는 보조도구로 간주하기 때문이다.

가능하다. 이러한 관점은 우리가 [39]~[44]에서 살펴본 것처럼 이론적 대상과 관찰 가능한 대상의 구분은 존재론적이 아니라 방법론적이라는 점을 이해할 때 비로소 가능해진다. 즉, 이 구분은 대상이 어떤 종류인가에 대한 것이라기보다는, 우리가 그 대상에 접근할 수 있는 방식 — 오직 추론적으로만 접근할 수 있는가, 혹은 비추론적 방식으로도 접근할 수 있는가 — 에 관한 것이다. 이런 의미에서 이 개념들이 이론적 개념이라고 말하는 것은, (해당 언어 게임의 발전 단계에서는) 이러한 개념들이 오직 추론의 결론으로서만 적용될 수 있다는 것을 의미한다. 따라서 이 개념들은 행동에 대한 어떤 관찰적 서술과도 등가가 아니며, 그러한 서술처럼 관찰적 으로 적용될 수 있는 것들도 아니다. 이 아이디어는 셀러스의 핵심적인 혁신적 아이디어들 가운데 하나이다.

제55절 이러한 방법론적 의미에서의 행동주의는 물리주의physicalism와 양립 가능하다. 왜냐하면, 이 접근에서 사용하는 이론적 개념들이 결국에는 신경생리학적으로 기술 가능한 항목들을 가리키는 것으로 드러날 수도 있기 때문이다. (예를 들어, '해왕성의 궤도에 영향을 주는 어떤 것'으로 명명된 '명왕성이 나중에 치즈 덩어리로 구성된 천체를 가리키게 되었을 수도 있는 것과 마찬가지다.) 하지만 이 행동주의는 그러한 물리주의를 부정하는 입장과도 양립 가능하다. 즉, 행동주의와 물리주의는 서로 다른, 독립적인 입장이라는 것이다.

제 XV 장
사적 에피소드의 로직: 생각
[56]~[59]

제56절 생각에 대한 존스의 모형은 내적 발화inner speech이다. 그의 주석은 이 내적 발화가 언어적 심상으로 오해되지 않도록 해준다. [47]에서 소개된 언어적 심상에 대한 제안이 문제가 되는 것은 그것이 준–지각적quasi–perceptual 모형 — 내적 혀의 움직임을 듣는 것 — 을 사용한다는 데 있다.

제57절 이 모형은 의미론적 범주의 적용 가능성을 겉으로 드러나는 발화에서 생각으로 옮겨온다. 따라서 생각도 사물에 '관한' 것이 될 수 있다.

제58절

1) 이 존스식 이론은 이원론과 물리주의 양쪽 모두와 양립 가능하다.
2) 내적 에피소드는 분자나 댐에 금이 간 원인이 관찰 불가능한 것처럼 관찰 불가능한 것으로 간주되어야 하며, 유령이 관찰 불가능한 것처럼 관찰 불가능한 것으로 간주되어서는 안 된다. 다시 말하면, 현재 시점에서는, 우리는 그것들을 비추론적으로 보고할 수는 없지만, 원리적으로 그런 관찰이 불가능한 것은 아니다. 따라서 그것들은 결국

생리학적 사건과 동일한 것으로 밝혀질 수도 있다. 그럼에도 불구하고, 이 시점에서는 심지어 자신의 내적 에피소드를 기술할 때조차 제3자적 사용만이 가능하다.

3) 사람은 말하는 법을 배우기 전까지는 생각할 수 없다 — 즉, 공적인 단언assertion의 사회적 실천을 익히기 전까지는 '심적으로' 무엇인가를 단언(예: 마음속으로 ~라고 생각)할 수 없다. 따라서 설명의 질서에서는 말이 생각에 선행한다. 그러나 일단 사람이 말하기와 생각하기를 동시에 배우고 나면, 인과의 질서에서는 생각이 말보다 앞서는 경우가 자주 생긴다.

4) 그러므로 언어가 의미를 가진다거나, 사물에 '관한' 것이라는 개념은 생각이 의미를 갖는다는 것을 근거로 설명되어서는 안 된다 — 예컨대 데카르트나 로크 방식처럼 말이다. 오히려 이 설명 과제는 생각의 의미를 말의 의미를 이용하여 설명해야 하며, 말의 의미는 또 다른 방식(예: 사회적 실천)을 통해 설명되어야 한다.[50]

5) 존스는 이러한 내적 에피소드들을 직접적인 경험, 즉 생각하는 사람이 특권적으로 접근할 수 있는 것으로 간주하지 않는다. 왜냐하면 그는 아직 그 개념 자체를 가지고 있지 않기 때문이다. 그의 에피소드는 단지 '피부 아래에 있다under the skin/겉모습 너머의 내면'는 일상적 의미에서 '내적'일 뿐이다.

제59절 하지만 존스가 자신의 이론을 다른 사람들에게 가르칠 때, 그들은 "[자신들의] 겉으로 드러난 행동을 관찰하지 않고도 이 이론의 언어를 사용하여 신뢰할 수 있는 자기 서술을 할 수 있게 되도록 훈련될

---

50   "Intentionality and the Mental"(로더릭 치졸름과의 교신에 의한 심포지엄), *Minnesota Studies in the Philosophy of Science*, pp. 507~539.

수 있다"는 것이 드러난다. 즉, 어떤 사람[훈련자]은 다른 사람[피훈련자]으로 하여금 지금까지 오직 추론될 수 있었던 것을 (아마도 그의 생각과 관련된 궁극적으로 발견 가능한 신경생리학적 사건에 의존하여) 비추론적으로 보고할 수 있도록 하는 조건반사를 발전시킬 수 있다. "순전히 이론적 용도로 시작된 언어가 보고 기능을 얻게 된 것이다." 꼭 이렇게 되었으리라는 보장은 없었다. 하지만 존스의 이론이 좋은 이론이라면(이것은 이 사건들이 신경생리학적 용어로 기술 가능한 사건들과 동일한 것으로 밝혀지느냐와는 원리적으로 독립된 문제이다), 그의 동료들은 이미 이러한 내적 에피소드들에 대해 신뢰할 수 있는 차별적 반응을 보이고 있었다는 말이 된다.[51] 그렇다면 그들이 그 차별 반응을 확장하여 보고로까지 이어지도록 학습할 수 있으리라고 기대하는 것이 자연스럽다. 이 이야기는 그 이유를 설명해 준다: "이 개념들이 각자가 행동적 증거로부터 추론을 끌어내는 것이 아니라, 보고하는 데 사용될 수 있다"라는 것을 인정하면서, "[이 이야기는] 겉으로 드러난 행위가 이 에피소드들의 증거라는 사실이 개념들의 논리 자체에 내재해 있다는 것을 주장한다. 기체의 관찰 가능한 행동이 분자 에피소드들의 증거라는 사실이 분자 화법의 논리 자체에 내재된 것과 마찬가지로."

---

51 [옮긴이] 이 문장의 뜻이 좀 모호하다. 말하고가 하는 바는 존스가 내적 에피소드들을 발명한 것이 아니라, 사람들이 이미 암묵적으로 구분하고 있었던 행동 패턴을 말로 표현할 수 있는 개념적 도구를 제공했을 뿐이라는 것이다.

제 XVI 장
사적 에피소드의 논리: 인상
[60]~[63]

제60절 이제 존스는 생각에 대해 했던 것과 같은 방식으로 감각 인상에 대한 설명을 시도한다. 이 감각 인상의 범주는 생각의 범주를 전제한다. 우리는 '지각'이라 불리는 생각의 하위 범주에서 출발한다. 존스 이론에서 무언가가 그러함을 보는 것은 내적 에피소드이며, 그것은 바라보면서 무언가가 그러하다는 것을 보고하는 것을 그 모형으로 삼는다. 그러나 이러한 지각은 아직 감각 인상이 아니다. 우리는 여전히 어떤 주장, 즉 인식적 질서에 속하는 무언가를 다루고 있을 뿐, 인과적 질서에 속하는 개별자를 다루고 있는 것은 아니다. 감각 인상에 도달하기 위해서는 지각자가 올바르게 판단하는 경우와 틀리게 판단하는 경우 모두에 공통인 '지각자의 상태'라는 관념이 필요하다. 이 관념이 바로 셀러스가 [45]의 세 번째 문단과 [22]에서 말하는 감각 인상에 대한 '내재적 특징짓기'가 될 것이다. 여기서는 [7]에서 언급된 지각의 인과적 측면에 대한 이론의 개요가 제시된다.

제61절 생각이 문장을 모형으로 삼는다면, 감각 인상은 그림, 더 일반적으로는 복제물—즉 개별자—을 모형으로 삼는다. 이 모형의 핵심 특징은 다음과 같다: 시각적 인상들은 유사성과 차이를 이루는 방식들의 체계

속에서 서로 간에 관계를 가지고 있다. 이 방식들은 가시적인 사물의 색과 형태가 서로 유사하거나 다른 방식들과 구조적으로 유사하다. 즉, 지각자에게는 어떤 상태들이 존재하며, 이 상태들은 붉거나 삼각형은 아니지만, 이들은 (이를 '붉음에 관한of-red', '삼각형에 관한of-triangular'이라 부르자) 물리적 사물이 지닌 시각적 특성들과 동형적인 특성들을 갖고 있다. 이것은 일종의 감각 인상에 대한 기능주의적 설명이다. 이러한 복제물들의 발생은 개별자들 간의 비인식적 관계로 이해되어야 하며, 이는 장차 신경생리학이나 이원론적 심리학이 더 구체적으로 규명해 줄 수 있다. "따라서 빨간 삼각형의 인상에 대한 모형은 빨갛고 삼각형인 복제물이며, 빨갛고 삼각형인 복제물을 지각하는 것이 아니다." 복제물을 지각하는 것은 인식적인 일이 될 것이다. 이 감각 인상들의 전체적인 설명적 역할은 다음과 같이 요약할 수 있다: 이론의 관점에서 볼 때, 생물 유기체가 마치 저기 붉고 삼각형인 물리적 대상이 있는 것처럼 보일 때 반응하고 있는 것은 감각 인상이다.

제62절 본 절은 [59]가 생각에 대해 했던 일을 감각 인상에 대해 수행한다. 즉, 사람들이 '인상'이라 불리는 이론적 개체를 보고하기 위한 조건반사적 반응(조건화된 성향)을 학습할 수 있다는 점을 지적한다. (아마도 나중에는 이러한 반응 성향의 습득을 설명해 줄 신경생리학적 메커니즘이 발견될 수도 있다.) 이 시점에서, 존스의 학생들은 자신의 생각뿐만 아니라 감각 인상에 대해서도 비추론적으로 보고할 수 있게 되었으므로, 그들은 이 두 종류의 내적 에피소드를 직접적으로 자각한다(여기서 '직접적'이라는 것은 비추론적이라는 뜻이며, 주어진 것의 신화를 거부한 이후로는 가능한 유일한 의미이다). 감각 인상의 경우, 이러한 자각은 [45]에서 말한 바와 같이 다음 세 가지 경험들에 공통적으로 나타나는 인상에 대한 것이다: 어떤 것이 빨갛고 삼각형이라는 것을 실제로 보는 경험, 어떤 것이 빨갛고

삼각형처럼 보이는 경험, 저기에 빨갛고 삼각형인 어떤 것이 있는 것처럼 보이는 경험에 공통인 인상에 대한 자각. 이러한 감각 인상에 대한 비추론적 보고, "나는 지금 빨간 삼각형의 감각 인상을 감각하고 있다"는 형식의 보고는 이 글의 전반부에서 다룬 '~로 보인다'를 사용하는 보고들과는 전혀 다르다. '~로 보인다'를 사용하는 비추론적 보고는 '~임that' 절[52]을 내용의 규정으로 삼으며, 해당 내용의 지지를 위한 후보로 제시된 추론적 잠재성을 가리킨다.[53] 반면, 감각 인상에 대한 비추론적 보고는 복제물replica을 모형으로 삼는 특정한 개별자에 대한 묘사를 내용의 규정으로 사용하며, 이는 어떤 것이 실제로 그러하다는 보고와 어떻게 보인다는 보고 양쪽 모두에 공통적으로 작용하는 인과적 선행 요소causal antecedent를 가리킨다. ([7]에서 제시된 분석을 기억하라.) 이 두 종류의 보고 양식을 섞어버리면, 우리는 곧바로 주어진 것의 신화를 되살리게 된다. 이 두 언어 층위는 본질적으로 파생적이며 기생적parasitic이고, 모두 비추론적 용법을 중심으로 전개되지만, 지각 경험의 서로 다른 측면들을 표현한다.[54] 셀러스가 불가사의하지도 않고 위협적이지도 않은 방식으로 정식화한 감각 인상에

---

52   [옮긴이] "looks"가 항상 "that" 절을 취하는 예는 "It looks to me that it is red."이다. 그러나 많은 경우, 그렇지 않다. 예를 들어 "It looks red", "It looks like a triangle," "It looks as though it's going to rain." 셀러스가 말하는 "that" 절은 문법적 형식보다 논리적·개념적 구조를 지칭한다. 즉, 보고 행위의 내용(content–specification)이 명제적 (propositional)이라는 점을 강조하려는 것이다

53   [옮긴이] '~로 보인다' 보고는 그 내용을 지지 가능한 판단의 후보로 제시한다는 뜻이다.

54   [옮긴이] 두 언어 층위란 '보인다' 화법 과 감각 인상 보고 화법("지금 나는 빨간 삼각형의 감각 인상을 느낀다"처럼)을 가리킨다. 이 둘이 무엇에 대해 파생적·기생적이냐면, '세상이 어떠한가'를 말하는 관찰 보고('x는 F다')의 언어 게임 — 곧 이유를 주고받으며 실제 사태에 대해 단언·정당화하는 핵심적 담론 — 에 대하여 그렇다는 뜻이다. "감각 인상" 어휘는 이론적 어휘로서 원래의 관찰 보고와 '보이다' 화법의 원인에 해당하는 공통 인자를 가리키는 이론화된 층이다. 따라서 이 역시 기본적인 관찰·정당화의 언어 게임에 기대어 의미와 역할을 얻기에 파생/기생적이라고 본 것이다.

대한 개념적 자각은 ([16]의 첫 문장들에 따르면) 우리의 지각이, "지각된 대상에 의해 지각자에게서 [비추론적으로] 야기된" 명제적 내용의 지지 외에, 포함하고 있는 "그 이상의 무엇"에 해당한다. 그리고 그 이상의 무엇은 [45]의 첫 문단에서 약속되었던 것이다. 우리가 자각하는 감각 인상들은 (감각 인상의 개념과 그에 상응하는 비추론적 보고 실천이 온전히 정립된 이후에) 다음과 같은 현상을 설명해 준다: "X가 지금 나에게 초록으로 보인다"라고 말할 때, 나는 나의 경험이, 말하자면 내재적으로[그 자체로서], 즉 **경험으로서**, X가 실제로 초록이라는 것을 보는 참된 경험과 구별되지 않는다[16]." 왜냐하면, 이 두 종류의 발화 작용은 모두 감각 인상의 존재에 대해 반응하기 위한 신뢰할 수 있는 차별 반응 성향을 실행한 결과로 생겨난 것이다. 그런 반응 성향은 우리가 감각 인상들을 자각하는 데 필요한 개념들을 존스가 제공하기 전에도 이미 사람들이 실행하고 있던 것이다. 그 반응 성향에 추가되어야 했던 것은 오직 감각 인상이라는 새로운 개념과(예를 들어 가시적 표면들의 **복제물**을 모형으로 삼는) 감각 인상의 모형에 적절한 종류의 추론적 구조화이다. 이제 셀러스는 자신의 과제를 완수했다. 우리는 이제 주어진 것의 신화가 어떤 다양한 형태로 나타나든, 그것을 진단하고 해소할 수 있는 처방전을 갖게 되었다. 주어진 것이 무언가를 아는 것이나 믿는 것을 함축하는 개별자(예: 감각 자료 이론)로 나타나든, 비추론적으로 획득된 명제적으로 구성된 믿음(예: '~로 보인다'에 의해 표현된 것)으로 나타나든. 데카르트식 '주어진 것'에 호소하는 인식론적 토대주의적 시도는 실패한 것으로 드러났다. 그 이유는, 그 주제가 '내적'이든 '외적'이든 간에 개념의 비추론적 사용이 결국 개념의 추론적 사용을 전제[55]하고 있음이 밝혀졌기 때문이다. 추상화를 통한 개념

---

55   [옮긴이] "개념의 비추론적 사용이 결국 개념의 추론적 사용을 전제한다"는 브랜덤의
슬로건처럼 쓰이는 표현이다. 셀러스 자신은 이런 표현을 쓰지 않았지만, 본서의 여러

획득이든 다른 방식을 통한 개념 획득이든 개념 획득을 설명하려고 개념
이전의 '주어짐'에 호소하는 경험론적 시도 역시 실패한다. 왜냐하면 "이제
우리는, 어떤 것이 그런 종류의 것임을 알아차렸기 때문에 그것에 대한
개념을 가지게 된다기보다 그런 종류의 것을 알아차릴 수 있는 능력을
가지고 있다는 것 자체가 이미 그 종류에 대한 개념을 갖고 있다는 것이며,
그 개념을 설명해 주지 못한다는 것을 깨달았기[45]" 때문이다. 그럼에도
불구하고 셀러스는, 우리가 주어진 것의 신화에 빠지지 않으면서도, 실제의
생각과 감각 인상들에 의해 비추론적으로 촉발되고, 추론적으로 전개된
'생각' 개념과 '감각 인상' 개념의 적용들로서의 심적 에피소드들에 대한
직접적 자각 — 그리고 우리 각자가 그런 내적 에피소드들에 대해 갖는
제한적이지만 매우 실제적인 특권적 접근 — 을 가진다는 이 아이디어를
어떻게 이해할 수 있는지를 우리에게 보여주었다.

곳에서 같은 취지의 말을 하고 있다.

관찰 보고는 어떻게 지식을 표현할 수 있는가
『경험론과 마음 철학』 Ⅷ장(32~38절) 주해

1. 들어가기

『경험론과 마음의 철학』은 흔히 "주어진 것의 신화"를 해체하고 그 대안을 제시하는 텍스트로 요약된다. 셀러스는, 우리가 무엇을 생각하든, 판단하든, 심지어 어떤 경험을 하든, 그 밑바닥에는 항상 어떤 것이 그냥 주어져 있다고 생각하는 사고방식을 비판한다.[1]

근대 이후 경험론적 경향이 강해지면서, 직관된 제1 원리나 종합적 필연적 연결과 같은 전통적인 "주어진 것"들은 차례로 의심받고 사라져 갔다.[2] 그런데 최근의 경험론에서 가장 끈질기게 살아남은 형태의 "주어진 것의 신화"는 감각 자료 이론이다. 셀러스는 본서 전반부에서 감각 자료 이론의 신화성을 분석하고 비판한다. 그리고 Ⅷ장에 이르러서는, 감각 자료 이론을 이미 비판하는 학자들조차도 쉽게 빠질 수 있는 다른 형태의 "주어진 것의 신화"를 다룬다. 편의상 이 견해를 토대주의foundationalism라고

---

1   많은 것들이 "주어진 것"이라고 불려 왔다: 감각 내용, 물질적 물체, 보편자, 명제, 실제적
     연결(real connections), 제1 원리, 심지어 주어짐 자체까지(본서 1절).
2   본서 1절.

부르자.

토대주의에 따르면, 경험적 지식 전체는 어딘가 "맨 밑바닥"에 있는, 비추론적으로 주어지는 기초 사실들 위에 세워져 있다고 생각된다. 이런 기초 사실들은 다른 지식을 전제하지 않고, 그 자체로 확실하며, 다른 모든 경험적 판단을 입증하는 역할을 하는 것처럼 보인다. 셀러스는 VIII장에서 이 토대주의가 상정하는 기초 층을 이루는 관찰 보고observation report의 지위를 정면으로 묻는다. 그는 관찰 보고가 분명 비추론적인 것처럼 보이지만, 그럼에도 색채 개념, 표준 조건의 개념, 자신이 신뢰할 만한 관찰자라는 지식 등을 광범위하게 전제하고 있다고 주장한다. 그는 이 주장을 정식화하여, 예를 들어 "이것은 초록이다"라는 보고가 지식을 표현하기 위해서는, 두 가지 조건, 즉 그 보고가 어떤 의미에서 권위를 가져야 하고, 보고자가 그 권위를 또 인지해야 한다고 선언한다. 이 주장은 보통 사람들의 상식과 정면으로 충돌하는 것으로 보여서 이해하기가 쉽지 않고, 주장의 내용을 오해하기도 쉽다.

이글에서는 VIII장 32~38절의 논의를 따라가며, 관찰 보고의 지위를 두 가지 측면에서 풀어보고자 한다. 첫째, 관찰 보고가 어떻게 풍부한 개념적 배경을 전제하면서도 여전히 비추론적 지식으로서의 지위를 가질 수 있는지를 설명한다. 둘째, 셀러스가 35절에서 말하는 보고가 지식을 표현하기 위해 필요로 하는 두 가지 조건(장애물), 즉 보고의 권위와 그 권위에 대한 인지를 중심으로, 38절에서 말하는 "두 논리적 차원"을 분석하고 재구성한다. 이를 위해 특히 두 논리적 차원을 X축과 Y축으로 도식화하고, 관찰 보고와 다른 경험적 명제들 사이의 의존 관계를 추론적 정당화의 차원(X축)과 자격적 정당화의 차원(Y축)으로 나누어 설명한다.

마지막으로, 셀러스는 관찰 보고가 다른 일반적인 경험적 지식을 전제한다는 자신의 주장이 왜 무한 퇴행infinite regress을 낳지 않는지를 37절에서 간단히 설명한다. 그는 이 문제를 해결하기 위해, 이 문제와 상관이 없는 듯한 다소 뜬금없는 말을 한다. 곧, "앎(지식)이란 무엇인가"에 대한 이해를 수정해야 한다고 주장하면서, 다음과 같은 유명한 문장을 쓴다.

> 어떤 에피소드나 상태를 앎knowing의 에피소드나 상태로 특징지을 때,
> 우리는 그 에피소드나 상태에 대한 경험적 서술을 하는 것이 아니라,
> 그것을 이유들의 논리적 공간에, 즉 각자가 말하는 바를 정당화하고 정당화
> 할 수 있는 공간에 위치시키는 것이다. (36절)

본 논문은 이 문장이 무한 퇴행 문제를 해결하는 데 어떻게 도움을 주는지를 신호등 예와 같은 구체적인 사례를 통해 설명한다.

2. 관찰 보고와 논리적 원자주의

2.1 관찰 보고란 무엇인가

일반인들은 "관찰 보고"라고 하면 보통 어떤 장면을 떠올릴까? 아마도 이런 장면일 것이다. 창밖을 보면서 "비가 온다"라고 말하거나, 실험실에서 온도계를 쳐다보고 "지금 온도는 20도야"라고 말하는 장면 말이다. 특별한 고민이나 계산 없이, 눈으로 본 것을 그대로 말해 버리는 것. 우리는 이런 발화를 거의 자동적으로 신뢰할 수 있는 것으로 받아들인다.

이런 일상적 직관은 자연스럽게 다음과 같은 생각을 부른다.

- 복잡한 이론이나 추론은 틀릴 수 있지만, "눈으로 보고 하는 말"은 더 안전하다.
- 그래서 과학에서도, 철학에서도, 결국 마지막에는 "직접 관찰한 사실" 을 기준으로 삼아야 한다.

· 그렇다면 어딘가에 "직접 관찰로부터 얻어진 기초 사실들"이 있고, 다른 모든 지식은 그 위에 쌓여 있는 것이 아닐까?

이 직관을 조금 더 이론적으로 다듬으면, 다음과 같은 그림이 나온다.

1. 어떤 사실들은 비추론적으로 즉, 직접적으로 알려질 수 있다.
2. 그런 기초 사실들에 대한 지식은, 다른 어떤 지식도 전제하지 않는다.
3. 나머지 모든 경험적 지식은 이런 기초 사실들에 의존하여 정당화된다.

이 그림은 건물의 **토대** 은유와도 잘 어울린다. 집이 튼튼히 서 있으려면 튼튼한 토대가 필요하듯, 우리의 믿음 체계도 튼튼한 토대 명제들 위에 서 있어야 한다는 생각이다.

2.2. 논리실증주의와 관찰문

20세기 초중반의 논리실증주의자들은 이 그림을 매우 진지하게 받아들였다. 그들은 과학의 언어를 엄밀하게 정리하기 위해, "관찰 가능한 용어"와 "이론적 용어"를 구분하고, 전자만으로 이루어진 관찰문―예컨대 "이 막대는 10cm이다", "지금 온도계 눈금은 20℃를 가리킨다", "여기에 하얀 점이 하나 보인다."와 같은 문장들 ― 을 일종의 기초 층으로 삼으려 했다. 또 어떤 이들은 한 걸음 더 나아가 "프로토콜 문장protocol sentence"을 도입했다. 이것은 특정한 관찰자가 특정한 시점에 가진 직접 경험을 아주 원초적인 방식으로 기록한 문장이다. 예를 들어, "오토의 프로토콜, 오후 3시 17분: '내 앞에 갈색 테이블이 있는 것처럼 보인다.'" 같은 식이다.

2.3 논리적 원자주의와의 갈등

셀러스의 비판은 단지 "기초 층 같은 건 없다"라는 식의 단순한 부정이 아니다. 그는 오히려, 우리가 너무 쉽게 "기초"라고 부르는 것들 — 관찰 보고, 감각 경험, '보인다look' 문장들 — 이 실제로는 어마어마한 개념적·규범적 배경에 기대고 있다는 점을 집요하게 파고든다.

그는 이미 "보인다" 문장들의 의미와 논리를 분석하는 III장에서 다음과 같이 말한다:

> 이는 초록의 개념을 습득하는 과정이 (…) 다양한 조건에서 다양한 물체에 대한 반응 습관을 조금씩 습득하는 오랜 역사를 포함하지만, 시공간 안의 물체들이 가진 관찰 가능한 속성들에 관한 모든 개념, (…) 그 외에도 훨씬 더 많은 개념을 가지지 않으면, 이 속성들에 관한 어떤 개념도, 중요한 의미에서, 가질 수 없다는 것을 암시한다. (19절)

즉, "초록으로 보인다"라는 말을 이해하기 위해서는, 이미 "초록이다"라는 개념, "표면"이라는 개념, "빛"과 "그늘"에 대한 기본적 이해, 그리고 무엇보다도 "어떤 조건이 색을 제대로 드러내 주는 표준 조건인지"에 대한 지식이 필요하다. 즉, 우리가 "초록으로 보인다"라는 경험 자체를 기술하는 것 같지만, 사실 그 경험을 표현하는 언어는 이미 다양한 개념적 훈련을 거친 뒤에야 사용할 수 있는 것이다.

이 지점에서 셀러스는, 자기의 입장이 러셀의 논리적 원자주의 — 관찰 관련 기본 개념들이 서로 독립적인 논리적 원자들로 이해될 수 있다는 그림 — 와 부합하지 않는다는 점을 스스로 인정한다. 논리적 원자주의는, 거칠게 말해, "초록", "동그랗다", "왼쪽" 같은 개념들이 서로 아무 의존 관계 없이 개별적으로 이해될 수 있어야 한다고 본다. 셀러스는 정반대의 그림을 제시한다. "초록"이라는 개념 자체가 이미 다른 개념들과의 관계망을 전제하고 있으며, 어떤 개념도 완전히 고립된 논리적 원자처럼 작동하지 않는다는 것이다. 이 점은 관찰 보고의 지위를 생각할 때 결정적인 역할을 한다. "이것은 초록이다"라는 보고를 단순한 "기초 사실의 진술"로 취급하는 일이 얼마나 순진한지, 이제부터 조금 더 구체적인 분석을 통해 살펴보자.

3. 토대주의적 그림과 전제/추론의 혼동

3.1 토대주의의 그림

VIII장 32절의 첫대목에서 셀러스는 많은 경험론자가 암묵적으로 전제해 온 토대주의 그림을 서술하는데, 이를 이렇게 정리할 수 있다: '경험적 지식이 어떤 의미에서는 토대를 가지고 있다는 것은 분명하다. 어떤 사실들의 부류가 있는데, (a) 이 사실들은 직접적으로(비추론적으로) 알려질 수 있으며, (b) 이런 사실들에 대한 직접적 지식은 다른 개별적 사실이나 일반적 사실에 대한 지식을 전제하지 않고, (c) 개별적이든 일반적이든 다른 사실들에 대한 지식이 모두 이들에 대한 지식에 "의존rest on"한다.' 이를 다시 요약하면, 다음과 같다.

- 맨 아래에는 다른 지식을 전제하지 않는 비추론적 기초 사실들의 층위가 있다.
- 나머지 모든 경험적 사실에 대한 지식은 이 층위의 지식에 의존한다.

이 그림은 자연스럽고, 어떤 의미에서는 타당해 보인다. 우리가 일상에서 "왜 그렇게 생각해?"라고 계속 물어 들어가다 보면, 결국 언젠가는 "그냥 눈으로 봤어"라는 지점에 도달하는 듯한 느낌이 있기 때문이다. 그러나 셀러스는, 이 그림이 "전제presupposition"라는 말과 "추론inference"이라는 말을 암묵적으로 동일시함으로써 생긴 혼동에 기초한다고 본다.

전제의 개념을 명확히 이해하지 않으면 본서의 VIII장을 이해하기 어렵기 때문에 다소 테크니컬하더라도 전제의 개념을 이해하는 것이 필요하다. 윌름 드브리스와 팀 트리플렛은 『지식, 마음, 그리고 주어진 것: 윌프리드 셀러스의 「경험론과 마음 철학」 읽기』(2000)에서 이 전제를 어떻게 해석할 것인가에 대해 비교적 상세히 논한다.[3] 그는 셀러스가 「경험론과 마음 철학」을 쓰기 직전에 쓴 논문 「전제하기Presupposing」[4]를 언급하며, 셀러스가 전제의 개념에 대해서 어떤 생각을 했을지 밝힌다.

3.2. 화용론적/대화적 전제

언어학에서 화용론적 또는 대화적 전제라는 개념이 있다. 누군가가 이렇게 말하는 상황을 상상해 보자.

> A: 저기 있는 사과는 빨갛다.
> B: 뭐가요? 저기 아무것도 없는데요.

A의 말은 "저기 있는 사과"라는 표현을 쓴다. 이 표현은 저기 실제로 사과가 하나 있다는 것을 전제한다. 하지만 B의 말대로 그 방향에 사과가 전혀 없다면, A의 발화는 단순히 "거짓인 서술"이라기보다는 애초에 지시 대상을 찾지 못한, 성립에 실패한 서술에 가깝다. 셀러스는 위에 언급한 「전제하기」에서 A와 같은 발화에 대해서 다음과 같이 말한다:

---

3   Willem A. deVries and Timm Triplett, *Knowledge, Mind, and the Given: Reading Wilfrid Sellars's "Empiricism and the Philosophy of Mind" including the Complete Text of Sellar's Essay* (Indianapolis & Cambridge: Hackett, 2000). 특히 95~99쪽을 보라.

4   Wilfrid Sellars, "Presupposing," *The Philosophical Review*, Vol. 63, No. 2 (April, 1954), pp. 197~215.

유일성uniqueness 조건이 만족되지 않으면, 그 발화는 거짓이다. 그러나 그 조건이 만족된다고 믿는 경우가 아니라면, 그 발화가 거짓이라고 말하는 것은 올바르지 않다.[5]

여기에 중요한 구분이 나온다. 바로 어떤 "발화가 거짓false이"라는 사실과, "그 발화가 거짓이라고 말하는 것" 간의 구분이다. 전자는 발화 내용이 세계의 사실과 부합하는지에 대한 진릿값의 문제이고, 후자는 그 진릿값을 단언하는 발화 행위가 대화 행위의 규범에 비추어 올바른지／정당한지에 대한 문제이다. 셀러스에 따르면, 유일성 전제 조건이 만족되지 않으면, "그 발화가 거짓이라고 말하는 것"이 올바르지 않다고 한다. 물론 유일성 전제 조건이 만족되지 않을 경우, 그 발화가 거짓인 것은 사실이지만. 다시 말하면 두 표현은 층위 또는 차원이 다르다. 하나는 진릿값의 차원이고, 다른 하나는 말할 자격의 차원이다.

드브리스와 트리플렛은 셀러스의 전제 개념을 지식, 즉 관찰 보고에 적용하여 다음과 같이 말한다:

> 어떤 주체 S가 이 사실이나 저 사실을 아는지에 대한 개별적인 질문은 S가 "지식 게임knowledge game"의 플레이어라는 사실을 전제한다. S가 지식 게임의 플레이어로 간주되지 않는 한, "S가 어떤 사실을 안다/모른다"라고 말하는 것은 올바르지 않다. 어떤 주체가 지식 게임의 플레이어라는 사실이 개별적인 지식 귀속의 전제라는 것은, 그 사실이 참이 아니라면, 특정한 지식을 S에게 귀속시키거나 이를 부정하는 것 자체가 적절하거나 타당한 일이 되지 않기 때문이다.[6]

---

5   Sellars, "Presupposing," p. 208.

6   deVries and Triplett, *Knowledge, Mind, and the Given*, p. 97.

3.3. 관찰 문장에서의 전제: 표준 조건과 개념 숙달

셀러스가 볼 때, 관찰 보고도 많은 것을 전제한다. 대표적인 관찰 문장의 예는 다음과 같다.

> "이것은 초록이다."
> "저기 빨간 삼각형 표면을 가진 물체가 있다."
> "이 종이는 흰색이다."

우리는 이런 문장을 곧장 "참인가, 거짓인가"의 문제로만 보는 경우도 있지만, 이것은 잘못된 분석이다. 셀러스는 이런 관찰 보고는 몇 가지 중요한 전제가 충족되었을 때만 지식의 표현으로 평가할 수 있다고 주장한다.

간단한 예를 들어보자. 전혀 빛이 들어오지 않는 완전한 어둠 속에서 누군가가 갑자기 이렇게 말한다고 하자.

> "이것은 초록이다."

이때 우리의 즉각적인 반응은 아마도 이럴 것이다.

> "지금 아무것도 안 보이는데, 무슨 소리야?"
> "불도 안 켰는데 어떻게 색을 알아?"

여기서 우리는 그 사람의 말을 단순히 "거짓"이라고 부르기보다는, 색깔을 제대로 판별할 수 있는 조건 — 즉 셀러스가 말하는 "표준 조건standard conditions" — 이 아예 성립하지 않았다는 점을 문제 삼는다. 다시 말해,

"이것은 초록이다"라는 보고가 지식으로 평가될 수 있으려면, 최소한 어느 정도의 조명과 시야가 확보되어 있어야 한다는 전제가 있다.

또 다른 예를 보자. 색맹 검사를 위해 처음 병원에 온 환자를 상상해 보자.

> 의사: "여기 무슨 숫자가 보입니까?"
> 환자: "아무것도 안 보입니다. 그냥 점들만 보여요."

이 도표를 보고 정상 시력을 가진 사람은 "7이 보인다"라고 말할 것이다. 그런데 색맹인 사람에게 "저기에 7이라는 숫자가 있다"라는 말은 그 자체로 의미 있게 평가되기 어렵다. 그에게는 도표 속 숫자 패턴이 아예 지각 가능한 대상으로 주어지지 않기 때문이다. 이때 의사가 "그렇다면 당신은 빨강과 초록을 구별하는 데 상당한 어려움이 있군요"라고 말하는 것은, 단지 한 문장의 참/거짓을 따지는 것이 아니라, 그 사람이 어떤 지각적 개념과 구분 능력, 다시 말해 전제된 능력을 갖추고 있는지를 평가하는 것이다.

이렇게 보면, 화용론적 전제(사과 예)와 관찰 문장에서의 전제 사이에는 다음과 같은 유사성이 있다.

· 두 경우 모두, 전제가 충족되지 않을 때 그 발화는 단순히 "거짓"이라기보다는 어딘가 말이 성립하지 않는, 부적절한 발화처럼 느껴진다.
· 두 경우 모두, 우리가 문제 삼는 것은 "발화 내용이 사실과 안 맞는다"라는 점만이 아니라, 그 내용을 평가하기 위해 먼저 만족되어야 하는 배경 조건이 어긋났다는 점이다.

물론 차이가 없는 것은 아니다. 사과 예서의 전제는 주로 "지시 대상의 존재"에 관한 화용론적 전제라면, 셀러스가 관찰 보고에 대해 말할 때의 전제는 "이 사람이 지금 이런 말을 할 자격entitlement이 있는가"라는, 보다 규범적인 전제에 가깝다. 그러나 둘 모두, "어떤 문장이나 발화가 평가 가능하려면 먼저 만족되어야 하는 배경 조건이 있다"라는 공통 구조를 가지고 있다.

4. 관찰 보고가 지식을 표현하기 위해 넘어야 할 장애물들

32~34절에서 셀러스는 어떤 문장 토큰이 지식을 표현한다고 말할 수 있기 위해서는 이 토큰이 권위를 가져야 된다고 하면서, "관찰적 지식을 표현하는" 문장 토큰들의 권위는 어떻게 이해되어야 하는가? 하는 질문을 제기한다.

셀러스에 따르면 논리 실증주의자들이 관찰 보고의 권위를 대략 다음과 같이 이해했다.

> "관찰 보고"와 "분석적 진술" 사이에 분명한 차이가 존재함에도 불구하고, 이들이 권위를 갖게 되는 방식에는 본질적인 유사성이 있다는 생각은 유혹적이었다. 그래서, 일반적인 경험적 진술은 참이 되지 않고도 올바르게 만들어질 수 있지만, 관찰 보고는 분석적 진술처럼 올바르게 만들어지는 것이, 그것[관찰 보고]이 참임을 위한 충분하고도 필요한 조건이라는 점이 어느 정도 그럴듯하게 주장되었다. 그리고 이것으로부터—내 생각에는 다소 성급하게—"이것은 초록색이다"라는 보고를 "올바르게 하는 것"은 "이것," "이다," 그리고 "초록색"의 사용법에 대한 규칙들을 따르는 문제라는 결론이 도출되었다. (33절)

셀러스의 설명을 조금 더 풀어보면 이렇다. 논리 실증주의자들은 분석적 진술(예: "모든 총각은 결혼하지 않은 남자다")이 규칙을 잘 따르는 한에서 참이 된다는 점에 주목했다. 이와 비슷하게, "이것은 초록이다"라는 관찰 보고도, "이것", "초록이다" 같은 표현 사용 규칙을 잘 따르면 자연스럽게 참이 된다고 본 것이다. 그런 의미에서 관찰 보고의 권위는 결국 언어 규칙의 숙달 여부에 달려 있다고 여겨졌다.

셀러스는 관찰 진술에 권위를 부여하려는 이런 시도가, 결국 관찰 진술의 권위가 자기 입증적 비언어적 자각 에피소드 층위로부터 유도된다고 생각하는, 가장 분명한 형태의 주어진 것의 신화에 빠진다고 본다. 이 "기초 관찰 문장" 주의는 예를 들어 관찰 보고의 권위를 어떤 감각 내용이 초록색이라는 자각에 두는 감각 자료 이론과 본질적으로 다르지 않다고 본다.

따라서 셀러스는 온도계 견해thermometer view라고 불리는 대안을 생각하는 생각 실험을 한다.

4.1. 온도계 장치 생각 실험

실험실에서 A와 B라는 두 "장치"를 생각해 보자. A는 우리가 잘 아는 온도계이고, B는 사람 관찰자이다. 둘 다 "지금 온도는 20도다"라는 말을 출력할 수 있다고 하자.

- A는 유리 막대 속 수은이 팽창해서 20이라는 눈금을 가리킬 때, 그 상태를 전기 신호로 바꾸어 스피커로 "지금은 20도"라고 말하는 기계이다.
- B는 온도계를 직접 보고, 평소 훈련된 습관대로 "지금은 20도야"라고 말하는 사람이다.

겉으로 보면 두 출력은 완전히 같다. 둘 다 "지금은 20도"라는 음성을 내보낸다. 하지만 우리가 이 둘을 대하는 태도는 전혀 다르다. A가 "지금은 20도"라고 말할 때, 우리가 따지는 것은 오직 온도계의 신뢰성reliability이다. 눈금이 잘 보정되었는지, 센서가 고장 나지는 않았는지, 전기 회로가 망가지지는 않았는지를 묻는다. 온도계가 잘못된 값을 내보내면, 우리는 그 기계를 "불량품"이라고 할 뿐, 온도계를 비난하거나 책임을 묻지는 않는다.

반면 B가 "지금은 20도야"라고 말할 때, 우리는 그의 말에 대해 전혀 다른 종류의 평가를 한다. 그가 온도계를 제대로 읽었는지, 다른 사람들에게 충분히 확인했는지, 그 상황에서 그렇게 말하는 것이 적절한지를 따진다. 만약 초보 실험실 조교가 아무 근거 없이 "이제 온도 맞았습니다"라고 말해 실험을 망쳐 놓았다면, 우리는 그 사람에게 책임을 묻고, 다음부터는 그의 말을 그대로 믿지 않을 것이다.

이 차이는 단순한 신뢰성reliability의 차이가 아니라, 그 사람이 그런 말을 할 자격entitlement이 있는지, 그리고 그런 말을 했을 때 책임을 질 위치에 있는지와 관련된다. 셀러스가 "보고reports의 권위"를 논할 때 겨냥하는 것은 바로 이 지점이다. 온도계 견해는 관찰 보고를 온도계 A의 출력과 비슷한 것으로 만든다. 그렇게 하면 주어진 것의 신화(자기 입증적 자각)를 피하는 데는 도움이 되지만, 그 대신 B와 같은 책임 있는 보고자의 그림이 완전히 사라진다. 필자는 이것이 셀러스가 온도계 견해를 "극단적인 대안" 으로 제시하는 이유라고 해석한다.

4.2. 온도계 견해: 주어진 것의 신화를 피하기 위한 극단적 모형

셀러스가 말하는 온도계 견해는 다음과 같이 요약할 수 있다: "'이것은 초록색이다'라는 발화가, 표준 조건에서의 '초록 물체'에 반응하는 일정한 경향의 발현이라면, 그리고 그 경향이 '초록 물체가 있을 때마다 이런 발화가 나온다'라는 습득된 인과적 특성이라면, 그러한 발화는 관찰적 지식을 표현하는 보고라고 볼 수 있지 않을까?' 이 견해에 따르면, "이것은 초록이다'라는 관찰 보고는 표준 조건에서 초록 물체의 존재에 대한 신뢰할 만한 징후 또는 지표이다. 관찰 보고와 세계 사이의 관계는 온도계 눈금과 온도 사이의 관계와 유사한 것으로 모델링된다. 이런 관점에서 보면, 보고의 권위란 곧 "그 보고가 특정한 세계 상태의 존재를 추론할 수 있게 해 주는 사실"에 있는 것처럼 보인다.

나는 이 온도계 견해라는 대안이 주어진 것의 신화를 피하기 위한 극단적인 모형이라고 해석한다. 만약 우리가 보고자의 권위를 내적 감각 자료의 자기 입증적 직접성에 두는 대신, 순전히 외적 인과적 신뢰성에만 두어도 충분하다면, 주어진 것은 더 이상 필요하지 않을지도 모른다. 온도계 견해는 바로 이런 극단적인 경우를 상정하는 생각 실험이라고 볼 수 있다.

그러나 셀러스는 이 극단적 대안이 관찰 보고의 핵심을 놓치고 있다고 진단한다. 그것은 보고자를 책임과 자격의 구조를 가진 규범적 행위자가 아니라, 단지 잘 튜닝된 기계로 격하시키기 때문이다. 셀러스는 35절에서 온도계를 진정한 보고자로 승격시키기 위해서 뛰어넘어야 할 두 가지 장애물(조건)을 제시한다:

> 그러나 이러한 견해를 내가 사용해 온 "관찰적 지식을 표현하는" 기준에 맞게 수정할 수 없는지 살펴보자. (35절)

4.3. 보고의 올바름과 행위의 옳음: ought-to-do와 ought-to-be

뛰어넘어야 할 첫 번째 장애물은, 내가 강조해 온 바와 같이, 지식을 표현한다고 말하기 위해서 문장 토큰이 반드시 가져야 하는 권위를 어떻게 확보할 것인가이다. 이 온도계 견해에서는 보고의 권위를 구성한 다고 그나마 생각해 볼 수 있는 것은 오직 누군가가 "이것은 초록색이다" 라는 보고를 했다는 사실로부터 초록색 물체의 존재를 추론할 수 있다는 사실뿐이다. 우리가 이미 확인한 것과 같이, 보고의 올바름correctness이 행위action의 옳음rightness으로 해석될 필요는 없다. 보고는 주어진 언어 공동체가 승인하고 지지하는 것이 타당한 행동 방식mode of behavior의 한 예가 됨으로써 올바를 수 있다. (35절)

위 인용문에는 해독하기 어려운 코멘트가 들어 있다. 그것은 "보고의 올바름을 행위의 옳음으로 이해할 필요는 없다"라는 말이다. 이 말을 이해하려면, 보고의 권위에 대해서 논리 실증주의자들이 어떻게 설명하려고 했는지를 기술하는 문단으로 돌아가야 한다.

일상 언어에서도 우리는 두 가지 다른 종류의 옳고 그름을 구분할 수 있다.

- "지금은 사과해야 한다", "신호를 보고 멈춰야 한다"처럼 어떤 행동을 해야 한다/하지 말아야 한다는 당위ought-to-do의 옳고 그름이 있다.
- "이 기계는 원래 이렇게 작동해야 한다", "이 문장은 지금 이렇게 되어 있는 것이 맞다"처럼 어떤 상태가 그래야 한다는 상태의 올바름 ought-to-be도 있다.

시험 문제의 정답을 예로 들어 보자. 학생이 "2+3=6"이라고 썼다면, 이 답은 "틀렸다"라고 말한다. 이때 우리는 학생이 "그렇게 쓰지 말았어야 한다"라는 행동의 잘잘못을 따지기도 하지만, 더 근본적으로는 "이 등식은 성립하지 않는다"라는 상태의 잘잘못을 문제 삼는다.

셀러스가 말하는 관찰 보고의 올바름은 "이때 이렇게 말해야 한다/하지 말아야 한다"라는 행위 규칙의 수준ought-to-do이 아니라, "이런 상황에서 이런 보고가 맞는 보고다"라는 상태의 올바름ought-to-be에 가깝다. 보고는 무엇보다도, 언어 공동체 안에서 "이런 식으로 보고하는 것이 합당하다"라고 승인된 패턴의 한 사례라는 점에서 올바르다.

4.4. 권위의 인지와 전제적 의존 관계

관찰 보고가 지식을 표현하기 위해 넘어야 할 두 번째 조건은, 보고자가
자기 보고가 권위를 가지고 있다는 사실을 어떤 의미에서 인지해야 된다는
것이다. 셀러스는 다음과 같이 말한다.

> 그러나 두 번째 장애물이 결정적이다. 우리는 지식의 표현이 되기
> 위해서는 보고가 단순히 권위를 가져야 하는 것뿐 아니라, 그 권위가
> 어떤 의미에서 보고하는 사람에 의해 인지되어야 한다는 것을 보았기
> 때문이다. 이것은 진정 매우 높은 장애물이다. 왜냐하면 "이것은 초록색이
> 다"라는 보고의 권위가 관찰자와 적절히 연관된 조건에서 해당 보고의
> 발생으로부터 초록색 물체의 존재가 추론될 수 있다는 사실에 있다면, 이
> 추론을 수행할 수 있는 사람, 따라서 단순히 초록색이라는 개념뿐만 아니라
> "이것은 초록색이다"라는 발화의 개념, 나아가 지각 조건들('표준 조건들'
> 이라고 올바르게 불릴 수 있는 조건들)에 대한 개념을 가지고 있는 사람만이
> 그 권위를 인지하여 "이것은 초록색이다"라는 토큰을 발화할 수 있기
> 때문이다. 다시 말해, "이것은 초록색이다"라는 콘스타티에룽겐이 "관찰
> 적 지식"을 표현하기 위해서는 그 보고가 단순히 표준 조건에서 초록색
> 물체가 존재한다는 징후 또는 표지일 뿐만 아니라, 지각자가 "이것은
> 초록색이다"라는 토큰들이 시각적 인식의 표준 조건에서 초록색 물체의
> 존재에 대한 징후들임을 알고 있어야 한다. (35절)

이 문단에서 셀러스는 보고가 지식을 표현하기 위한 두 번째 조건인
권위의 인지 조건을 도입할 때, "보고의 권위가 … 추론될 수 있다는 사실에
있다면"이라는 조건문을 사용한다. 이 현재시제 조건문은, 그 내용 자체를

진리로 인정하고 전제로 사용하는 방식으로도 읽을 수 있고, 논의를 위해 잠정적으로 가정하는 방식으로도 읽을 수 있다.

많은 주석자는 전자의 방식으로 읽는다. 그렇게 읽으면, "다시 말하면"으로 이어지는 문장도 보고의 권위가 해당 보고가 "초록 물체의 존재에 대한 신뢰할 징후"라는 사실에 근거한다는 것으로 읽을 수 있다. 그러나 나는 그렇게 읽는 것이 자연스럽지 않다고 본다. 첫 번째 조건인 보고의 권위에 대해서 논할 때, 그는 분명히 신뢰성 사실만으로는 보고의 권위를 구성할 수 없다고 말했고, 권위는 공동체의 규범 구조 안에서 부여되는 규범적 지위라고 보았다.

따라서 나는 위 조건문을 "논의를 위해 진리라고 가정하는" 방식으로 읽는 것이 타당하다고 주장한다. 즉, '보고[=X]가 표준 조건에서 초록 물체의 존재[=Y]에 대한 징후이다'라는 인과적, 경험적 사실에 "보고의 권위"가 있다면, 이라고 말할 때 이 사실 자체가 보고의 권위를 구성한다는 말이 아니라, '그 사실이 권위를 획득했다면'이라는 뜻에 가깝다. 셀러스에 따르면, 그러기 위해서는 언어 공동체가 그 권위를 승인하는 과정이 필요하다.

따라서 독자들은 셀러스의 말을 "X는 Y의 신뢰할 수 있는 징후이다"라는 일반적 사실 자체에 보고의 권위가 있다고 읽을 수 있는 위험이 있다는 것을 아는 것이 중요하다. 셀러스가 이 지점에서 느슨한 문장을 사용한 셈이다. 본 문장을 다른 문단들과 연계하여 읽으면, 보고자가 "X는 Y의 신뢰할 수 있는 징후이다"라는 일반적 경험적 사실을 안다는 것은 그것을 인과적, 경험적 사실로만 아는 것이 아니라, 그것을 규범적 사실로, 즉 이미 권위가 있는 사실로 안다는 것을 의미한다. 이 점에서 "X가 Y의 신뢰할 수 있는 징후"라는 사실은 뒤에 설명하겠지만 전제/자격 차원에 속하는 문제라는 것을 알 수 있다.

요컨대, 관찰 보고가 지식을 표현하기 위해서는 (1) 보고가 규범적 의미에서 권위를 가져야 하고, (2) 보고자가 그 권위를 어느 정도 인지하고 있어야 한다. 이 조건들은 38절에서 두 개의 논리적 차원 중 두 번째 논리적 차원에 속하는 것으로 설명된다.

5. 두 개의 논리적 차원: 추론적 정당화와 자격적 정당화

마침내 셀러스는 지금까지의 논의를 한 문장으로 압축하면서, "두 개의 논리적 차원"이라는 유명한 표현을 도입한다.

> 분명히, 인간 지식이 한 층위의 명제들, 즉 관찰 보고들에 의존한다는 그림은 일리가 있다. 즉 이 층위의 명제들은 다른 명제들이 이들 명제에 의존하는 방식으로 다른 명제들에 의존하지 않는다. 반면, 나는 "토대"라는 은유가 다음 사실을 보지 못하게 함으로써 오해를 불러일으킨다고 주장하고 싶다. 다른 경험적 명제들이 관찰 보고들에 의존하는 논리적 차원이 있다면, 후자[관찰 보고들]가 전자[다른 경험적 명제들]에 의존하는 다른 논리적 차원이 있다. (38절)

이 구절은 다소 모호하게 느껴질 수 있다. "관찰 보고들이 다른 명제들에 의존한다"라는 말은 무엇을 의미하는가? 앞에서 본 것처럼, 필자는 이것을 관찰 보고가 다른 지식들 — 특히 "X는 Y의 신뢰할 수 있는 징후이다"라는 형식의 신뢰성 지식 — 에 전제적으로 의존한다는 말로 이해한다. 셀러스는 이제 이 두 종류의 의존을 서로 다른 논리적 차원으로 구분한다.

5.1. 도식: X축과 Y축

두 차원을 직관적으로 보기 위해, X축과 Y축을 가진 2차원 평면을 그려 보자. 아래 그림은 필자가 제안하는 간단한 도식이다.

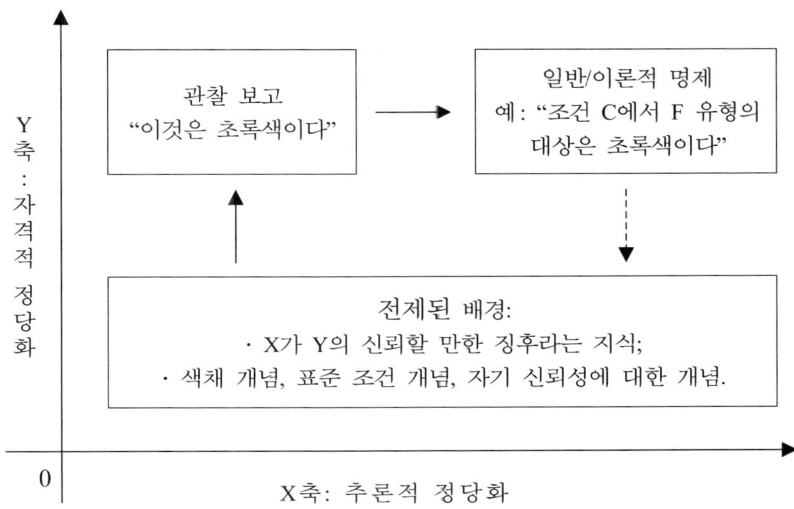

[그림1] 명제들 간 의존 관계의 두 논리적 차원: X축(추론적 정당화)과 Y축(자격적 정당화). 점선 화살표는 관찰 보고들에서 추론된 일반적 사실이 다시 관찰 보고의 전제 조건으로 쓰일 수 있음을 나타낸다. 그 점선 화살표는 관찰 지식을 아는 것이 무한 퇴행에 빠질 수 있는 가능성을 제시한다. 셀러스는 무한 퇴행에 빠지지 않고 관찰 지식을 설명할 수 있는 방법을 제시한다. 이에 대해서는 본 글의 마지막에 다룬다.

이 그림의 핵심 아이디어는 간단하다. 관찰 보고는 X축에서는 다른 명제들을 정당화하는 근거premise로 작용한다. 반면 Y축에서는 관찰 보고 자체가 지식으로 성립하기 위해 필요한 전제 조건들과의 관계를 보여준다. X축과 Y축은 서로 직교하는 두 개의 차원이다.

5.2. X축 상의 정당화: 추론적 정당화의 차원

X축 상에서의 의존 관계는 우리가 평소 떠올리는 "근거에서 결론으로 가는" 추론적 정당화의 관계이다. "이것은 초록이다", "어제와 오늘 본

이 공들은 모두 1m 정도 튀어 올랐다”와 같은 관찰 보고들이 쌓이면, 우리는 “이 공은 일반적으로 1m 정도 튀어 오른다”와 같은 일반화나 “이 공은 이런 물리 법칙을 따른다”와 같은 이론 명제를 정당화할 수 있다.

이 차원에서 중요한 것은, 관찰 보고가 비추론적으로 획득되었다는 사실이 아니라, 한번 획득된 관찰 보고가 다른 명제들을 정당화하는 근거로 쓰인다는 것이다. 이 점에서 셀러스는 토대주의자의 직관—“다른 경험적 명제들이 관찰 보고들에 의존한다”—을 인정한다. 다만 그는 다른 차원인 Y축이 존재한다는 것을 알아야 된다고 한다.

5.3. Y축 상의 정당화: 자격적 정당화의 차원

Y축 상에서의 의존 관계는, 관찰 보고 자체가 지식을 표현하기 위해 전제해야 하는 조건들의 차원이다. “이것은 초록이다”라는 관찰 지식은, 앞에서 본 것처럼, “이런 조건에서 ‘이것은 초록이다’라는 보고는 초록 물체의 존재에 대한 신뢰할 만한 징후이다”라는 일반 명제, 색채와 표준 조건에 대한 개념적 지식, 자신의 시각 능력에 대한 최소한의 자기 신뢰 등을 전제한다.

이 전제들은 관찰 보고를 지식으로 성립하게 하는 동시에, 그 보고자가 그런 보고를 할 자격entitlement을 갖고 있다는 점을 보여 주는 조건들이다. 이런 조건들이 충족되지 않았다면, 해당 발화는 지식을 표현하는 관찰 보고로 간주될 수 없다.

5.4. 관찰 보고의 정당화와 두 번째 논리적 차원

셀러스는 36절에서 다음과 같이 말한다.

본질적인 요점은, 어떤 에피소드나 상태를 앎knowing의 에피소드나 상태로 특징지을 때, 우리는 그 에피소드나 상태에 대한 경험적 서술을 하는 것이 아니라, 그것을 이유들의 논리적 공간에, 곧 자기가 말하는 바를 정당화하고 또 정당화할 수 있는 공간에 위치시키는 것이다. (36절)

이 문장을 관찰 보고에 적용하면, [그림1]의 Y축이 보다 구체적으로 보인다. "어떤 에피소드나 상태를 이유들의 논리적 공간에 위치시킨다"라는 것은, 그 에피소드가 "왜?"라는 질문의 대상이 될 수 있고, 필요하다면 언제든지 이유를 내세워 자신의 말을 방어할 수 있는 **정당화 가능성**을 가진 에피소드가 된다는 뜻이다.

최초의 관찰 보고가 발생할 때, 그 관찰 에피소드는 이미 이런 의미에서 "정당화 가능성을 가진 에피소드"로서 이유들의 공간에 자리 잡는다. 이후 도전을 받게 되면, 관찰자는 그때 이 가능성을 실제로 행사하여 자신의 보고를 실제로 정당화한다. 이때 제시되는 "근거들"은, 관찰 보고가 지식으로 성립하기 위해 전제되었던 조건들과 겹치지만, 정당화 상황에서는 이 조건들이 명시적으로 호명되어 이유로 제시된다는 점이 다르다.

그러나 여전히 이 정당화는 Y축 상에서 일어나는 정당화이며, X축에서 일어나는 추론적 정당화와는 성격이 다르다. X축에서 우리는 관찰 보고와 다른 명제들을 근거로 삼아 새로운 결론을 끌어낸다. Y축에서 우리는 이미 이루어진 관찰 보고를, 그 보고가 지식으로서의 **자격**을 갖추고 있었다는 점을 방어한다.

6. 무한 퇴행 문제와 셀러스의 해결 (36~37절)

6.1. 무한 퇴행 걱정의 구조

이제까지의 논의를 따라온 독자라면 자연스럽게 다음과 같은 질문을

품을 수 있다: "좋다. 관찰 보고가 여러 일반 명제와 개념들을 전제한다는 건 알겠다. 그런데 그 일반 명제들은 또 다른 관찰과 지식을 전제하지 않는가? 그렇다면 결국 끝없는 사전 지식의 사슬, 소위 무한 퇴행이 되는 것 아닌가?" 셀러스는 36~37절에서 19절에서 한 말을 다시 읽어 보라고 하면서 자신의 입장이 무한 퇴행을 낳지 않는다는 점을 비교적 짧게 설명한다. 여기서는 그 설명을 보다 구체적인 예를 통해 풀어보고자 한다.

우선 셀러스의 유명한 문장을 다시 보자. 그는 이렇게 말한다.

> 그리고 존스에 대한 이러한 진술이 올바르기 위해서는 존스가 이 발화가 신뢰할 수 있는 지표라는 것을 입증하기 위해 과거의 특정한 사실들을 증거로 제시할 수 있어야 한다. 그러나 이는 단지 존스가 그 특정한 사실들이 성립했다는 것을 지금 알고 있다고, 다시 말해, 기억하고 있다고 말하는 것이 옳다는 것만 요구할 뿐이다. 그 특정한 사실들이 성립했을 당시 존스가 그것들이 성립한다는 것을 알고 있었다고 말하는 것이 옳아야 한다는 것까지 요구하지 않는다.[7] (37절)

이 말의 요지는 대략 이렇다. 존스가 지금 어떤 발화를 "신뢰할 만한 관찰 보고"라고 주장할 수 있으려면, 그는 과거에 있었던 몇 가지 구체적인 사실들을 현재의 시점에서 기억하고 있고, 필요할 때 그것들을 자신의 보고를 정당화하는 근거로 제시할 수 있어야 한다. 그러나 그것이 과거의 각각의 순간 당시에도 그가 그 사실들을 이미 "관찰적 지식"으로 소유하고

---

7 1963년 판 각주에서 셀러스는 이렇게 덧붙인다. "내 생각은, 각자는 과거의 사실을 그것이 존재했던 당시에 개념화하지 않았거나 심지어 (본문에서 상정된 가상의 시나리오에서처럼) 개념화할 수 없었지만, 지금은 그 사실에 대해 직접적인 (비추론적) 지식을 가질 수 있다는 것이었다. 따라서 무한 퇴행의 문제가 사라진다."

있었어야 한다는 뜻은 아니다. 이 점을 잘 이해하는 것이, 무한 퇴행 문제를 풀어가는 열쇠이다.

6.2. 19절 리뷰: 개념 습득의 역사와 전제

셀러스는 19절에서 이미 비슷한 구조를, "초록" 개념의 습득 과정에 대해 말한 바 있다. 그는 이렇게 말한다.

> 초록으로 보인다는 것을 인식하는 능력이 **초록이다**라는 개념을 전제한다면, 그리고 이것이 다시 색깔을 판별하기 위해 물체를 어떤 조건에서 볼 것인지를 아는 것을 포함한다면, 특정 물체들이 특정 지각적 특징 — 색깔을 포함하여 — 을 가진다는 사실을 알아차리지 않고는 그 조건이 무엇인지 알 수 없기 때문에, 이미 이를 가지고 있지 않으면, **초록이다**라는 개념을 형성할 수 없을 것 같기 때문이다. (19절)

이어서 셀러스는 다음과 같이 부연한다.

> 초록이라는 개념을 가지기 위해, 즉 어떤 것이 초록색임을 알기 위해, 사람이, 실제 상황에서, 표준 조건에 있을 때, 초록색 물체들에 대해 "이것은 초록이다"라는 음성 표현으로 반응하는 것으로 충분하다고 말하는 것은 설득력이 없다. 이 조건은 물체의 색깔을 보는 데 적합한 종류여야 할 뿐만 아니라, 주체가 이러한 종류의 조건들이 적합하다는 것을 알아야 한다. 그리고 이는 각자가 그 조건들을 알기 전에 개념들을 먼저 가져야 한다는 것을 의미하지는 않지만, **초록**의 개념이 하나의 요소인 다양한 개념들의 집합을 가짐으로써 초록의 개념을 알 수 있다는 것을 의미한다.[8] (19절)

요컨대, 개념의 습득도 긴 역사와 많은 전제를 필요로 한다. 그런데 셀러스는 37절에서, 이러한 이야기가 지식을 표현하는 관찰 보고에도 그대로 적용된다고 말한다. 이때 우리가 걱정하는 것은 바로 다음과 같은 그림이다.

지금의 관찰 지식 ⇒ 과거의 일반지식 ⇒ 더 과거의 관찰 지식

이것이 바로 우리가 "무한 퇴행"이라고 부르고 싶은 구조이다. 그렇다면 셀러스는 이 구조를 어떻게 다시 그리려고 하는가?

논의를 보다 직관적으로 만들기 위해, 한 사람의 삶을 따라가는 구체적인 예를 들어 보자. 주인공을 "영수"라고 하자.

(1) 어린 시절: 아직 개념도, 지식도 아닌 "보임"의 역사

세 살 무렵, 영수는 엄마와 함께 횡단보도 앞에 선다. 엄마가 말한다. "영수야, 저기 불이 초록색으로 바뀌면 그때 길 건너는 거야. 지금은 빨간색이니까 기다려야 해." 이때 영수는 사실상 아무것도 모른다. 그의 눈에는 그저 색깔이 달라지는 불빛들이 번쩍거릴 뿐이다. "초록"이라는 말도, "빨강"이라는 말도 아직 제대로 구분하지 못한다. 다만 그는 반복된 경험을 통해, 다음과 같은 지각적 습관들을 형성해 나간다.

· 불이 어떤 색일 때 엄마가 멈추는지, 언제 손을 잡고 건너는지.
· 어떤 밝기와 모양의 불빛이 "건너도 되는 때"와 연관되어 있는지.

---

8   19절에서 셀러스는 초록의 개념을 습득하는 과정이 여러 조건에서 여러 물체에 대한 반응 습관을 조금씩 습득하는 오랜 역사를 포함하지만, 결국은 물체에 관한 다양한 개념들, 그리고 나중에 "이유들의 공간"에서 움직일 수 있게 해 주는 규범적 개념들을 함께 소유하지 않고서는 "초록"이라는 개념을 중요한 의미에서 가질 수 없다고 말한다.

이 시기의 영수에게는, 셀러스 용어로 말하면, 많은 수의 "보인다looks"
에피소드들 — 노란빛, 빨간빛, 초록빛의 감각적 모습들 — 이 쌓여 가고
있다. 그러나 이 에피소드들은 아직 "지식"의 형태를 취하지 않는다. 영수는
그저 특정한 지각 패턴들에 대해 특정한 행동(멈추기, 건너기)을 연관시키
는 법을 몸으로 배우고 있을 뿐이다.

(2) 학창 시절: "초록이다"라는 말을 입 밖에 낼 수 있게 되었을 때

시간이 흘러, 영수는 초등학교에 들어가 미술 시간에 색깔 배우기를
한다. 선생님이 색종이를 들고 묻는다. "얘들아, 이 색깔이 무슨 색이지?"
"초록색이요!" 이제 우리는 어느 정도 자신 있게 말할 수 있다. 영수는
"초록색"이라는 개념을 갖게 되었다.

물론, 셀러스가 강조하듯이, 이 개념은 단일하고 고립된 논리적 원자가
아니다. 영수는 초록을, 빨강·노랑·파랑 등 다른 색들과의 대조 속에서
배웠고, "문제가 되는 조건에서는 색이 잘못 보일 수도 있다"라는 것도
어느 정도 경험적으로 알고 있다. 그는 이제 "초록처럼 보이지만 사실은
노란색인 경우"와 같이 '보인다'와 '이다' 사이의 논리적 구분을 학습할
수 있는 단계에 들어서게 된다.

이 시점에서부터, 영수의 "이건 초록이다"라는 관찰 보고는 단순한 소리
내기가 아니라, 정당화 가능한 관찰의 표현이 되기 시작한다. 그의 발화는
이미 다음과 같은 것들을 전제하고 있다.

· "초록"이라는 색채어의 의미를 다른 색채어들과의 구별 구조 속에서
  어느 정도 이해하고 있다.
· 어느 정도의 밝기와 조명 조건이 색을 판별하기에 적합한지에 대한
  개념을 갖고 있다.

· 자신의 눈과 인지 능력이 그런 상황에서 대체로 믿을 만하다는 경험적
일반화를 가지고 있다.

이 전제들은 Y축에서의 전제에 해당한다. 영수의 현재 관찰 보고는
이러한 배경 위에 "얹혀 있는" 주장이다.

(3) 성인이 된 후: 과거의 에피소드를 근거로 현재의 관찰 지식을 정당화하기
이제 영수는 성인이 되어 운전을 한다고 하자. 어느 날 저녁, 친구와
함께 차를 타고 가다가 교차로 앞에 선다. 신호등은 초록불인지 애매하게
보일 정도로 어둡지만, 영수는 이렇게 말한다. "지금 신호는 초록불이야.
가도 돼." "잘 안 보이는데, 진짜 초록불 맞아?" "응, 저 신호등은 항상
저 밝기면 초록이야. 어제도 그랬고, 지난주에도 그랬어."
이때 영수는 자신의 관찰 보고―"지금 신호는 초록이다"―를 정당화하
고 있다. 구체적으로 그는 다음과 같은 과거 사실들을 근거로 제시하고
있는 셈이다.

· $e1$: 어제저녁 비슷한 시간에 같은 신호등이 지금처럼 보였고, 실제로
초록불이어서 차들이 모두 출발했다.
· $e2$: 일주일 전에도 같은 상황에서 신호등이 이런 식으로 보였을 때,
교통 흐름을 보니 분명히 초록불이었다.
· $e3$: 내가 이 신호등을 본 경험에 따르면, 이런 밝기와 각도로 보일
때마다 항상 초록불이었다.

여기서 중요한 것은, 셀러스의 말대로, 이러한 과거의 사실들을 지금
알고 있고(기억하고 있고), 필요할 때 그것들을 증거로 제시할 수 있다는
점이다. 이때 "과거의 특정한 사실을 안다"라는 것은, 그 시점에 이미

그것을 지식으로 소유하고 있었어야 한다는 뜻이 아니다. 오히려 셀러스는, 우리가 지금 어떤 과거 사실을 기억으로써 직접 알고 있다면, 그 기억 자체가 지금 시점에서의 비추론적 지식이 될 수 있다고 본다.

따라서, 영수가 오늘 자신의 관찰 보고를 정당화하기 위해 과거의 e_1, e_2, e_3을 근거로 드는 것은, 그가 현재 이 사실들을 직접적으로 알고 있고, 필요할 때 이를 제시할 수 있는 능력[9]을 갖고 있다는 것을 보여준다. 이것은 Y축에서의 정당화이다. 여기서는 과거의 에피소드들이 시간 순서대로 끝없이 쌓여야 한다는 것이 아니라, 지금 시점에서 어느 정도의 과거 사실들을 직접적인 기억으로 가지고 있고, 그 기억들이 현재의 관찰 지식을 지지하는 구조 안에 들어와 있다는 것이 핵심이다.

6.3. 무한 퇴행이 실제로는 왜 발생하지 않는가

이제 처음의 걱정으로 돌아가 보자. "영수가 지금의 관찰 지식을 정당화하기 위해 과거의 e_1, e_2, e_3을 알고 있어야 한다면, 그 과거의 지식도 또 다른 지식을 전제하고, 그 전제들을 위해 또 다른 과거 지식이 필요하고, 이렇게 무한히 이어지는 것 아닌가?"

셀러스가 지적하듯이, 이 걱정은 전제 관계를 시간 순서에 따른 사건의 사슬로 오해할 때 생긴다. 우리가 "지금 p를 안다"라고 말할 때 묻는 것은 "과거의 어느 시점부터 무엇을 알고 있었는가?"가 아니라, "지금 이 순간 p라는 발화가 어떤 정당화 구조 위에 서 있는가?"이다.

위의 예에서 보면, 영수의 현재 관찰 지식 p는 다양한 배경지식과 기억된 e_i들을 동시에 전제하고 있다. 이 배경들은 모두 현재의 시점에서 영수가 가지고 있다. 이 묶음 전체가 바로 우리가 Y축이라고 부른 정당화 구조이다.

---

9   이 능력이 바로 셀러스가 말하는 "각자가 말하는 바를 정당화하고 또 정당화할 수 있는" 능력이다.

무한 퇴행이 발생하려면, 다음과 같은 조건이 필요하다.

> p를 알기 위해서는 q를 먼저 알아야 하고, q를 알기 위해서는 r을 먼저 알아야 하고, … 이런 식으로 먼저 알았어야 하는 지식들이 끝없이 이어진다.

하지만 셀러스는 "전제"를 이런 식의 시간적 선행 조건으로 이해하지 않는다. 그에게서 "p가 q를 전제한다"라는 말은, "지금 p를 지식으로 분류하려면, 같은 시점에서 q도 알고 있어야 한다"라는 의미에 가깝다. 즉, 전제는 "먼저 알고 나중에 아는 순서"가 아니라, 동일한 시점에서의 논리적·규범적 종속 관계를 가리킨다.

따라서, 영수가 현재 갖고 있는 관찰 지식 p와 그 배경지식들은 모두 지금 존재하는 하나의 지식 네트워크 안에 있다. 그 네트워크가 얼마나 복잡한지는 별개의 문제지만, 우리는 그 네트워크를 한꺼번에 "현재의 정당화 구조"로 취급한다. 이 구조 안에서 어떤 명제가 "위층"(Y축 위로 올라간 위치)에 있다는 것은, 그 명제가 다른 명제들에 전제적으로 의존하고 있다는 것을 뜻할 뿐, 그 명제가 성립하기 전에 무한히 많은 선행 지식들을 하나씩 밟아 왔어야 한다는 뜻은 아니다.

요컨대, 셀러스의 해법은 다음과 같이 요약할 수 있다.

> · 관찰 지식은 다른 지식을 전제하지만, 이 전제는 "시간의 사슬"이라기 보다 "정당화 구조 안에서의 위치"에 관한 것이다.
>
> · 과거의 에피소드들은 관찰 지식의 형성 과정에서 중요한 역할을 하지만, 우리가 필요로 하는 것은 그 모든 에피소드들에서의 당시의 지식 상태가 아니라, 현재의 시점에서 기억과 개념으로 정리된 일부 사실들 이다.

· 따라서 "전제가 많다"라는 사실이 곧바로 "무한 퇴행"을 의미하는 것은 아니다. 전제 관계는 Y축 위에서의 논리적·규범적 의존 관계이지, 무한히 거슬러 올라가야 하는 인과적 시간 사슬이 아니기 때문이다.

이와 같이 이해할 때, 관찰 지식이 Y축에서 많은 것을 전제한다는 셀러스의 주장은 무한 퇴행이 아니라, 오히려 "관찰 지식도 이미 풍부한 개념적 역사와 규범적 구조에 들어와 있다"라는 점을 드러내는 주장으로 받아들여진다.

7. 결론: 비토대주의적 경험론에서 관찰 보고의 지위

이제 처음의 질문으로 돌아가 보자. "경험적 지식은 토대를 가지는가?" 셀러스의 대답은, 간단한 예/아니오가 아니다. 그는 두 가지 상반된 유혹을 동시에 경계한다.

· 한편으로, "어디엔가 아무것도 전제하지 않는 순수한 기초 층이 있어야 한다"라는 주어진 것의 신화를 거부한다.
· 다른 한편으로, "그렇다면 모든 지식은 결국 추론적일 수밖에 없다"라는 전체론적coherentist 유혹도 피하려 한다.

이 글에서 본 그림에서 관찰 보고는 다음과 같은 이중적 지위를 갖는다.

(1) 비추론성: 관찰 보고는 획득 방식에서 보면 비추론적이다. 우리는 "이것은 초록이다"라고 말할 때마다, 머릿속에서 복잡한 논증을

전개하지 않는다. 그냥 보이는 대로 말할 뿐이다.

    (2) 전제적 의존성: 그러나 그 보고가 "지식"으로 성립하기 위해서는, 색채 개념, 표준 조건 개념, 신뢰성 일반 명제, 자기 신뢰성에 대한 믿음 등 다양한 지식과 개념적 능력이 이미 전제되어 있어야 한다. 이 전제 관계는 X축의 추론적 의존과는 다른, Y축의 전제/자격 차원에 속한다.

이런 의미에서 관찰 보고는 "기초 층"이면서도 "기초 층이 아니다." 다른 많은 경험적 명제가 관찰 보고에 의존한다는 점에서는 여전히 일종의 토대 역할을 한다. 그러나 그 자신은 아무것도 전제하지 않는 순수한 주어진 것이 아니라, 이미 복잡한 개념적·규범적 배경 속에 들어와 있는 에피소드이다.

이 글은 본서 제III장과 VIII장 32~38절을 따라가며, 관찰 보고의 이런 독특한 지위를 두 장애물(권위/권위의 인지)과 두 논리적 차원(X축/Y축)이라는 틀로 풀어보았다. 특히 온도계 견해를 주어진 것의 신화를 피하기 위한 극단적 모형으로 읽고, 그 한계를 통해 보고의 규범적 지위를 부각시키는 해석, 그리고 "보고의 올바름correctness을 행위의 옳음rightness 차원에서가 아니라 상태의 옳바름ought-to-be 차원에서 파악해야 한다"라는 점을 부각시켜 셀러스의 의도를 보다 분명히 했다는 것은, 셀러스 텍스트에 대한 역자의 독자적인 재구성이라 할 수 있다.

무엇보다 중요한 것은, 지식을 단순히 "사실과의 일치"로 이해하는 것을 넘어서, 지식을 이유들의 공간 속에서의 위치로 보는 셀러스의 통찰이다. 관찰 보고는 이 공간의 입구이자, 동시에 그 공간을 이루는 복잡한 규칙, 개념, 일반 명제들의 그물망을 전제한다. 이 모순적인 듯한 위치를 이해하는 것이, "경험적 지식은 토대를 가지는가?"라는 물음에 대한 셀러스의 깊은 대답을 이해하는 첫걸음일 것이다.

이 글의 핵심은 간단히 이렇게 요약할 수 있다. 관찰 보고는 더 이상 어떤 순수한 "주어진 것"의 자리에 앉아 있지 않다. 관찰 보고는, 이미 개념과 규범의 복잡한 그물망 속에 들어와 있으면서도, 여전히 다른 명제들을 떠받치는 정당화의 출발점으로 기능하는 지식이다. 셀러스의 두 번째 논리적 차원(Y축)은, 관찰 보고가 다른 지식을 전제한다고 해서 그것이 곧 무한 퇴행을 낳는 것이 아니라, 우리가 이미 서 있는 "이유들의 공간" 안에서 관찰 보고가 어디에 위치하는지를 묻는 새로운 방식임을 보여준다. 이 관점이야말로, "경험적 지식은 토대를 가지는가?"라는 물음에 대해, 단순한 예/아니오를 넘어선 셀러스의 대답이다.

마지막으로, 이 글을 읽는 독자에게 작은 제안을 하나 하고 싶다. 앞으로 일상에서 자신이나 타인의 관찰 보고를 들을 때, 한 번쯤 이렇게 되물어 보자.

"나는 왜 이 사람의 말을 믿어도 된다고 생각하는가? 내가 지금 이 말을 하면서, 실제로 어떤 것들을 전제하고 있는가?"

이렇게 한 번 더 되짚어 보는 순간, 우리가 너무 당연하게 여겨 온 "그냥 보이니까 그렇다"는 말 뒤에 숨어 있던, 복잡한 개념과 규범의 층위들이 서서히 모습을 드러날 것이다. 이 작은 틈이 바로, 셀러스가 말한 "이유들의 논리적 공간"으로 들어가는 문턱일지 모른다.

『경험론과 마음 철학』의 역자로서의 소회와 감사의 말을 전하기에 앞서 독자들이 이 책에서 하나를 얻어간다면 그게 뭘까 생각할 때 '이거다'라고 생각되는 주제에 대해서 옮긴이의 주해 논문 격인 「관찰 보고는 어떻게 지식을 표현할 수 있는가?」를 써서 '보론'으로 첨부했다. 주해 논문 격이라고는 하지만, 그 글에서 나는 내가 텍스트와 어떤 '투쟁'을 벌이며 이해하려 했는지, 또 어떤 깨달음들이 텍스트 전체를 통일성 있게 이해하는 데 도움을 주었는지를 등을 중심으로 적극적이고 공격적인 읽기의 한 예를 보여주고자 했다.

「관찰 보고는 어떻게 지식을 표현할 수 있는가?」는 셀러스의 『경험론과 마음 철학』 VIII장 '경험적 지식은 토대를 가지는가?'(32~38절)의 주해이다. 이 장은 인식론에 깊은 통찰을 제공하는 장으로, 전후 장들과 비교하여 덜 테크니컬하게 쓰여 있어 일반 독자들이 쉽게 접근할 수 있는 장이기도 하다. 그리고 그 안에 셀러스의 저술 중에서 가장 많이 인용되는 유명한 문장들이 있어, 독자들이 셀러스와 연결될 수 있는 접촉점을 제공하고 있다.

선도적인 셀러스 학자들 중의 한 명이자 본서의 「스터디 가이드」를 쓴 저자이기도 한 로버트 브랜덤은 그의 저서 『경험주의에서 표현주의로

From Empiricism to Expressivism』(하버드대학 출판부, 2015)에서 다음과 같이 썼다. "그때도 그랬고 지금도 대체로 마찬가지로 생각하지만,「경험론과 마음 철학」을 쓴 사람이라면 누구든 행복하게 죽어도 될 거라고 나는 생각했다I thought then as I more or less do now that anyone who had written *EPM* should die happy".

한 학자의 업적에 대한 이보다 더한 찬사는 없을 것이라고 보는데, 나도 본서를 번역하면서 같은 생각을 했다. 내가 평생 암암리에 당연하다고 생각하던 것들이 송두리째 공격받는다는 느낌을 받으면서 이 책을 읽었다. 이 책을 번역하면서 점점 인문학자든 과학자든 공학자든, 정치인이든 경제인이든 일반인이든 꼭 읽어봐야 한다는 생각이 들었다. 이 책을 이해하고 나면 이 세계와 자기 자신, 그리고 우리를 새로운 관점에서 볼 수밖에 없다고 확신한다. 나도 평생 과학, 철학, 신학 가릴 것 없이 적잖은 책과 논문들을 읽었지만, 이 책만큼 넓고 깊은 그물을 치면서도 그게 말이 된다고 생각되는 책이나 논문은 많지 않았다.

처음에 어떤 다른 책에서 인용된 것을 보고 이 책을 주문해서 읽기 시작했던 것으로 기억한다. 5년 전의 일이다. '마음 철학'에 대한 일반적인 관심도 있고 인공지능에 관심이 많아, 이 책이 '안다는 것이 무엇인가'라는 질문에 대해 상당히 통찰력 있고 구체적인 이야기를 전개하므로 인공지능 연구에도 도움이 되겠다는 생각에서 읽기 시작했다. 처음엔 무슨 말을 하려는지 파악하기가 어려워 읽다가 포기하기를 반복했다. 그래서 취미 삼아 읽어서는 이 책을 이해할 수 없겠다는 생각이 들어, 정식으로 번역을 하면서 이 책을 제대로 독해하면 좋겠다는 생각이 들었다. 그래서 내가 『인공지능 시대의 예술』(도서출판 b, 2019)이라는 책의 한 챕터「인공지능 시대에 백남준을 다시 생각한다」를 쓰면서 인연을 맺었던 도서출판 b와 의논하여 번역을 시작했다.

본격적으로 『경험론과 마음 철학』을 독해하려고 했을 때, 작업은 생각보다 더 난해했다. 셀러스는 당대의 많은 분석 철학가와 달리, 철학의 역사를 심도 있게 공부하여 전통적인 입장을 충분히 이해하고 반박할 것은 반박하고 쓸만한 것은 살리면서 자기의 생각을 추가하는 방식으로 논증을 전개한다. 철학적인 문제를 이해하고 그것에 대한 답을 찾으려면 새로운 아이디어를 내서 문제를 해결하면 될 것이라고 보통 생각하는데, 셀러스는 오직 전통과의 대화를 통해서만 진정으로 해당 문제를 이해하고 문제를 해결하는 길도 찾을 수 있다고 생각한다. 리처드 로티가 이 책의 서문에서 말하듯이 그는 "철학사 없는 철학은, 눈먼 것까진 아니라 하더라도, 적어도 말 못 하는 것Philosophy without the history of philosophy is, if not blind, at least dumb"이라고 믿었다. '개념 없는 직관은 눈멀었다'는 칸트의 말이 개념이 없이는 무엇을 이해하는 것이 불가능하다는 말이듯이, '철학사 없는 철학은, 눈먼 것까진 아니라 하더라도, 적어도 말 못 하는 것'이라는 로티의 말은 철학사를 배경으로 깔지 않으면 철학적 문제를 제대로 파악하고 해답을 찾기가 매우 어렵다는 것을 암시한다. 철학사를 배경으로 하는 논증은 똑 부러지지 않고, 줄타기하듯이 예민한 균형감각을 유지해야 이해할 수 있는 특징을 가진다. 철학사적 배경을 명시적으로 언급하지 않고 암묵적으로 가정하고 논증을 전개하는 경우도 많아서 오독하기도 쉽다. 나도 이 책을 독해하는 과정에서, 그리고 재검토하는 과정에서도 으독한 부분을 적지 않게 발견하곤 했다. 특히 본서의 장들이, 그리고 각 장 내에서 절들이 어떤 식으로 연결되는지 이해해야 책 전체의 메시지를 포착할 수 있는데, '이 장은 왜 있는 거지? 무슨 말을 하려는 거지?' 의문을 품으며 읽는 경우도 많았다. 특정 장 내에서도 '이 절은 도대체 이 이야기를 왜 하고 있지?' 하는 생각이 들 때도 있었는데, 이럴 때면 복선이 많이 깔린 한편의 추리소설을 읽는 기분이 들었다.

이 역서에는 옮긴이 각주가 상당히 많고 상세한데, 이것들은 내가 이 책의 논증 과정을 이해하기 위해 꼭 필요했던 배경지식과 연결고리들이었다. 독자들도 이 책을 읽어 내려면 그렇게 해야 할 것인데, 적지 않은 시간이 걸릴 것이고, 그 과정에서 아마도 읽기를 포기할 것이다. 나는 독자들이 이 책을 끝까지 읽어 내기를 바라는 마음으로 많고 상세한 옮긴이 주를 달았다. 그리 길지 않은 책을 번역하는 데 5년이나 걸린 것은 내가 충분히 집중하지 못한 탓도 있지만, 무슨 말인지 모르고는 한 문장이라도 번역하지 않겠다는 소신 탓이기도 하다. 번역서를 읽다 보면, 번역자가 이 부분은 무슨 말인지 이해하지 못하고 그냥 번역했구나, 하는 느낌이 드는 것들이 적지 않았다. 번역자로서 나는 그런 일을 절대 하고 싶지 않았다.

여기서 이 책의 독해 과정에 도움을 주신 분들을 언급하는 것이 적절할 것 같다. 가장 결정적인 도움을 주신 분은 윌름 드브리스Willem deVries 교수 (뉴햄프셔대학)이다. 셀러스의 지도하에 박사학위를 받고, 평생 셀러스를 연구하는 학자인 그는 팀 트리플렛과 함께 본서의 주석서인 『지식, 마음, 그리고 주어진 것Knowledge, Mind, and the Given』(2000)을 쓰기도 했다. 드브리스 교수는 이 책이 한국어로 번역된다는 사실을 매우 기뻐했으며, 적극적으로 도와주겠다고 약속했고, 그 약속을 지키셨다. 그는 이 책을 독해하는 데 더할 나위 없는 안내자였다. 셀러스의 박사과정 학생으로서, 프린트된 문서에서 알 수 없는 많은 배경지식과 암묵적인 문맥을 알고 있으며, 본인 스스로 이 책을 수십 번도 더 읽고 그것에 대한 주석서를 쓴 분이기 때문이다. 그는 가끔 내 질문에 대한 이메일 응답 중에 "셀러스가 강의 시간에 이런 말을 한 적이 있다"라고 회고하고는 했다. 5년이라는 시간 동안 수없이 많은, 그야말로 수없이 많은, 질의와 응답이 이어졌다. 질의 과정은 처절한 학문적 토론 과정이기도 했다. 그 과정에서 그는 "그건 내가 전부터 이해하지 못한 부분인데, 잠정적으로 말한다면 다음과 같이 말할 수 있을 것이다"라고 말하거나, "그건 내가 잘못 본 것 같다"라는 말을 하기도 했다. 이건 책 전체의 흐름과 각 부분의 연관성에 대한 것이었다.

원서로 180여 쪽밖에 안 되는 책이라서 그런 점도 있지만, 나는 이 책을 가지고 다니면서 너덜너덜해질 때까지 읽고, 책의 컴퓨터 파일 버전에서 키워드 검색을 해서 어떤 용어가 책 전체를 통해 어떻게 사용되는지를 검토하며, 책 전체의 흐름을 파악하려고 노력했다.

아울러, 셀러스와 같은 대학 동료이자, 저명한 셀러스 연구자이며, 이 책의 부록인 「스터디 가이드」를 쓴 로버트 브랜덤 교수(피츠버그대학)도 「스터디 가이드」에 대한 나의 질문들에 친절하게 답변해 주었다. 브랜덤과 같이 셀러스의 동료이자 저명한 셀러스 연구자인 존 맥도웰 교수(피츠버그대학)도 이 책 해석의 권위자로서, 이 책의 원천이었던 셀러스의 런던 강의 50년을 기념하는 2006년 학술대회의 키노트 강연 논문 「왜 셀러스의 에세이는 '경험론과 마음 철학'이라고 불리나」(『경험론, 지각적 지식, 규범성, 실재론Empiricism, Perceptual Knowledge, Normativity, and Realism』, 옥스퍼드대학 출판부, 2009)도 이 책의 해석에 도움이 되었다. 맥도웰 교수는 이 논문에 대한 나의 심도 있는 질문들(특히, VIII장의 "두 개의 논리적 차원" 문단에 대한 질문)에 친절하게 응답해 주었다. 이 글을 통해 드브리스 교수에게 무한히 감사하다는 말을 전하고 싶다. '아니 여기서 무슨 말을 하려는 거지?'라는 생각이 드는 문단들이 부지기수로 있었는데, 이 모든 것에 대한 수많은 이메일 질의응답이 없었다면 나는 『경험론과 마음 철학』 번역을 포기했을 것이기 때문이다.

·윌프리드 셀러스 Wilfrid Stalker Sellars

미국의 분석 철학자로, 특히 지식·의식·규범성·과학적 실재론에 관한 혁신적 이론을 제시한 20세기 철학의 핵심 인물이다. 피츠버그대학교에서 철학과 교수를 지내면서 동시대 분석 철학의 중심 흐름이 된 '피츠버그 학파' 철학 전통의 기초를 확립했다. 주요 저서로는『과학, 지각, 실재』,『과학과 형이상학』,『철학 및 그 역사에 관한 에세이』,『자연주의와 존재론』등이 있다.

·리처드 로티 Richard Rorty

네오 프래그머티즘을 대표하는 미국의 철학자. 주요 저서로『철학과 자연의 거울』,『우연성, 아이러니, 연대』,『철학과 사회적 희망』,『마음, 언어, 그리고 메타철학』,『반권위주의로서의 실용주의』등이 있다.

·로버트 브랜덤 Robert Brandom

미국의 분석 철학자. 피츠버그대학교 철학과에서 존 맥도웰과 함께 셀러스의 사상을 발전시킨 피츠버그 학파의 대표자로 평가된다. 주요 저서로『명시적으로 만들기』,『이유를 명료화하기』,『말하기와 하기 사이』등이 있다.

·정문열 Moon-Ryul Jung

서울대학교 계산통계학과를 졸업하고, 카이스트 전산학과에서 석사, 펜실베니아대학교 전산학과에서 박사학위를 받았다. 박사과정에서 인공지능과 자연어 처리를 전공했으며, 일본 규슈공과대학교 정보공학부, 숭실대학교 컴퓨터학부를 거쳐 현재 서강대학교 아트&테크놀로지학과에서 박사과정생들을 지도하며 자연어와 휴먼모션 관련 생성형 인공지능을 연구하고 있다.

마음학 총서 ⑧

경험론과 마음 철학

초판 1쇄 발행 | 2026년 1월 8일

지 은 이 윌프리드 셀러스 | 옮긴이 정문열 | 펴낸이 조기조
펴 낸 곳 도서출판 b | 등록 2006년 7월 3일 제2023-000100호
주   소 08504 서울특별시 금천구 가산디지털2로 169-23 가산모비우스타워 1501-2
전   화 02-6293-7070(대) | 팩시밀리 02-6293-8080
홈페이지 b-book.co.kr | 이메일 bbooks@naver.com

I S B N 979-11-92986-52-4 93100
   값   26,000원